Ein neuer Anfang

Alfred Langer

Ein neuer Anfang

*Die wahre Geschichte eines heimatvertriebenen Sudetendeutschen,
der große Nachkriegsschwierigkeiten überwinden musste,
sich aber seinen amerikanischen Traum in Südkalifornien mit einer
erfolgreichen Existenz erfüllte.*

Bibliografische Informationen der Deutschen Bibliothek:
Die Deutsche Bibliothek verzeichnet diese Publikation in der
Deutschen Nationalbibliografie; detaillierte Dateien sind im
Internet über http://dnb.ddb.de abrufbar.

Impressum:

© by Verlag Kern, Bayreuth
© Inhaltliche Rechte beim Autor
Autor: Alfred Langer, CA, USA
Layout/Satz: Brigitte Winkler, www.winkler-layout.de
Titelbild: fotolia © Kevkel
1. Auflage / 2014
Originalausgabe: „A *New* Beginning" von Alfred Langer
Lektorat: Manfred Enderle
Sprache Deutsch,
Seiten: 300, Hardcover mit Schutzumschlag
ISBN: 9783957160904
ISBN E-Book: 9783957160683
www.verlag-kern.de

WIDMUNG

EIN NEUER ANFANG ist den mehr als 15 Millionen mutigen Deutschen aus dem Sudetenland und anderen osteuropäischen Ländern gewidmet, die in den Jahren 1945 und 1946 brutal aus ihrer Heimat vertrieben wurden und in bitterer Armut einen neuen Anfang machen mussten. Sie ertrugen ihr schier unermessliches Leid mit unvorstellbarer Kraft, Entschlossenheit und Mut, nachdem sie gezwungen wurden, sich in fremden Ländern eine neue Existenz aufzubauen.

EINS

Alfred saß seiner Mutter am Küchentisch gegenüber und stocherte lustlos in seinem Frühstück herum. In den Gesichtern der beiden stand ein Ausdruck voller Leere und Traurigkeit. Diese Miene verschwand auch dann nicht, als seine Mutter ihn liebevoll anlächelte.

Die beiden waren allein an diesem Morgen, während die übrigen Familienmitglieder ihren eigenen Beschäftigungen nachgingen. Gerti, seine ältere Schwester, war bereits bei der Arbeit. Sein ältester Bruder Rudi lebte in Naila, dreieinhalb Kilometer entfernt und sein zweitältester Bruder Willi war bei der deutschen Luftwaffe. Heinz und Harald waren in der Volksschule und sein Vater Rudolf arbeitete auf den nahen Feldern.

„Du musst etwas essen", sagte seine Mutter Elsa leise. „Du brauchst Kraft."

„Ich weiß, Mama", antwortete er. Langsam begann er zu essen, als ob er ahnte, dass eine sehr lange Zeit vergehen würde, bevor sie eine gemeinsame Mahlzeit haben würden.

Als er fertig war, sahen sich die beiden schweigend an. Die Stille im Raum war unheimlich und nahezu ohrenbetäubend. Sohn und Mutter taten ihr Bestes, um einander Mut zu machen, aber ihre Sorgen lasteten weiterhin tonnenschwer auf ihren Herzen. Elsa blickte auf die Uhr an der Wand und seufzte. „Es ist Zeit", sagte sie leise.

Alfred nickte und biss sich in die Unterlippe, um die drohenden Tränen zurückzuhalten. Zögernd stand er auf und griff nach seinem Koffer, der nahe der Tür stand. Auch Elsa griff nach dem Koffer und strich liebevoll über die Hand ihres Sohnes. Lass mich deinen Koffer tragen, sagte ihr Blick und Alfred rang sich ein Lächeln ab.

Zögernd öffnete er die Tür. Bevor sie beide hinausgingen, warf er noch einen letzten Blick in die Küche und das Wohnzimmer. Noch Jahre später würde er sich an diese Bilder zurückerinnern, so stark hatten sie sich in sein Gedächtnis eingebrannt. Weiter gingen sie hinaus auf die Veranda und sein Blick wanderte über den Hof und das Haus. Langsam gingen die beiden über den Bürgersteig in Richtung Bahnhof. Elsa hielt seine Hand, während sie Alfreds Koffer trug, und Alfred verspürte ein wenig ein schlechtes Gewissen, dass seine Mutter den schweren Koffer tragen wollte.

Alfred begriff, dass Elsa diese letzte Gelegenheit, ihm ihre Liebe und Zuneigung zu schenken, nicht auslassen wollte.

Mutter und Sohn gingen schweigend weiter und beide hofften, dass sich der Weg bis zum Selbitzer Bahnhof heute länger hinziehen würde. Plötzlich erschien auch Alfred alles anders: die Häuser der Nachbarn, der Geruch von frisch gemähtem Gras, das Rascheln der Blätter in den Bäumen und die spielenden Kinder in den Vorgärten. Alles hinterließ urplötzlich einen bleibenden Eindruck ob der drohenden Trennung von seinem Zuhause. Er spürte, dass er all diese Dinge, so unbedeutend sie noch vor wenigen Tagen hatten sein mögen, schon bald vermissen würde.

Beim Erreichen des Bahnhofs stellte Elsa den schweren Koffer auf den Boden, während Alfred noch einmal eilig überprüfte, ob er alle notwendigen Papiere und Dokumente bei sich hatte. Ein paar Leute warteten ebenfalls auf den Zug und waren in lebhafte Gespräche vertieft. Die meisten wollten nur in nahegelegene Dörfer und Städte reisen. Nicht jedoch Alfred – sein Ziel war das andere Ende der Welt.

Alles war gesagt. Er hatte sich von seiner Familie und seinen Freunden schon verabschiedet und nun saßen ihm seine Gefühle wie ein dicker Kloß im Hals, den er nicht hinunterschlucken konnte. Er dachte das Gleiche wie seine Mutter. Vielleicht kommt der Zug ja später. Vielleicht haben wir noch ein paar Minuten mehr zusammen! Das schrille Pfeifen der Dampflok zerriss diesen Wunsch, als sich der Zug aus der Ferne in Richtung Bahnhof schob. Mit großem

Getöse fuhr er ein in den Bahnhof, und der schwarze Rauch aus der Dampflok stieg wie ein böses Omen in den klaren Sommerhimmel. Elsa und Alfred schauten sich tief in die Augen, als der Zug mit quietschenden Bremsen zum Stillstand kam. Die Tränen begannen zu fließen. Es würde nicht lange dauern, die Lokomotive wieder mit Wasser aufzufüllen und die wenigen wartenden Gäste einsteigen zu lassen. Trotzdem hielten sich Alfred und seine Mutter immer fester im Arm und wollten sich nicht loslassen.

„Alle einsteigen!", rief der Schaffner und die Tränen der beiden rannen noch heftiger. Das Pfeifen der Lok übertönte ihre Schluchzer, als Alfred seiner Mutter ins Ohr hauchte: „Ich liebe dich, Mama!"

„Gott sei mit dir", antwortete sie mit größter Mühe.

Als der Zug schließlich losrollte, sprang Alfred in letzter Sekunde ins Abteil. Von der Tür aus sah er, wie seine Mutter, seine Familie, sein ganzes altes Leben, langsam in der Ferne verschwanden.

Er war allein. Sein altes Leben lag hinter ihm und das neue war erst in weiter Ferne zu erahnen. Seine Mutter stand noch immer auf dem Bahnsteig und wurde mit jedem Meter, den der Zug zurücklegte, kleiner. Sie wischte sich die Tränen mit einem kleinen, weißen Taschentuch aus den Augen, das sie einst von Alfred zu Weihnachten geschenkt bekommen hatte. Alfred drehte sich um, als er sich die eigenen Tränen mit dem Jackenärmel aus dem Gesicht trocknete. Als er sich wieder in Richtung Tür wandte, war der Bahnhof bereits aus seinem Blickwinkel verschwunden.

Elsa Langer blieb noch für eine Weile auf dem Bahnsteig stehen und blickte sehnsüchtig dem Zug hinterher. Ihr Herz war zugleich mit Stolz und Furcht gefüllt. Stolz, weil ihr kleiner Sohn schon jetzt Mann genug war, um den Schwierigkeiten des Lebens zu trotzen. Furcht, weil niemand genau sagen konnte, welche Steine das Leben ihrem Alfred noch in den Weg legen würde. Schließlich drehte sie sich um und ging langsam nach Hause. Der Himmel war an diesem

Bahnhof Selbitz, 1961

16. August 1961 mit weichen, weißen Wattewölkchen gefüllt und Elsa dachte daran, wie unsicher doch die Zukunft ihrer Familie war. Noch mehr jedoch dachte sie an all das, was sie zu diesem Punkt in ihrem Leben geführt hatte.

* * *

Idyllisch wäre wohl die beste Bezeichnung für das Dorf Hermann-stadt, eine kleine und relativ isolierte Gemeinde. Die Gegend sah aus, als wäre sie einer perfekten Ansichtskarte entsprungen. Hermannstadt lag im Sudetenland in der Grafschaft Freiwaldau im Nordosten Deutschlands und schien meilenweit vom Rest der Welt entfernt zu sein.

Hermannstadt, Kreis Freiwaldau

Durch die Ortschaft liefen nur zwei mit Bäumen gesäumte Straßen – die Alte Straße und, kaum fünf Kilometer lang, die Hauptstraße. Mit Ausnahme eines kleinen Geschäftsviertels standen dort fast nur Bauernhäuser. Zu fast allen dieser Häuser gehörten ein Stall mit Vieh und Getreidefelder, deren Ernte in den Scheunen gelagert wurde und die Zeugnis harter Arbeit auf den fruchtbaren Feldern waren.

Das zwölf Kilometer entfernte Altvater-Gebirge war der höchste Punkt im Sudetenland und bot die perfekte Kulisse für eine ruhige und malerische Umgebung. Im Sommer kamen viele Wanderer hierher und in den Wintermonaten bot der tiefe Pulverschnee beste Bedingungen für unzählige Langläufer. Aufgrund der stark bewaldeten Gegend war es keine Seltenheit, dass man auf den Wegen Waldarbeiter sah mit von Pferden gezogenen Schlitten.

Im Jahr 1939, kurz vor Beginn des Zweiten Weltkrieges, hatte Hermannstadt eine Bevölkerung von knapp zweitausend Personen, die in etwa fünfhundert Häusern lebten.

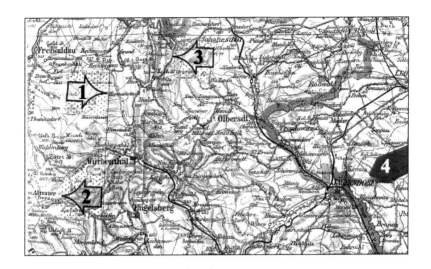

Hermannstadt (1), Altvatergebirge (2),
Maria Hilf-Kirchlein (3), Niklasdorf (4), 1938–1945

Die Mehrheit der Bewohner waren Bauern. Sogar jene Bewohner, die kleinere Unternehmen besaßen, hatten hier und da mit der Landwirtschaft zu tun. Da die Einwohnerzahl nicht gerade hoch war und fast jeder im Ort die Hauptkirche St. Andreas besuchte, kannte man sich gut untereinander. Viele lebten seit Generationen hier, und da es stets friedlich in dem Ort geblieben war, verzichteten die meisten Bewohner auf Schlösser an den Türen.

Während der Weihnachtszeit im Jahre 1939 hatte sich eine Nachricht wie ein Lauffeuer unter den Frauen des Dorfes verbreitet: Im Laufe des kommenden Sommers würde Hermannstadt einen weiteren kleinen Bewohner begrüßen dürfen.

An diesem Julitag lief Rudolf Langer wie ein eingepferchtes Raubtier im Wohnzimmer auf und ab. Der Schweiß stand ihm auf der Stirn und sein Verhalten war äußerst ungewöhnlich, da er zuvor bereits drei gesunde Kinder gezeugt hatte. Es war einer dieser seltenen Tage, an denen er nicht auf den Feldern oder im Stall arbeiten wollte. Heute war er verständlicherweise anderweitig beschäftigt.

Seine Tochter Gerti, vier Jahre alt, beobachtete ihren Vater fasziniert und fragte schließlich: „Tata, wann kommt das neue Baby nach Hause?"

„Bald, hoffe ich", antwortet er nur und fügte hinzu: „Es dauert eben eine Weile."

Gerti war mit dieser Antwort zufrieden und begann wieder, mit ihrer Puppe zu spielen. Der dreijährige Rudi, und Willi, schliefen unterdessen friedlich in ihren Betten im Obergeschoss und bekamen von der Spannung im Hause rein gar nichts mit.

Rudolf war von durchschnittlicher Statur, kräftig und braungebrannt. Ein Bauernsohn. Er hatte dunkelbraunes Haar und an seinen Händen hatten sich aufgrund der harten Arbeit auf den Feldern und im Wald Schwielen gebildet.

Es war ungewöhnlich, ihn so aufgewühlt zu sehen.

Frieda Bannert, die Magd der Familie, trat aus dem Schlafzimmer, ging die Treppe hinab und dann in Richtung Küche.

Rudolf trat ihr entgegen und legte seine Hand auf ihre Schulter. „Frieda, ist es Zeit?"

Sie schüttelte den Kopf und lachte leise. „Ach Rudolf, das Baby wird schon kommen, wenn es an der richtigen Zeit ist!" Im selben Augenblick drang ein lautes Stöhnen aus dem Schlafzimmer und Rudolf fuhr herum. „Das ist normal", erklärte Frieda ruhig. „Trink einen Schnaps. Ich hole noch etwas mehr heißes Wasser."

Minuten zogen sich zu Stunden hin und das Stöhnen im Schlafzimmer wurde immer lauter. Es war der elfte Juli, ein klarer, aber dennoch schwüler Sommertag und endlich, am Nachmittag, hielt die Hebamme ein kleines, weißes Bündel im Arm. „Es ist ein feiner, gesunder Junge", verkündete sie.

Rudolf strahlte über das ganze Gesicht. „Und sein Name ist Alfred!", rief er.

„Elsa sagt, du kannst ihn Fredi nennen", fügte die Hebamme lächelnd hinzu.

„Ist Elsa…", begann Rudolf, doch sie unterbrach ihn. „Elsa geht es gut", beruhigte sie ihn. „Komm lieber her und halte deinen Sohn."

„Darf ich ihn sehen, Tata?", fragte Gerti ungeduldig.

„Natürlich darfst du", entgegnete er und nahm seine Tochter an die Hand, während er die Treppe hinauf eilte. Oben angekommen, nahm er der Hebamme das kleine Bündel aus dem Arm und beugte sich nach unten, damit auch Gerti ihren neuen Bruder begrüßen konnte.

„Er ist so klein und rot", sagte sie kritisch.

„So sahst du damals auch aus", sagte er.

„Darf ich ihn anfassen?", fragte Gerti und strich Fredie behutsam über die Wange. Erstaunt blickte sie ihren Vater an. „Weich ist er auch!"

Noch bevor die Sonne an diesem Abend unterging, hatte sich die Neuigkeit im Dorf herumgesprochen. Der Mutterinstinkt war in jeder Frau geweckt und so wollten alle die Mutter besuchen und das Baby im Arm halten. Im Grunde fühlte es sich an wie in einer riesigen Familie: Jeder im Dorf war bereit, das Glück mit anderen zu teilen und ihnen zu helfen, wo und wann man nur konnte.

Und so fielen an diesem warmen Juliabend im Jahre 1940 alle Bewohner von Hermannstadt irgendwann friedlich in den Schlaf.

* * *

Nicht friedlich hingegen war es im Rest Europas. Hitlers gewaltige Kriegsmaschine fegte durch ein Land nach dem anderen, und überall gab es Aufruhr, Gewalt und Tod.

Glücklicherweise jedoch war Hermannstadt von all dem unberührt und viele der Einwohner waren sich nicht einmal bewusst über den nahen Krieg.

Am nächsten Morgen gingen die Menschen im Dorf wie eh und je ihrer Arbeit nach. Alle folgten ihrer täglichen Routine und gingen auf die Felder oder in Richtung Geschäftsviertel. Mütter bereiteten Frühstück, schickten ihre Kinder zur Schule oder kümmerten sich um den Haushalt. Das Leben ging weiter wie gewohnt.

Der Grund für die Sorglosigkeit im Anblick des drohenden Krieges war verständlich. Es gab keine Eisenbahn in der Nähe des Dorfes und somit bekamen die Bewohner von Hermannstadt nicht mit, wie Truppen entsandt wurden oder Güterzüge voller Waffen durch die Landschaft fuhren. Außerdem waren die Informationsquellen stark begrenzt. Nur zweimal pro Woche fuhr einer der Dorfbewohner mit der Pferdekutsche zum Würbenthaler Bahnhof, etwa sechs Kilometer entfernt, wo er Post und Vorräte, die es so in Hermannstadt nicht gab, abholte. Die Reise dauerte fast immer einen ganzen Tag und die nächsten zwei Tage war er damit beschäftigt, die Post und die Vorräte per Fahrrad zu verteilen. Danach, je nach Wetterlage, wurde die Reise erneut angetreten.

Die „Zuckmanteler" Zeitung informierte meist nur über den Stand der Landwirtschaft im Sudetenland und über lokale Ereignisse. In Bezug auf den Krieg wurde nur von Hitlers Erfolgen berichtet, kontrolliert durch die Propagandamaschine Göbbels. Meist wurden diese Nachrichten von den Dorfbewohnern mit Gelassenheit und Gleichgültigkeit aufgenommen, wohl wissend, dass ihr Dorf weit entfernt von Hitlers Wahnsinn lag.

Da die Bevölkerung fast alle verfügbaren Mittel im Zuge des Krieges abgeben musste, gab es keine zuverlässige Elektrizität mehr und kaum Telefonanschlüsse. „Licht-Seidel" wurde der Betreiber des

Generators genannt, der in einem zentral gelegenen Haus, links neben der Kirche wohnte. Jeden Morgen startete er den Diesel-Generator, um für das weitgehend elektrifizierte Hermannstadt Strom zu erzeugen. Um Treibstoff zu sparen, war er jedoch gehalten, abends um 22.00 Uhr den Generator abzuschalten, gerade zu der Zeit, wenn der deutsche Rundfunk Sendeschluss hatte. So konnte es passieren, dass die traditionelle Schlussmelodie „Lilli Marlene" vom überkorrekten Herrn Seidel etwas gekürzt wurde.

Dann und wann bekam einer der Bewohner einen Brief von Verwandten oder Freunden über den Schrecken des Krieges oder die Erfolge der Armee. Noch seltener übernachteten Reisende in Hermannstadt, die jedem, der es hören wollte, Neuigkeiten über den Krieg erzählten. Aber da das Dorf in keiner Weise betroffen war, hörten die meisten Bewohner erst gar nicht hin.

Das Leben ging weiter wie immer. Bis auf eine kleine Ausnahme.

* * *

Nachdem die Mütter in der Nachbarschaft ihre Kinder in die Schule oder zum Spielen geschickt hatten, besuchten sie den Hof der Familie Langer auf einen Kaffee, einen kleinen Klatsch und natürlich, um das neueste Mitglied der Familie zu begutachten. „Wie reizend Fredi doch ist!", gurrten dann alle im Einklang und jeder wollte mit der frischgebackenen Mutter sprechen. Frieda jedoch blieb hartnäckig und bestand darauf, dass Elsa vorerst noch im Bett bleiben musste. Diese Geburt war schwieriger gewesen, als die drei Geburten zuvor und sie musste noch etwas zu Kräften kommen. Am Anfang protestierte sie noch, dann jedoch folgte sie wie gewöhnlich den Anweisungen der resoluten Frieda und ließ sich vor ihren Freundinnen beschützen.

Als Fredi im Wohnzimmer herumgezeigt wurde, erklärte Gerti stolz: „Das ist mein neuer Babybruder!"

Es schien, als sei sie nicht im Geringsten darüber enttäuscht, dass sie nicht mehr im Mittelpunkt der Familie stand. Sie war und blieb das einzige Mädchen im Hause Langer und wusste deshalb genau, dass sie für immer etwas Besonderes in den Augen ihres Vaters bleiben würde.

Wie immer mussten auch an diesem Morgen die Kühe gemolken werden, frisches Stroh im Stall ausgebreitet und das Vieh gefüttert werden – zwei Arbeitspferde, zwei Kühe, vier Ziegen, vier Schweine, sechs Kaninchen, mehrere Hühner und einige Enten.

Rudolf kehrte mit seinem Ochsengespann auf die Felder zurück und nahm auf dem Weg dorthin zahlreiche Glückwünsche zur Geburt seines Sohnes entgegen. Es gab viel zu tun und leider konnte Baby Alfred die Arbeit nicht aufhalten.

* * *

Rudolf war der älteste Sohn von Antonia und Franz Langer und war nach seinem zweijährigen Dienst in der deutschen Wehrmacht nach dem Ersten Weltkrieg nach Hause zurückgekehrt. Es war Tradition in der Familie, dass der Erstgeborene den Hof mitsamt Vieh und einem kleinen Waldstück erbte. Das Grundstück gehörte der Familie schon solange man sich daran erinnern konnte und wurde stets von einer Generation an die nächste weitergegeben.

Rudolfs jüngere Brüder nahmen nach Abschluss der Oberschule und Ausbildungen verschiedene Berufe an: Johann wurde Zahnarzt im etwa sechzig Kilometer entfernten Troppau, der größten Stadt im Sudetenland, Alfred wurde Schneider in Einsiedel und Hermann besaß einen Herrenfriseursalon in, wie könnte es anders

sein, Hermannstadt. Josef hingegen wurde zum Wehrdienst einge
zogen, nach Russland an die Front geschickt und galt seitdem als
vermisst.

* * *

Nach ein paar Tagen kehrte wieder Routine in das Leben der Familie Langer ein und auch Elsa nahm wieder aktiv am Geschehen teil.
Sie war in einem Waisenhaus unter der strengen Aufsicht katholi-
scher Nonnen in Einsiedel aufgewachsen. Dank dieser strengen
Erziehung und dem manchmal harten Leben auf dem Bauernhof
wurde sie eine starke und unabhängige Frau. Sie war stets damit
beschäftigt, ihre Kinder zu ordentlichen Menschen zu erziehen,
den Haushalt zu machen oder auch auf den Feldern und im Stall
mitzuhelfen.

Bauernhof Langer, Hermannstadt, Hausnummer 78

Elsa war eine attraktive Frau, mit hohen Wangenknochen, braunem Haar und einem ansteckenden Lächeln. Für gewöhnlich trug sie ein einfaches Schürzenkleid, um dessen Zustand sie sich beim Putzen, Kochen oder Gärtnern nicht allzu sehr kümmern musste. Der Garten des Hauses war eingezäunt, um das Gemüse vor herumstreunenden Tieren zu schützen. Elsa erntete beinahe jeden Tag etwas, um schmackhafte Mahlzeiten für ihre Familie zuzubereiten. Im Erdgeschoss lagen neben der offenen Küche das Esszimmer, das Wohnzimmer und das Familienzimmer. Eine Treppe führte hinab in den Keller, wo es das ganze Jahr über kühl blieb, und der sich daher vorzüglich als Lagerraum eignete. Die Möbel im Haus waren allesamt schlicht gehalten und aus grobem Holz gefertigt, einfach aber dennoch bequem. Der Fußboden bestand aus polierten Holzdielen und an den Wänden hingen religiöse Bilder und Teppiche. Ein Kruzifix hing genau gegenüber der Eingangstür. Es war ein Geschenk von Rudolfs Eltern, Franz und Antonia. Wann immer Elsa am Kreuz vorbeiging, berührte sie kurz die Füße der Jesusfigur und sprach ein kleines Gebet für die Familie. Im Laufe der Zeit waren deshalb die Bronzefüße der Figur ganz blank geworden.

Geheizt wurde das Haus mithilfe zweier Öfen. Da Holz in ausreichender Menge zur Verfügung stand, wurde das Haus sowohl von einem Koch-, als auch von einem Backofen erwärmt. Der Backofen hatte die Form eines Iglus und war direkt eingemauert in eine Wand. Er war beinahe zwei Meter hoch und von einer Sitzbank umgeben, auf der man sich herrlich wärmen konnte. Wenn Elsa Brot backte, ritzte sie stets drei Kreuze in die Unterseite des Laibes, als Dank für all den Segen, den ihre Familie erhalten hatte. Wie auch im Rest des Dorfes gab es im Hause Langer nur ab und an Elektrizität und so wurden die Räume mit dem warmen Licht von Öllampen beleuchtet.

An diesem Abend hatte Rudolf eine besondere Überraschung, als er nach Hause kam. Er hatte irgendwo auf einem der Felder einen kleinen Mischlingswelpen, wohl zum Teil Schäferhund gefunden, der ganz offensichtlich unterernährt war und niemanden hatte, der sich um ihn kümmerte. Fritzl, wie der Welpe getauft wurde, war ein schneller Lerner und wurde sofort herzlich vom Rest der Familie aufgenommen. In kurzer Zeit lernte der junge Hund, wie er die Ziegen des Hofes zu hüten hatte und er trieb sie von dann an auf die Weide und wieder zurück auf den Hof. Obwohl Fritzl im Haus schlafen durfte, zog er es vor, sich mit den anderen Tieren die Scheune zu teilen, so, als wolle er sie des Nachts vor Raubtieren beschützen. Die ganze Familie liebte Fritzl und er war bald ein fester Bestandteil des Langer'schen Haushaltes.

Rudolf und
Elsa Langer

ZWEI

Endlich hielt der Frühling Einzug in Hermannstadt. Die ersten warmen Strahlen der Sonne waren eine willkommene Abwechslung nach einem kalten Winter. Wenige Wochen zuvor hatte die Familie trotz meterhohen Schnees den Weg zur St.-Andreas-Kirche gewagt, um den kleinen Fredi zu taufen. Jetzt aber begannen Sträucher, Bäume und Blumen zu sprießen und zu blühen. Überall strahlte das Dorf plötzlich in anderen Farben und die Bäume hatten ihre Zweige wie einen grünen Baldachin über der alten Straße ausgebreitet.

Der Frühling bedeutete jedoch nicht nur eine willkommene Abwechslung zum grauen Winter, sondern auch viel Arbeit. Die Pflanzsaison begann. Jeden Morgen, nach dem Melken der Kühe, legte Rudolf den Pferden das Geschirr an und pflügte die Felder.

Rudi war jetzt fast fünf Jahre alt und durfte mit dem treuen Fritzl die Kühe und Ziegen auf die Weide treiben. Das Bepflanzen der Felder war ein geselliges Ereignis, da die Nachbarn Rudolf bereitwillig dabei unterstützten. Man pflanzte Kartoffeln. Gerste, Roggen, Hafer, Korn und Weizen wurden gesät und die Nachbarn wussten, dass Rudolf ihre Hilfsbereitschaft zu schätzen wusste und das Gleiche auch für sie tun würde.

Nachdem sie für die Familie das Frühstück zubereitet hatte, eilte auch Elsa auf die Felder und reichte den Helfern Milch oder Kaffee. Gelegentlich durften auch die Kinder ihren Vater auf die Felder begleiten, wo sie alle zusammen Picknick machten und ein herzhaftes Mittagessen verspeisten.

An regnerischen Tagen hatte Rudolf ebenfalls viel zu tun. Gekleidet in Hosen mit Hosenträgern, einem Wollhemd, Lederschuhen und einem Hut mit bunter Feder in der Krempe erledigte er Reparaturen am Haus, der Scheune, dem Stall oder den Zäunen, oder er hackte Holz für den Herd und den Backofen.

Rudolf Langer beim Pflügen, Hermannstadt ca. 1940

Sobald die Saatzeit vorüber war, lud man alle Helfer in die Scheune ein. Einige Männer brachten ihre Mundharmonika und Akkordeons mit und sorgten für einen heiteren Abend. Mit Hilfe von ein wenig Schnaps begannen bald alle zu tanzen und zu singen.

Die Gespräche an solch fröhlichen Abenden drehten sich in der Regel um das Leben in der Gemeinde. Frauen diskutierten über Kindererziehung oder tauschten Rezepte aus und die Männer sprachen über die Landwirtschaft und die Hoffnungen auf eine gute Ernte im Herbst. Von Politik oder gar Krieg wurde nur selten gesprochen, da diese Themen noch immer nur einen geringen Stellenwert in Hermannstadt hatten.

Auch die Kinder durften an solchen Feiern teilnehmen und ausnahmsweise einmal lange aufbleiben, und so war auch Fredi in diesem Jahr dabei. Er strahlte in seinem Körbchen über das ganze niedliche Gesichtchen, als die Musik anfing und die Gäste zu singen begannen. Dieses Jahr wurde „Lili Marleen" gesungen. Das Lied handelte von der Sehnsucht eines Soldaten nach seiner Geliebten und erinnerte die Bewohner von Hermannstadt daran, wie weit doch die Schrecken des Krieges von ihnen entfernt waren.

* * *

„Jetzt beeile dich doch, Elsa!", sagte Rudolf ungeduldig und ein wenig lauter als gewöhnlich. „Wir müssen los, sonst kommen wir noch zu spät zur Kirche!"

„Ich ziehe sie ja schon so schnell wie möglich an!", rief Elsa aus dem Schlafzimmer hinab.

Mit Friedas Hilfe wurden die vier Kinder in die besten Kleider gesteckt. Zwar trugen die Kinder immer schöne Kleider zum Kirchgang, doch heute war ein ganz besonderer Tag. Es war Ostersonntag und somit einer der höchsten Feiertage im Jahr.

Für die Bewohner von Hermannstadt fand der Ostergottesdient in der St.-Andreas-Kirche statt, die ungefähr einen Kilometer entfernt vom Langer'schen Hof stand.

Während die Hauptkirche in der Mitte des Dorfes lag, stand eine Klosterkapelle auf einem nahegelegenen Hügel mit Blick auf das malerische Tal. Der Glockenturm beherbergte eine nagelneue Glocke und im Inneren der Kapelle stand ein neuer Altar. Dahinter hing ein großes Gemälde, das den Bischof von Sevilla, St. Isidor, zeigte, der Schutzpatron der Bauern war.

Als die Kinder der Familie Langer endlich angezogen waren, schloss man sich der Osterprozession an, die den Hügel hinauf zum „Bergkircherl" führte. Gerti trug stolz ein feines Dirndl, das einzige Kleidungsstück, das Elsa je für sie gekauft hatte. Mit Friedas

Katholische Hauptkirche St. Andreas, Hermannstadt, 1940

Unterterstützung fertigte Elsa sämtliche Kleidungsstücke für die Familie. Die Jungen trugen ihre besten Lederhosen und Lederschuhe und ihre Jackenkragen waren mit aufgesticktem Edelweiß verziert. Fredi hatte sein Taufkleid aus feiner Spitze und ein kleines Häubchen an.

Die Prozession schien ewig zu dauern, doch die Familien genossen den warmen Tag und stimmten in Loblieder ein, während sie den Hügel hinauf marschierten. Oben angekommen, lauschten alle andächtig der Messe.

Nach dem Gottesdienst tauschte man sich über dieses und jenes aus und die meisten sprachen sich nun positiv gegenüber dem Krieg und Hitler aus. Man war davon überzeugt, dass Hitlers Versprechungen sich erfüllen würden, so sollte ihr Dorf doch endlich modernisiert werden und die versprochenen Strom- und Telefonkabel erhalten.

WEIHE d. BERG KLOSTERKIRCHLEINS gen. SCHWEDENKAPELE HERMANSTADT 7./9.1930

Das Bergklosterkirchlein, auch Schwedenkircherl genannt

Kaum jemand im Dorf war sich darüber bewusst, dass die verfügbaren Mittel im Lande wohl kaum ihren Weg nach Hermannstadt finden würden, sondern vielmehr für Kriegszwecke gebraucht wurden. All dies führte schließlich zu Deutschlands Niederlage und dem kompletten Bankrott des Landes.

An jenem Ostersonntag aber war man sich der Tragik der Geschichte nicht bewusst. Die Gelassenheit, Ruhe und Freude wäre wohl ins Gegenteil umgeschlagen, hätten die Bewohner des Dorfes gewusst, welche Ereignisse die Zukunft für sie bereithielt.

Für Rudolf, Elsa und ihre Kinder würde sich das Leben in dem so friedlichen Hermannstadt schon bald katastrophal ändern.

* * *

Obgleich Hermannstadt sich in den letzten Jahrhunderten nur wenig verändert hatte, erlebte der Rest des Landes eine drastische Veränderung.

Jungen wurden dazu gedrängt, sich der Hitlerjugend anzuschließen. Statt mit Zinnsoldaten zu spielen, mussten die Kinder jetzt selbst braune Uniformen tragen, in Formationen marschieren und bedingungslose Treue zum Führer entwickeln. Man musste gerade stehen, Brust heraus und Kinn nach oben und wenn jemand mit den Händen in den Hosentaschen erwischt wurde, bestrafte man seine Disziplinlosigkeit sofort. Die Schullehrer glaubten begeistert an den neuen Führer und waren überzeugt davon, dass er nur Gutes für seine Bevölkerung bereithielt. Neben Lesen, Schreiben und Rechnen lernten die Kinder nun auch über die „Herrlichkeit" des Dritten Reiches und ihren großartigen Führer, Adolf Hitler. Jeden Morgen, bevor der Unterricht begann, mussten sich die Kinder auf den Schulhöfen sammeln und den Tag mit einem „Heil Hitler!" beginnen, um dem Führer ihre Treue zu schwören.

In Hermannstadt jedoch verbrachten die meisten Menschen ihren Tag noch immer auf den Feldern oder in den Ställen. Nachrichten drangen wie eh und je nur spärlich in den Ort, und wenn, dann waren es allesamt positive Neuigkeiten. Die ständige Propaganda überzeugte die Bürger, stolze Deutsche zu sein und fest an die neue Ordnung zu glauben. Den Berichten zufolge, die nach Hermannstadt drangen, war der Marsch in Richtung Weltherrschaft außerordentlich erfolgreich. Ein Land nach dem anderen fiel unter Hitler und seiner als unaufhaltsam erscheinenden Kriegsmaschine. Die Einwohner des Dorfes waren sich sicher, dass dies das Zeichen einer neuen, besseren Zukunft war. War der Krieg erst einmal vorüber, würde das Leben so weitergehen wie eh und je.

* * *

Franz Langer, Rudolfs Vater, war mittlerweile Mitte siebzig und wohnte in der Hauptstraße 162, mitten im Geschäftsviertel und etwa einen Kilometer von Rudolf entfernt. Dort hatte er einen erheblich größeren Ofen gebaut und war anschließend Bäcker des Dorfes geworden. Von früh bis spät stand er am Ofen und backte, und nach einiger Zeit erweiterte er das Angebot und verkaufte noch dazu Lebensmittel an die einheimischen Bauern.

Als seine Enkelkinder alt genug waren, gingen sie zu Fuß oder fuhren mit dem Fahrrad zum Markt, wo sie stets ein Stück Schokolade, einen Lutscher, ein Bonbon oder ein Stück Kandis erhielten. Sie arbeiteten zwar nicht offiziell im Laden ihres Großvaters, waren aber immer bereit, bei ihm auszuhelfen.

Franz und Rudolf waren beide sparsame und ausgezeichnete Geschäftsmänner. Geldgeschäfte wurden auf einer Poststelle erledigt, in Hermannstadt gab es keine Bank oder Sparkasse. Die Leute hatten daher immer entsprechend Bargeld zu Hause. Zudem waren Franz und Rudolf so vorausschauend und sparten Gold- und Silbermünzen versteckt in ihren Häusern.

Die heranwachsenden Kinder der Familie Langer lernten von klein auf, was harte Arbeit und Verantwortung bedeutete. Gerti war verantwortlich für das Putzen der Holzböden und das Aufhängen der Wäsche. Rudi und Willi mussten den Stall sauber halten, die Tiere füttern, Ziegen und Kühe auf die Weide treiben, Brennholz holen und Wasser zum Kochen und Baden ins Haus schaffen. Nach dem Erledigen dieser Aufgaben hatten die Kinder jedoch noch genug Zeit, Unfug zu treiben und zu spielen. Sie jagten die Enten über den Hof oder brachten Fritzl neue Tricks bei. Manchmal liefen sie in den Wald und pflückten Blaubeeren oder spielten mit den Nachbarskindern Fußball. Spielzeug brauchten sie nicht. Pfeile und Bögen wurden selbst geschnitzt und sonst vertrieb man sich eben die Zeit mit Versteckspielen oder Ähnlichem. Im Winter wurden alle dick

Franz Langers Bäckerei und Lebensmittelgeschäft,
Hermannstadt, ca. 1941, (das Bergkirchlein ist im Hintergrund)

und warm eingepackt und tobten durch den Schnee, bauten Schnee-
festungen oder wurden in Schneeballschlachten verwickelt.

Fredi liebte das Rodeln, er mochte es, wenn der eiskalte Wind über
seine roten Wangen den Hügel vor der Kapelle heruntersauste, während Fritzl ihn einzuholen versuchte und seine Brüder ihm begeistert zujubelten. Manchmal wanderten die Kinder auch zum Fuße der
nahegelegenen Bergkette und beobachteten neugierig und auch ein
wenig neidisch, wie Langläufer anmutig von einer Stadt zur anderen
glitten.

Im Frühjahr, wenn das Wetter wieder besser war, durften die
Kinder in dem Bach, der ihren Hinterhof begrenzte, der Goldoppa,
Forellen fischen. Als Fredi vier war, weihte ihn Rudi in die Geheim-
nisse des Fischefangens ein.

Vorne: Rudi, Gerti, Willi, Elsa mit Fredi, 1942

„Leg dich hier aufs Gras", sagte er zu seinem kleinen Bruder. „Und jetzt halte deine Hände so, mit den Handflächen nach oben."

Fredi verstand nicht recht, was er meinte, und Rudi machte es ihm stattdessen vor. „Und jetzt senke deine Hände ganz langsam ins Wasser."

„Warum?", erwiderte Fredi.

„Damit du die Fische nicht verscheuchst, Dummkopf!", entgegnete Rudi. Nach einem heftigen Regenschauer hatten sich viele Regenbogenforellen in dem Bachlauf versammelt. Fritzl, der wie immer in der Nähe der Jungen war, schaute interessiert zu, wie Fredi langsam die Hände ins Wasser tauchte.

„Nicht bewegen!", wisperte Rudi. Nach kurzer Zeit gewöhnten sich die Forellen an die Kinderhände in ihrem Bachlauf und schwammen direkt über Fredis Hände. Schließlich deutete Rudi seinem Bruder an, nun eine davon zu fangen. Nach einigen gescheiterten Versuchen und noch mehr Geduld von beiden Seiten riss Fredi die Hände nach oben, fing eine Forelle und warf sie hinter sich ins Gras. Von da an klappte das Fischen bestens und die Jungen fingen genug Fische, dass ihre Mutter daraus ein köstliches Abendessen zubereiten konnte.

Obwohl die Kinder meistens brav waren, kam es doch vor, dass die Jungen ab und an über den Zaun zu den Nachbarn stiegen und Pflaumen, Äpfel oder Birnen stahlen. Wie auch an diesem Tag. Die drei Jungen standen mit hängenden Köpfen auf dem Boden der Scheune und die Furcht stand ihnen ins Gesicht geschrieben.

Elsa, das perfekte Beispiel einer liebevollen und fürsorglichen Mutter, war auch für die Erziehung der Kinder zuständig und somit auch für die äußerst seltenen Bestrafungen.

„Welcher von euch war heute Nachmittag in Deckers Obstgarten?", fragte sie streng.

Ohne zu zögern, sagte daraufhin Fredi: „Ich war's, Mama. Ich habe die Äpfel genommen."

„Und gegen welches Gebot hast du damit verstoßen?"

„Du sollst nicht stehlen", wisperte Fredi. Die Jungen waren vertraut mit den Zehn Geboten und wussten, dass sie nicht lügen sollten, vor allem nicht vor ihren Eltern. Und obwohl Fredi wusste, dass ihn seine Mutter bestrafen würde, kam ihm dies doch weniger schlimm vor, als seine Mutter anzulügen.

Elsa nahm einen Lederriemen von der Wand und seufzte schwer. Fredi drehte sich um, bückte sich und bereitete sich innerlich auf das vor, was nun kommen würde. Elsa jedoch zögerte kurz, runzelte die Stirn und schaute Rudi und Willi durchdringend an. „Ihr beide, ihr dreht euch auch um und bückt euch."

„Aber warum wir?", fragte Rudi mit einem Ausdruck ungläubigen Erstaunens. „Wir hatten doch nichts damit zu tun!"

„Ich denke, es ist unwahrscheinlich", sagte Elsa, „dass euer kleiner Bruder ohne Hilfe über den Zaun kletterte und die Äpfel gestohlen hat. Korrigiert mich, wenn ich mich irre?!" Seufzend drehten sich nun auch Rudi und Willi um und bückten sich. Alle drei bekamen einen festen Schlag mit dem Lederriemen auf den Allerwertesten. Obwohl der Schmerz nur ein paar Minuten dauerte – die Lektion, nicht zu lügen, hielt ein Leben lang.

Im Garten verwendete Rudolf einen Baumstumpf, um Kleinholz für den Ofen und den Backofen zu hacken. Mit großer Vorsicht setzte er ein Holzstück auf den Stumpf und hielt es mit der linken Hand fest, damit es nicht umkippte. Mit der rechten Hand ließ er dann die Axt auf das Holzscheit sausen und zog die linke Hand in der letzten Sekunde weg. Seiner jahrelangen Erfahrung und der guten Technik war es zu verdanken, dass er noch alle Finger an der Hand hatte.

Fredi beobachtete seinen Vater oft beim Holzhacken und als er vier war, entschied er sich, das Ganze einmal selbst zu versuchen. Immerhin hatte er oft genug zugeschaut. Mit allerlei Überzeugungskraft brachte er Willi dazu, ihm zu helfen. „Ich kann das!", sagte er überzeugt.

„Und wenn nicht?", zögerte Willi.

„Jetzt sei doch nicht so ein Baby!", verhöhnte Fredi ihn. So eine Beleidigung konnte Willi natürlich nicht auf sich sitzen lassen und er legte ein Holzstück auf den Stumpf. Fredi brachte all seine Kraft auf und hob die Axt über seinen Kopf. „Lass aber los, wenn ich schlage!", sagte er und blickte seinen Bruder streng an.

„Mach ich doch!", erwiderte Willi. „Jetzt mach schon."

Mit größtem Vertrauen schlug Fredi die Axt so fest er konnte auf das Holzstück.

Der Schrei, der daraufhin von Willi kam, war ohrenbetäubend. Blut spritzte aus seiner Hand und der Junge wälzte sich voller

Schmerz auf dem Boden. Fredi war wie gelähmt vor Schreck. Seine Familie jedoch nicht. Willis Schreie lockten die ganze Familie in den Hinterhof und Rudolfs wütender Gesichtsausdruck trieb Fredi die Tränen in die Augen. Elsa und Frieda packten Willi und eilten mit ihm ins Haus. Schnell war die Wunde gewaschen und bandagiert und glücklicherweise nur als oberflächliche Verletzung identifiziert worden. Der rechte Zeigefinger war verletzt, würde aber schnell wieder heilen. Nachdem die Wunde versorgt und die Tränen getrocknet waren, drehte sich Elsa zu Fredi um. Ihre Stimme war streng, als sie Daumen und Zeigefinger zusammenhielt.

„So kurz davor warst du, deinem Bruder den Finger abzuschneiden."

Fredi starrte auf den Boden, scharrte mit den Füßen hin und her und war voller Angst vor dem, was nun kommen würde. Mit Tränen in den Augen sagte er zu seinem Bruder: „Es tut mir leid, Willi, wirklich …"

Alle Anwesenden waren überrascht, als Willi schließlich antwortete: „Es tut mir auch leid. Ich hätte den Finger vorher wegziehen sollen." Er sah Fredi an, zuckte mit den Schultern und wandte sich dann kleinlaut an seine Mutter. „Müssen wir jetzt in die Scheune gehen, damit du uns bestrafen kannst?"

Elsa versuchte, ihre Tränen zurückzuhalten, als sie beiden über den Kopf strich. „Ich denke, heute gab es schon genug Schmerzen, nicht wahr?"

Wie jeden Abend kam Elsa auch an diesem Tage in das Schlafzimmer der Kinder, um ihnen aus der Bibel vorzulesen und gemeinsam zu beten. Elsa war sehr gläubig, und deswegen waren die Bibel und das Beten ein großer Teil ihres täglichen Lebens. Vor jeder Mahlzeit neigte die ganze Familie ehrfurchtsvoll die Köpfe und Rudolf sprach: „Lieber Herrgott, sei unser Gast und segne die Gaben, die du uns bescheret hast."

Nachdem alle das Vaterunser gebetet hatten und Elsa gerade das Kinderzimmer verlassen wollte, fragte Fredi leise, ob er auch etwas sagen dürfte. Seine älteren Geschwister sprachen oft Gebete für die ganze Familie, doch dies war das erste Mal, dass auch Fredi etwas sagen wollte.

„Natürlich darfst du etwas sagen", sagte Elsa sanft und Fredi räusperte sich.

Seine Stimme zitterte etwas, als er zaghaft sagte: „Herr, es tut mir leid, was ich dem Willi angetan habe und ich hoffe, dass sein Finger richtig heilt und dass er mir bald verzeiht."

Seine Mutter strich ihm über die Schulter. „Deinem Bruder wird es sicher bald wieder gut gehen und du kannst sicher sein, dass wir dir alle bereits vergeben haben."

* * *

Jeden Herbst halfen die Nachbarn Rudolf dabei, die Ernte von den Feldern einzuholen. Das hohe Gras wurde mit Sensen gemäht, auf einer Wiese ausgebreitet und dann in der warmen Sonne getrocknet. Anschließend wurde das getrocknete Gras als Heu für das Vieh während der Wintermonate im Heuschober gespeichert. Die Arbeit war anstrengend und kräftezehrend, da schließlich noch alles per Hand gemäht werden musste. Mithilfe von Ochsenkarren brachten sie die Ernte von den Feldern zu den Heuschobern, und wenn alles abgeladen war, kehrten die leeren Wagen sogleich zu den Feldern zurück.

Auch die Frauen halfen bei der schweren Arbeit mit. Sie saßen zusammen in einer der Scheunen und rupften Hühner und Gänse, die alsbald zu einem festlichen Abendessen zubereitet wurden. Wenn die Felder gemäht und die Ernte eingebracht war, ging die Arbeit jedoch noch weiter. Drei oder vier Männer, die Rudolf bei der Ernte geholfen hatten, nahmen an dem sogenannten Weizenklopfen teil, eine sehr schwierige Arbeit. Die Männer standen im Kreis und schlugen mit Dreschflegeln im Gleichtakt die Weizenkörner von den Ähren. Nach dieser schweißtreibenden Arbeit jedoch war es geschafft.

Als am Abend die Sonne unterging, begann die Feier. Die Frauen deckten die Tische mit lauter Köstlichkeiten und sorgten für viel Nachschub an Schnaps. Vor dem Festmahl wurde ein Gebet gesprochen, um Gott für die feine Ernte in diesem Jahr zu danken und um seinen Segen zu erhalten. Nach dem Festmahl versammelte sich die heitere Gesellschaft um den großen Backofen in der Küche und der Schnaps floss während der heiteren Gespräche in Strömen. Die Kinder kuschelten sich an den warmen Ofen und obwohl sie noch so jung waren, bemerkten sie an diesem Abend einen Unterschied in den sonst so lebendigen und angeregten Gesprächen der Erwachsenen.

„Die Zeitung schreibt nicht viel über den Krieg", sagte ein Nachbar zwischen zwei Bissen Kommissbrot.

„Herr von Kronen bekam einen Brief von seinem Schwiegersohn", entgegnete ein anderer Nachbar „Er hat gesagt, der Krieg liefe nicht so gut wie am Anfang."

„Gestern hat mir der Wirt erzählt, ein Gast habe gesagt, dass mehrere Schlachten gegen die Russen verloren sind", sagte ein Dritter und gähnte laut.

Die Kinder hingegen waren nun nicht mehr müde, sondern besorgt. „Was bedeutet das alles?", fragte Rudi und seine Stimme war sorgenvoll.

„Es bedeutet gar nichts", antwortete Rudolf ihm mit Zuversicht und sah seinen Sohn beruhigend an. „Was auch immer geschehen wird, wir müssen uns keine Sorgen machen. Das war schon immer so und wird auch immer so bleiben."

* * *

Mit seinen vier Jahren hatte Fredi das engste Verhältnis zum Haus-
und Hofhund Fritzl. Als jüngstes Kind hatte er die meiste Zeit, um
mit dem Hund zu spielen. Seine Geschwister hingegen hatten bereits
mehr Aufgaben und deshalb weniger Zeit, sich mit dem Hund zu
beschäftigen. Fritzl und Fredi waren unzertrennlich. Sie spielten den
ganzen Tag zusammen und tobten draußen herum, und wenn es Zeit
fürs Bett war, folgte Fritzl dem Jungen ins Haus und wartete, bis er
im Bett war. Er selbst aber zog es vor, in der Scheune zu übernachten.

Immer wenn Fredi und sein bester Freund, Pepi Thürmer, durch
die nahegelegenen Wälder streiften, um wilde Beeren zu pflücken,
Fische zu fangen oder auch nur die hart arbeitenden Bauern zu beobachten, war Fritzl stets an ihrer Seite. Fredi war noch nie weit
von seinem Zuhause entfernt gewesen. Seine Welt, die er kannte,
erstreckte sich in einem Umkreis von etwa sechs Kilometern um den
elterlichen Hof und obgleich der Junge immer wieder Geschichten
von fernen Ländern und Abenteuern hörte, verspürte er nicht im Geringsten das Bedürfnis, sein kleines Dorf jemals zu verlassen.

Mit einem Schlag jedoch änderte sich alles.

DREI

Das Abendessen im Hause Langer folgte einer üblichen Routine. Während ihrer Mahlzeit fragte Rudolf, was Gerti, Rudi und Willi am Tag in der Schule gelernt hatten. Fredi erzählte stets stolz, was er am Nachmittag alles mit Fritzl erlebt hatte.

An diesem Tag jedoch änderte Rudi das Thema. Er wandte sich an seinen Vater und fragte: „Tata, warum haben heute all die Soldaten unser Dorf verlassen?"

„Verlassen? Wohin denn verlassen?", fragte Elsa erstaunt und überrascht von Rudis Frage.

„Ja, das habe ich auch gehört", sagte Rudolf zwischen zwei Bissen. „Heute Nachmittag habe ich Herrn Gesierich getroffen, er hat mir das Gleiche erzählt."

Elsa war fasziniert. „Wohin sind sie denn gegangen?"

Rudolf zuckte mit den Schultern. „Niemand weiß es anscheinend. Offenbar gibt es keine Erklärung für ihre plötzliche Abreise."

Seit Beginn des Krieges im September 1939 war ein kleines Kontingent deutscher Soldaten in und um Hermannstadt stationiert worden.

Sie schienen keinem bestimmten Zweck zu dienen, war es doch hier stets ruhig und friedlich, und stören taten welche – wenn überhaupt – nur selten. Aber an diesem Herbstmorgen im Jahre 1944 sattelten sie ihre Pferde und preschten, ohne eine Erklärung an den Bürgermeister oder sonst irgendjemanden, aus dem Dorf.

Gerüchte kamen auf, dass die deutsche Wehrmacht mehrere Niederlagen hatte einstecken müssen und zum ersten Mal kamen Gerüchte zum Niedergang des Dritten Reiches auf. Auch die Nachrichten im Radio berichteten nicht mehr über glorreiche Siege, sondern zeigten sich besorgt über die hohen Verluste. Trotz allem waren die meisten Bewohner von Hermannstadt überzeugt, dass der Krieg sie hier in der Abgeschiedenheit nicht erreichen würde. Im Dorf nahm das Leben seinen gewohnten Gang.

Ein paar Tage später bemerkte Fredi etwas Ungewöhnliches auf der Alten Straße. Er lief in die Küche und fand dort seine Mutter, die am Fenster stand und ebenfalls dem bizarren Treiben auf der Straße zuschaute. Pferdekutschen, überdachte und offene, fuhren in einer scheinbar endlosen Schlange durch das Dorf. Die Menschen in den Wagen sahen verängstigt, ja nahezu verzweifelt, aus.

Elsa schüttelte den Kopf und wandte den Blick nicht von dem Treiben ab. „Ich habe keine Ahnung. Es sind so viele! Wohin sie nur gehen mögen?"

So etwas hatte hier in Hermannstadt noch niemand gesehen. „Vielleicht weiß dein Vater ja mehr. Wir fragen ihn, wenn er nach Hause kommt."

Flüchtlinge fliehen in den Westen, 1944

„Wer sind denn all die Leute, Mama?", fragte Fredi neugierig.

Frieda kam nun ebenfalls an das Fenster und blickte erstaunt auf die vielen Wagen, die am Haus vorbeifuhren. Gelegentlich hielt einer der Wagen an und man konnte sehen, wie einige der Männer und ältere Kinder Zeug von der Rückseite des Wagens auf die Straßenseite warfen.

Fredi, der stets neugierig war, rief: „Lass uns rausgehen und sehen, was die Leute da machen!"

Elsa schüttelte abermals den Kopf. „Ich glaube nicht, dass das eine gute Idee ist." Sie klang etwas besorgt. „Wir warten, bis dein Vater nach Hause kommt. Bis dahin bleiben wir hier drinnen. Ich glaube, das ist das Beste."

Draußen auf den Feldern traf Rudolf unterdessen einen seiner Nachbarn und erzählte ihm von der seltsamen Prozession.

Flüchtlinge aus dem Osten, ca. 1944

Gemeinsam gingen sie hinab zur Alten Straße und beobachteten das Treiben für eine Weile. Dann näherten sie sich einer der Familien, die gerade lauter Sachen von ihrem Wagen warfen. Die beiden Männer unterhielten sich kurz mit den Leuten und die Informationen, die sie erhielten, waren ganz und gar nicht beruhigend. Elsa und Frieda schauten überrascht, als Rudolf früher als erwartet von der Arbeit nach Hause kam. Fredi hingegen war höchst erfreut, dass er mit Fritzl wieder nach draußen durfte. „Aber verlass den Hof nicht!", sagte sein Vater streng.

Rudolf und Elsa hatten sich an den Küchentisch gesetzt, als Frieda ihnen eine Tasse Kaffee einschenkte. Bevor eine der Frauen zu einer Frage ansetzen konnte, sagte Rudolf ernst: „Die Menschen da draußen in den Wagen sind Deutsche aus den östlichen Regionen wie Pommern, Ostpreußen und Oberschlesien. Sie mussten bereits die Auswirkungen des Krieges erleben."

„Wohin gehen sie denn?", fragte Frieda.

„Sie haben ihre Häuser in der Hoffnung verlassen, den Russen zu entkommen. Die deutsche Wehrmacht hat sich zurückgezogen und die Menschen hatten keinen Schutz mehr vor den anrückenden Truppen." Rudolf schüttelte traurig den Kopf. „Ihnen zufolge kämpft Deutschland bereits mit den letzten Reserven und die armen Menschen waren wegen der nahen Eisenbahnlinie mitten in der Krisenregion. Sie sind verzweifelt", fügte er hinzu. „Sie versuchen, bis nach Westdeutschland zu fliehen, um dort in Sicherheit zu sein."

„Aber warum kommen sie dann nach Hermannstadt?", fragte nun Elsa.

„Sie dachten, dies sei der kürzeste Weg nach Westen." Rudolf ließ seinen Blick durch die Küche schweifen und blickte nach draußen. Er holte tief Luft. „Sie haben uns schreckliche Dinge erzählt. Dinge, von denen die Kinder nichts wissen sollten."

„Was denn?", wisperte Elsa ängstlich.

„Unschuldige Menschen wurden gefangen genommen, in den Osten verschleppt und sie müssen dort in russischen Gulags Zwangsarbeit leisten."

Es gab einen langen Moment des Schweigens, bis Frieda schließlich fragte: „Haben sie gesagt, warum sie lauter Sachen von den Wagen werfen?"

„Sie wollen nicht so viel Last bei sich tragen", erklärte Rudolf. „Sie hoffen, somit schneller voranzukommen. Familienerbstücke, feines Porzellan, Silberbestecke, Öfen, Nähmaschinen, Möbel – alles werfen sie weg. Sie haben panische Angst. Die Menschen da draußen sind bereit, alles zu opfern, wenn dies bedeutet, dass sie so vor den Russen fliehen können."

Wieder war es für eine lange Weile still. „Was wird mit uns?", sprach Elsa dann aus, was jeder sich selbst fragte.

„Das weiß niemand", sagte Rudolf und berührte sanft ihre Hand. Es war die einzige Antwort, die er ihr geben konnte.

Später erhielt Rudolf weitere Informationen von den Fliehenden und das Gerücht bestätigte sich, dass die Menschen tatsächlich vor den Russen geflohen waren. In vielen kleinen Grenzstädten in Ostpreußen waren schreckliche Dinge vorgefallen. Eine der Städte, die mehrfach erwähnt wurden, war Nemmersdorf.

Die Menschen erzählten, dass wenn die russische Armee durch die Dörfer und Städte strömte, unaussprechliche Gräueltaten geschahen. Frauen wurden vergewaltigt und genau wie alte Männer, Kinder und sogar Babys, grausam ermordet. Die Russen töteten sie mit Schaufeln oder Gewehrkolben oder erschossen sie aus nächster Nähe. Manche Menschen waren an Scheunentore genagelt worden. Eine ganze Stadt wurde ausgerottet.

Der Name Nemmersdorf blieb für viele Deutsche noch lange ein Symbol für Kriegsverbrechen und kaltblütiges Verhalten der Roten Armee.

Die Kinder der Familie Langer sahen die Wagen stets, wenn sie von der Schule nach Hause kamen. Sie fragten Rudolf über alles aus und ihr Vater bemühte sich, all die Fragen so gut es ging zu beantworten, ohne jedoch den Kindern von all den Gräueltaten zu berichten. Die Kinder waren ohnehin viel mehr interessiert an den ganzen Sachen, die die Flüchtlinge zurückgelassen hatten und überprüften fast täglich, ob irgendetwas dabei war, was sie vielleicht behalten konnten.

„Wir haben alles, was wir brauchen", sagte Rudolf jedoch stets mit strenger Stimme.

Elsa legte mehr Mitgefühl an den Tag und erklärte den Kindern: „Wir wollen die Not anderer nicht ausnutzen."

Später am Abend besuchte Rudolf eine Nachbarschaftsversammlung. Die Männer diskutierten lange über die Flüchtlinge, die schlechten Nachrichten in den Zeitungen und dem Radio und überlegten, ob auch sie Vorsichtsmaßnahmen einleiten sollten.

„Vielleicht sollten wir auch fortgehen?", fragte einer. „Bevor die Russen auch hier einfallen."

„Erinnerst du dich noch, wie die Tschechoslowakei nach dem Ersten Weltkrieg unabhängig wurde und das Sudetenland die tschechische Dominanz ertragen musste, bis es in den späten 30er Jahren von Hitler zur Selbstbestimmung ermutigt wurde? Nach dem Einmarsch deutscher Truppen im Jahr 1938 kapitulierte die tschechische Regierung und das Reichsgau Sudetenland wurde wieder deutsches Gebiet."

„Vielen Dank für den Geschichtsunterricht", sagte einer der Männer ungeduldig. „Aber was hat das mit uns zu tun?" Die Pfeife des alten Mannes, der zuvor gesprochen hatte, war ausgegangen und er zündete sie langsam wieder an, bevor er weitersprach. „Jetzt, wurde erzählt, da Deutschland die Tschechoslowakei erobert hat, kam Unheil über das Land. Nicht nur in den Arbeitslagern, sondern auch für den Rest der Bevölkerung. Ich glaube, wir haben gute Gründe, hier in Hermannstadt um unser Leben zu fürchten."

„Und deshalb sollen wir die Heimat verlassen?", fragte einer der jungen Männer. „Ich glaube nicht an Gerüchte", sagte ein anderer entzürnt. „Ich gebe nicht für ein paar Gerüchte alles auf, für das ich mein Leben lang gearbeitet habe!"

Ein Chor von Stimmen erhob sich, der der gleichen Meinung war. Gemeinsam entschied man, in Hermannstadt zu bleiben, auch wenn sich die russische Armee stetig näherte. Man hatte so eine Situation schon einmal miterlebt und dieses Mal sollte es abermals gut ausgehen.

* * *

Der Boden vibrierte und die Fenster klapperten so sehr, dass man Angst haben musste, die Scheiben würden herausspringen. Fritzl, der arme Hund, zitterte am ganzen Körper und Elsa, Frieda und Fredi waren vor Angst wie gelähmt. Als es an der Tür klopfte, öffnete Fredi ängstlich und sah seinen Freund Pepi Thürmer, auf dessen Gesicht ein Ausdruck von Furcht und Erstaunen zugleich stand.

„Hast du sie auch gesehen?", fragte Pepi.

„Gesehen? Wen?", erwiderte Fredi.

Pepi zeigte mit dem Finger in Richtung der Straße, weil dies schneller war, als zu erklären, was er gesehen hatte. Er drängte sich an Fredi vorbei und rannte ins Wohnzimmer, wo er rief: „Schau!"

Elsa und Frieda standen hinter den beiden Jungen und mochten ihren Augen nicht trauen. Was sie da sahen, überstieg ihre schlimmsten Albträume. Riesige Maschinen rumpelten die Straße hinunter, eine schier endlose Reihe an Panzern und Fahrzeugen. Ihre Motoren qualmten und der schwarze Rauch verdunkelte den Himmel. Vor allem die Panzer hinterließen tiefe Spuren in der Straße und der ohrenbetäubende Lärm ließ die Fensterscheiben und den Boden vibrieren. Die Jungen tauften die Fahrzeuge „eiserne Pferde" und waren von dem Anblick vollkommen fasziniert. Ab und an wichen die Panzer aus, um ein anderes Fahrzeug passieren zu lassen, aber anhalten taten sie nicht. Sie zerstörten alles, was ihnen im Weg war, einschließlich dem Gartenzaun (der niedergemäht wurde wie eine Reihe Zahnstocher) und das Gemüsebeet der Familie Langer.

Die Russen waren gekommen. Und auch wenn die Alte Straße sicher nicht in bester Verfassung war, so wurde sie doch benutzt, weil sie die schnellste Verbindung zwischen Stalingrad und der deutschen Grenze war.

Die Neugier der Jungen wandelte sich erst in Vorsicht um, dann in Furcht. Elsa verbot den beiden, nach draußen zu gehen, um sich die großen Fahrzeuge aus nächster Nähe anzusehen.

Die Schulen wurden an diesem Tag schon früh geschlossen und alle Schulkinder wurden nach Hause geschickt. Auch Rudolf verließ früher als sonst sein Feld und kehrte zu seiner Familie zurück. Pepi wurde über die Hinterhöfe nach Hause gebracht, ja darauf bedacht, dass der Junge mit keinem der Soldaten in Kontakt trat. Die Langer'sche Familie und Frieda beobachteten noch eine ganze Weile die „eisernen Pferde". Das Abendessen lief still ab, niemand wollte so recht ein Gespräch aufnehmen. Die Kinder begriffen schnell, dass ihre Eltern besorgt waren und fürchteten sich deshalb noch ein wenig mehr, war es doch etwas, was sie so nicht von ihren Eltern kannten. Die Lastwagen und Panzer fuhren bis in die späte Nacht, und so dauerte es lange, bis die Kinder endlich einschliefen.

Die Erwachsenen deswegen gönnten sich jedoch keinen Schlaf, sondern saßen noch lange am Küchentisch zusammen.

„Was sollen wir denn jetzt tun?", fragte Frieda.

„Warten!", entgegnete Rudolf, während er aus dem Fenster schaute.

„Was sagen denn die anderen?", wollte Elsa wissen und schaute ihren Mann an.

Rudolf versuchte sein Bestes, um überzeugend zu klingen. „Alle denken, dass nichts passieren wird. Die werden durch die Stadt fahren und wieder verschwinden. Die haben doch keinen Grund, hier zu bleiben und Ärger zu machen."

Zum ersten Mal in seinem Leben wünschte er jedoch, Schlösser an den Türen installiert zu haben.

Erst in den folgenden Wochen wurde die Anzahl der Lastwagen, Fahrzeuge und Panzer immer weniger. Die Schule blieb jedoch geschlossen, ebenso wie die meisten Unternehmen. Auch die Bauern blieben weiterhin zuhause. Sie hatten Angst um ihre Familien. Das übliche Pflügen der Felder zur Vorbereitung der Frühjahrssaat fiel in diesem Jahr aus. Somit war klar, dass Lebensmittel im nächsten Jahr knapp werden und die Bewohner von Hermannstadt auf die Bewohner der anderen Städte angewiesen sein würden.

Die Menschen aus Hermannstadt hatten allen Grund die russischen Soldaten zu fürchten. Gerüchte gingen um, dass die Russen grundlose Gewalt an den Tag legten und auch nicht vor Vergewaltigungen an jungen Mädchen und Frauen zurückschreckten. Wer konnte, versteckte sich also und wer nun doch einmal das Haus verlassen musste, verkleidete sich. Frauen gingen gebückt und verhüllten das Gesicht mit einem Schal, Männer hinkten oder trugen ihre ältesten und dreckigsten Kleider, um Belästigungen oder Gewalt zu entgehen.

Warum die Russen durch Hermannstadt fuhren, war klar: Sie wollten sicher sein, dass keine deutschen Einheiten zurückgeblieben waren, die später aus einem Hinterhalt wieder angreifen und so den Russen gefährlich werden konnten.

Die russischen Soldaten hatten das Kommando über das Gerichtsgebäude übernommen und benutzen es als Hauptquartier. Während die meisten Soldaten weiterzogen, blieb ein kleines Kontingent zurück, um die Stellung im Ort zu halten. Diese Soldaten waren kampferprobt und abgehärtet, müde vom Kämpfen und vom Krieg und wütend über den Tod ihrer gefallenen Kameraden. Ihr Hass gegenüber den Deutschen war zwar verständlich, ihre Rache an unschuldigen Frauen und Kinder jedoch nicht.

* * *

Mit einem Knall flog die Eingangstür des Hauses Langer auf und drei gefährlich aussehende Soldaten traten ein. Mit gezogenen Pistolen stürmten sie in das Wohnzimmer, wo die ganze Familie vor Angst wie gelähmt stehen blieb. Die Kinder umklammerten Mutter und Vater, und Elsa begann mit geschlossenen Augen zu beten.

„Gebt uns eure Waffen!", befahl einer der Soldaten mit einem bedrohlichen Unterton und vor Hass funkelnden Augen.

Rudolf richtete sich auf und sagte ruhig und mit fester Stimme: „Wir haben keine."

Der Anführer der drei Soldaten kam auf ihn zu und zischte: „Wenn das gelogen ist, wirst du bestraft werden." Er deutete auf den Rest der Familie. „Und die auch."

Rudolf hob langsam die rechte Hand. „Gott ist mein Zeuge. Wir haben keine Waffen in diesem Haus."

Dies schien dem Anführer nicht genug zu sein. Mit vorgehaltener Waffe wies er seine beiden Kumpane an, das Haus gründlich zu durchsuchen.

Durch die Haustür zog ein eisiger Wind herein, doch Rudolf, Elsa und Frieda fühlten heißen Angstschweiß auf ihrer Haut. Nach einer kleinen Ewigkeit kehrten die beiden anderen Soldaten in das Wohnzimmer zurück und bestätigten, was Rudolf gesagt hatte. Hier gäbe es keine Waffen.

„Vor dieses Haus wird eine weiße Fahne gesetzt, damit wir wissen, dass dieser Ort frei von Waffen ist." Mit diesen Worten verließen die drei das Haus.

Rudolf atmete tief aus und schloss die Tür.

Elsa blickte Frieda an und sagte dann hastig: „Wir machen uns gleich daran, eine Fahne zu nähen."

Rudolf nickte und wandte sich dann an seine Kinder, die immer noch bleich und still ihre Eltern umklammert hielten. Er strich allen sanft über den Kopf und sagte dann. „Ihr wart alle sehr mutig. Ich bin stolz auf euch."

Im Gegensatz zu vielen anderen Nachbarn, die Waffen besaßen, um ihr Vieh vor Raubtieren zu schützen, hatte Rudolf es nie für nötig gehalten, selbst Waffen zu besitzen. Auf der einen Seite fühlte er sich nun erleichtert, denn was hätte alles passieren können, hätten die Soldaten bei ihm Waffen gefunden! Auf der anderen Seite nagte an ihm die Sorge, dass er seine Familie im Fall der Fälle vielleicht nicht ausreichend beschützen konnte.

Kaum eine Woche später, und obwohl die weiße Fahne vor ihrer Tür wehte, brachen abermals drei Soldaten in das Haus ein und marschierten ins Wohnzimmer. Rudolf sprang auf und rief hastig: „Wir haben eine weiße Fahne! Dieses Haus ist frei von Waffen."

Einer der Soldaten grinste hämisch. „Das wissen wir. Setz dich."

Rudolf tat wie ihm befohlen und die Kinder huschten ängstlich hinter den Stuhl ihres Vaters. Elsa und Frieda standen voller Angst in der Küche.

„Ihr zwei, ihr kommt her, wo ich euch sehen kann!", brüllte einer der Soldaten und die Frauen eilten zu Rudolf, wo sie ihr Bestes taten, die Kinder hinter sich zu verbergen.

Die Soldaten begannen das Haus abermals zu durchsuchen, doch diesmal war es nicht ihr Ziel, Waffen zu finden. Sie rissen Schubladen und Schränke auf und nahmen alles an sich, was nur im Entferntesten wertvoll erschien. Auch das Tafelsilber, seit Generationen im Besitz der Familie Langer, nahmen sie an sich. Rudolf sah aus den Augenwinkeln, dass Elsa etwas sagen wollte. Unauffällig hob er die rechte Hand und blickte sie warnend an. Sie sollte um Gottes willen schweigen.

„Wo ist der Schmuck?", schrie einer der Soldaten und sah Elsa durchdringend an.

„Ich habe keinen Schmuck", erwiderte Elsa und versuchte, das Zittern in ihrer Stimme so gut es ging zu verbergen.

„Du lügst doch!", schrie der Soldat und Elsa spürte, wie sich die feinen Härchen auf ihrem Nacken vor lauter Furcht aufrichteten. Dennoch erwiderte sie fast trotzig seinen Blick. „Ich lüge nicht. Ich habe noch nie gelogen und ich werde auch nicht lügen, nicht einmal Ihnen gegenüber."

Der Soldat starrte sie an, während die anderen beiden ihre Diebestour fortsetzten. Gerade in dem Moment, als einer von ihnen das Kruzifix mit dem Rosenkranz von der Wand nehmen wollte, betrat ein weiterer Soldat den Raum. Rudolf vermutete, dass es sich um einen Offizier handelte, hatte er doch silberne Streifen auf seiner Uniform. Mit einem Blick hatte der ranghöhere Soldat die Situation erfasst und herrschte den Mann an: „Fass das nicht an!" Sogleich hielten die Männer inne und der Offizier blickte jeden von ihnen durchdringend an. Einer der Soldaten hatte eine eindeutig ausgebeulte Hosentasche, auf die der Offizier nun zeigte.

„Was ist das? Zeig es mir!" Langsam zog der Soldat eine Handvoll Tafelsilber aus der Hosentasche und hielt es ihm entgegen.

„Und?", fragte der Offizier. „Ist das deines?"

„Nein, Herr Oberst", erwiderte der Soldat schnell.

„Dann bist du also ein gemeiner Dieb", höhnte der Offizier.

„Nein, Herr Oberst", sagte der Soldat wieder und senkte den Kopf.

„Wenn das nicht deines ist und ihr alle keine gemeinen Diebe seid, dann will ich, dass hier alles zurückgegeben wird, was ihr gestohlen habt." Mit leichtem Zögern, dann jedoch hastig, folgten die Soldaten seinem Befehl, salutierten und verließen mit gesenkten Häuptern das Haus.

Der Offizier zog ein kleines Adressbuch aus seiner Uniform und blickte kurz hinein. „Ich nehme an, dies hier ist Familie Langer?"

„Das ist richtig", entgegnete Rudolf.

Der Offizier senkte das Adressbuch und erklärte leise: „Die Russen sind stolze, ehrenwerte Menschen. Aber auch die Seelen solcher Menschen werden von Krieg und Tod nicht verschont. Es frisst sie auf. Manchmal sind ihre Aktionen nicht zu begreifen, aber auf eine Art ist es verständlich, nach allem, was sie erlebt haben. Es tut mir leid, was geschehen ist. Ich versichere Ihnen, dass so etwas nicht mehr passieren wird." Mit diesen Worten verbeugte er sich leicht, nickte und verließ dann das Haus.

Die Familie schaute sich verwirrt an. „Heißt das … wir sind jetzt sicher?", fragte Elsa.

„Ich weiß es nicht", sagte Rudolf ehrlich. „Zumindest solange der Offizier hier das Sagen hat, werden sie uns wohl in Ruhe lassen." Er zuckte mit den Schultern und blickte zu Boden. „Aber man kann wohl nie sicher sein."

Rudi zupfte am Ärmel seines Vaters und flüsterte mit großen, furchterfüllten Augen: „Was wollten die denn, Tata?"

Beruhigend tätschelte Rudolf den Kopf seines Sohnes. „Vermutlich das Gleiche wie wir. Sie wollen auch, dass der Krieg bald vorbei ist, damit sie zu ihren Familien zurückkehren und in Frieden leben können …"

„Können wir denn jemals wieder draußen spielen, oder fahren die Lastwagen immer weiter?", fragte Willi.

Elsa ging zum Kruzifix hinüber und berührte sanft die Füße von Jesus. Sie seufzte. „Irgendwann bestimmt. Ewig kann es ja so nicht

weitergehen.“ Damit waren die Kinder erst einmal beruhigt, doch
Elsa konnte die furchtvollen Gedanken in ihrem Kopf nicht bei-
seiteschieben. Bis hier keine Panzer und Soldaten mehr passierten,
würden sie und ihre Familie Gefangene in den eigenen vier Wänden
sein.

* * *

Mit dem ersten Schneefall kamen zusätzliche Probleme. Schnee, Eis
und Matsch verlangsamten den Konvoi der Truppen und ließen ihn
stecken bleiben. In diesen Fällen kam es vor, dass die Truppen in
den Haushalt der Familie Langer eindrangen und die Familie zwangen, in der Scheune zu schlafen. Obwohl es unbequem war, so war
es doch aufgrund des Backofens auf der anderen Seite des Raumes
schön warm. „Jetzt sind wir wirklich Gefangene in unserem eigenen
Haus“, dachte Rudolf oft in solchen Momenten.

Und dann, eines Tages, fuhr der letzte Wagen am Haus vorbei und
es schien, als sei der Spuk vorbei. Zum ersten Mal seit Monaten
fühlten sich die Menschen wieder relativ sicher in ihren Häusern
und ein paar Geschäfte im Dorf wurden wieder geöffnet. Trotzdem
waren die Lebensmittel knapp geworden und Rudolf traf sich mit
ein paar Nachbarn, um die weiteren Schritte zu besprechen und darüber zu diskutieren, was wohl noch auf sie zukommen könnte. Man
plante, die Schule wieder zu öffnen und auch die vernachlässigten
Felder sollten endlich wieder bestellt werden.

Plötzlich hörte man ein donnerndes Geräusch aus der Ferne, das
immer näherzukommen schien. Sogleich eilte jeder nach Hause in
der verzweifelten Hoffnung, die Panzer der Russen würden nicht
wiederkommen. Bald war klar, dass keine Panzer für den Lärm verantwortlich waren, sondern hunderte von Hufschlägen. Rudolf und
Elsa sahen mit Erstaunen zu, wie zahlreiche Reiter an ihrem Haus

vorbeigaloppierten. Vorbei war es mit der Hoffnung, die Schule bald wieder zu öffnen und die Felder auf Vordermann zu bringen! Rudolf beobachte die Reiter. Sie alle waren uniformiert und zusätzlich in warme Mäntel gehüllt und saßen aufrecht und stolz in ihren Sätteln. Bald teilte sich die Kolonne in mehrere Grüppchen auf, die zielstrebig jene Häuser ansteuerten, die Scheunen hinter den Häusern stehen hatten. Ängstlich beobachtete die Familie, wie eine Gruppe auf ihr Haus zusteuerte. Die Männer stiegen gleichzeitig von den Pferden und einer von ihnen, offensichtlich der Kommandeur, klopfte an die Hintertür. Rudolf und Elsa sahen sich ungläubig an. Noch nie hatte ein Soldat ihnen gegenüber Höflichkeit an den Tag gelegt oder gar angeklopft! Vorsichtig öffnete Rudolf die Hintertür und blickte in das Gesicht eines großen Fremden mit harschen Gesichtszügen.

Der Mann lächelte und sagte mit einer wohlklingenden, tiefen Stimme: „Wir sind Weißrussen aus der Ukraine. Wir folgen dem Hauptteil der Truppen. Meine Männer und ich suchen nach Futter und Wasser für unsere Pferde und vielleicht etwas zu essen für uns und einen Platz, an dem wir uns ausruhen können."

Für einen Augenblick war Rudolf sprachlos ob der Höflichkeit, die der Fremde an den Tag legte, dann aber fing er sich. „Kommen Sie herein!"

Als der Mann die Küche betrat, bemerkte er die Kinder, die sich hinter Elsa versteckt hatten. Lächelnd griff er in seine Manteltasche und die Kinder erblassten, vermuteten sie doch eine Pistole oder etwas anderes Schreckliches. Stattdessen fischte der Mann jedoch mehrere Bonbons aus seiner Tasche und machte einen Schritt auf die Kinder zu, die jedoch furchtsam zurückwichen.

„Hier, das ist für euch!", sagte er und streckte die Hand aus. „Schmeckt wirklich gut!"

Die Kinder blickten zu ihrer Mutter hinauf und als diese zustimmend nickte, nahm sich jeder ein Bonbon.

„Was sagt man?", fragte Elsa auffordernd.

„Danke!", antworteten die Kinder im Chor.

„Ihr heißt uns sehr willkommen", sagte der Mann dankend und richtete sich dann an Elsa. „Die Kinder sind sehr höflich. Sehr gutes Benehmen."

„Vielen Dank", erwiderte Elsa vorsichtig.

Der Mann spürte, dass Elsa nicht überzeugt war und fügte mit beruhigender Stimme hinzu: „Gnädige Frau, ich möchte Ihnen versichern, dass wir Ihnen oder Ihren Kindern keinen Schaden zufügen wollen. Wir suchen nur nach etwas zu essen und einem Schlafplatz. Das ist alles."

Rudolf legte seinen Arm schützend um Elsa, als er sich an den Weißrussen wandte: „Sie und Ihre Männer sind willkommen. Wir werden tun, was wir können. Wenn sie wollen ist genug Platz für Sie alle in der Scheune."

„Wäre es möglich, dass wir im Heuschober schlafen?", fragte der Mann.

„Selbstverständlich!", erwiderte Rudolf. „Sie werden es nahezu gemütlich haben. Ein Backofen hält den Stall und den Heuschober warm."

Der Weißrusse nickte und lächelte. „Wir sind Ihnen dafür sehr dankbar. Wir sind schon seit Tagen in dieser Kälte unterwegs und konnten uns nirgendwo wärmen."

In den folgenden Wochen hielten die Männer ihr Versprechen und taten nichts, was der Familie geschadet hätte. Im Gegenzug sah Rudolf zu, dass ihre Pferde gefüttert und gestriegelt wurden und sich ausruhen konnten. Elsa lud den Kommandanten und seine Männer ins Haus ein, wo sie ihnen ein warmes Essen servierte und wo sie sich eine Weile aufwärmen konnten. Man unterhielt sich und nach ein paar Gesprächen erkannten die Langers, dass, obwohl die Russen eigentlich als ihre Feinde galten, sie ihnen doch ähnlicher waren als gedacht. Sie alle hatten Familie und, wie auch Rudolfs Familie, waren sie in etwas hineingeraten, in das keiner von ihnen freiwillig zugestimmt hätte.

Als die Männer endlich wieder ihre Pferde bestiegen und Richtung Westen ritten, überkamen Elsa und Rudolf gemischte Gefühle. Einerseits waren sie froh, dass bald keine Russen mehr durch ihr Dorf streifen würden, hatte sich doch die Tschechoslowakei der russischen Armee angeschlossen. Auf der anderen Seite aber waren sie besorgt um ihre neuen Bekannten, die sich zu einem Kampf mit ungewissem Ausgang aufmachten und dabei vielleicht sogar ihr Leben lassen müssten.

* * *

Gewöhnlich wurden in der Familie Langer keine Geburtstage oder sonstige Jubiläen gefeiert. Die einzigen Feiertage, die auch die Langers begingen, waren deshalb Ostern und Weihnachten.

Für Elsa waren die vielen Veränderungen, die das diesjährige Weihnachtsfest so anders machten, nur schwer zu begreifen. Noch vor einem Jahr war ihr Leben normal und nahezu perfekt gewesen …

Im letzten Jahr hatte Rudolf Kufen für Schlitten unter dem Gerätewagen befestigt, ein Pferd davor gespannt und dann machte er mit den Kindern eine Kutschfahrt durch den tiefen Schnee. Dick eingepackt gegen die klirrende Kälte, hatten die Kinder darauf gehofft, den perfekten Tannenbaum zu finden. Der Baum stand jedes Jahr in der Mitte des Wohnzimmers und wurde traditionell mit Lametta, dünnen Glaskugeln und Kerzen geschmückt. Zur Dekoration kamen noch frische und blank polierte Äpfel unter den Baum. Die Äpfel waren das einzige Geschenk für die Kinder und sie betrachteten es seit jeher als besondere Gabe, die es nur zu Weihnachten gab.

Für Elsa und Frieda begann der Weihnachtstag, bevor die Sonne aufging. Fleißig werkelten die beiden Frauen in der Küche und bereiteten ein Festmahl für die ganze Familie vor, sodass das Haus mit einem köstlichen Duft gefüllt war. Elsa schlug jedem sanft auf die Finger, der etwas von den köstlichen Speisen stibitzen wollte. Während das Essen langsam vor sich hin köchelte, ging die ganze Familie zur Weihnachtsmesse in die Kirche. Auf dem Rückweg besuchten sie dann noch kurz das Grab von Antonia und auch Franz, der erst vor einem Jahr verstorben war.

Wieder daheim angekommen in der wohligen Wärme des Hauses, machten sich die Frauen sogleich wieder an die Arbeit in der Küche. Rudolf saß unterdessen bequem in seinem Lieblingssessel und las Zeitung, während die Kinder mit Fritzl spielten. Als schließlich alle an der voll gedeckten Tafel beisammen saßen, sprach Rudolf ein Dankgebet für all den Segen, den sie das Jahr über erhalten hatten.

Dieses Jahr schien jedoch all das Festliche, Freudige wie weggeblasen zu sein und Weihnachten, wie sie es kannten, schien wie eine flüchtige Erinnerung. Dieses Jahr würde es keinen Ausflug durch den Schnee geben, keinen Weihnachtsbaum und keine Schwätzchen mit Nachbarn nach der Weihnachtsmesse. Weihnachten, das einst voller Freude und Aufregung gefeiert wurde, musste nun in Sorge und Furcht vor dem Unbekannten verbracht werden. In diesem Jahr war alles anders.

VIER

Für die Bewohner von Hermannstadt war das Jahr 1945 ein Jahr voller Angst und Schrecken. Furcht und Unsicherheit bestimmte die Menschen und man fragte sich oft, was die tschechische Armee mit ihrem einst so friedvollen und verschlafenen Dorf anstellen würde.

Die drei Millionen Deutschen, die im Sudetenland einst von der Tschechoslowakei unterdrückt worden waren und mit Hitlers Unterstützung nach Selbstbestimmung gerufen hatten, waren besorgt. Gerüchte gingen um, dass Hitlers Kriegsmaschine in 1938 die Tschechoslowakei gnadenlos überrollt hatte und somit das Sudetenland zurück ins Deutsche Reich brachte. Die Frage aber blieb: So, wie die Deutschen die Tschechen behandelt hatten – wie würde die tschechische Armee reagieren, jetzt, da sie die Oberhand übernommen hatte?

* * *

Im folgenden Frühjahr stürmte eine Kolonne von Militärfahrzeugen durch Hermannstadt. Die Tschechen waren gekommen. Die weißen Fahnen wehten noch immer vor den Häusern und somit wussten die Soldaten gleich, dass die Bewohner unbewaffnet und somit keine Gefahr waren. Die Tschechen sahen noch bedrohlicher aus als die Russen, und obwohl der Hauptteil der Truppen zügig weiterzog, blieben einige Abgesandte im Rathaus und an den Enden des Dorfes stationiert. Ohne jeglichen Widerstand wurde Hermannstadt eingenommen.

Zum Leidwesen der Familie Langer wurde ein Außenposten der tschechischen Armee in ihrem Garten postiert. Die Familie beobachtete hilflos, wie ein Lastwagen voller Soldaten hinter ihrem Stall parkte. Der Laster zog eine große Kanone hinter sich, die der Familie ebenfalls einen gehörigen Schrecken einflößte. Die Soldaten und die Militärpolizei konnten tun und lassen, was sie wollten.

Am ersten Tag sah die Familie mit Sorge, wie die Soldaten auf dem Hof die Kanone putzten und in der Scheune ein temporäres Hauptquartier errichteten. Der zweite Tag erwies sich hingegen als nicht so ruhig. Ohne jede Vorwarnung stürmten plötzlich vier tschechische Soldaten in die Küche und obwohl die Familienmitglieder überall im Haus verteilt waren, hörten sie doch den Befehl:

„Jeder in diesem Haus kommt sofort in die Küche!"

Elsa vernahm den Ruf, während sie eines der Schlafzimmer im Obergeschoss rein machte. Als sie die Treppe hinuntereilte, folgte sie ihrem Instinkt, zog sich den Ehering vom Finger und steckt ihn sich in den Mund. Frieda war allein in der Küche und zog es ängstlich vor, keinen Blickkontakt mit den Fremden aufzunehmen. Rudolf saß im Wohnzimmer. Auch er versteckte instinktiv seine Taschenuhr im Stiefel, bevor er die Küche betrat.

Die Soldaten sahen bedrohlich aus, schmutzig und ungepflegt. Derjenige, der den Befehl gegeben hatte, war unrasiert und hatte eine gefährlich aussehende Narbe quer über der rechten Wange. Mit rauer Stimme zischte er: „Gebt uns euer Geld! Die Münzen!"

Rudolf schüttelte den Kopf. „Wir haben keine. Die Russen haben uns bereits alles genommen."

Völlig unerwartet schlug der Soldat zu und traf Rudolf im Gesicht. Der Schlag war so fest, dass Rudolf in die Knie ging.

„Die Münzen!", wiederholte er feixend.

„Ich sagte bereits", erwiderte Rudolf ruhig und rieb sich die schmerzende Wange. „Wir haben keine."

Gerti fing an zu weinen und Elsa drückte sie beruhigend an ihre Seite. Der Soldat schlug abermals zu, diesmal noch fester. Ein leuchtend roter Abdruck zeichnete sich auf Rudolfs Wange ab, der Rudolf jedoch nicht aus der Bahn zu werfen schien.

„Wir sind arme Bauern", sagte er. „Alles, was wir jemals besessen haben, ist uns von den Russen genommen worden."

Der Soldat kniff die Augen zu und nickte dann, als würde er Verständnis zeigen. Stattdessen aber hatte er nur noch einmal seine Kräfte gesammelt, um Rudolf mit geballter Faust niederzuschlagen. Elsa keuchte auf und die Kinder begannen, im Chor zu weinen. Als Rudolf sich langsam wieder aufrappelte, hob der Soldat seine Hand zum vierten Mal.

„Halt!", flehte Elsa. Sie eilte zu einem Regal hinüber, leerte ein Glas und drückte dem Soldaten dann sechs Münzen in die Hand.

Dieser nickte, steckte das Geld in die Tasche und forderte dann: „Jetzt den Schmuck."

„Ich habe keinen", sagte Elsa entschlossen.

„Dann zeig mir deine Hände!", befahl der Soldat.

Als Elsa ihre Hände ausstreckte, bemerkte Rudolf sogleich den fehlenden Ehering. Sie wird ihn irgendwo versteckt haben, dachte er besorgt. Der Soldat hatte nun einen nahezu hasserfüllten Ausdruck im Gesicht und sagte schließlich grinsend und mit schmieriger Stimme: „Wir nehmen das kleine Mädchen mit." Er deutete auf Gerti. „Meine Männer werden Freude an ihr haben."

Gerti begann zu zittern und klammerte sich an Elsas Kleid.

Rudolf trat vor seine Tochter und sagte schließlich, all seinen Mut aufbringend und willig, seine Tochter mit allen Mitteln zu beschützen: „Sie ist meine Tochter. Wenn du sie haben willst, musst du zuerst an mir vorbei."

„Ich habe schon viele Männer getötet", lachte der Soldat kalt. „Was macht da einer mehr oder weniger."

Auch Elsas Beschützerinstinkt war erwacht und sie fragte: „Sie ist auch meine Tochter. Haben Sie auch viele Frauen getötet?"

Mit eiskaltem Blick schaute der Soldat auf Elsa hinunter und sein Gesicht war hasserfüllt.

Elsa hielt seinem brennenden Blick stand. „Wie würden Sie sich denn fühlen, wenn man Ihre Mutter, Ihre Frau oder Ihre Tochter ohne jeden Grund misshandelt oder tötet?"

Der Soldat starrte Elsa und Rudolf für einen weiteren Moment wortlos an. Dann, plötzlich, dreht er sich auf dem Absatz um und marschierte aus dem Haus, seine Männer hinter ihm her.

Erinnerungen an solche Ereignissen verursachten bei Alfred schreckliche Albträume, noch nach vielen Jahren.

Die ganze Familie hielt für einen Moment die Luft an, dann umarmten sich alle mit einem Seufzer der Erleichterung. Rudolf blickte Elsa liebevoll an und flüsterte: „Dein Ehering …"

Elsa lächelte und öffnete den Mund, als wolle sie etwas sagen. Stattdessen aber fischte sie den Ring aus ihrer Wangentasche und steckte ihn sich wieder an den Finger. Rudolfs Mundwinkel zuckten und er konnte ein Grinsen nicht verbergen, als er in seinen Stiefel langte und die Taschenuhr zum Vorschein kam. Elsa nickte und erwiderte sein Grinsen.

Dann aber überkam sie ein Schauder, als sie die Ereignisse nochmals Revue passieren ließ. Schnell legte sie ein kaltes Tuch auf Rudolfs gerötete Wange und tat ihr Bestes, um seine Schmerzen zu lindern. Dann brachte sie die immer noch verschreckten Kinder ins Bett und las ihnen lange Geschichten aus der Bibel vor, bis die Kleinen endlich einschliefen.

* * *

In Hermannstadt galt von nun an das Kriegsrecht. Die zurückgebliebenen tschechischen Soldaten patrouillierten die Straßen auf und ab und befahlen den Bewohnern, was sie zu tun und zu lassen hatten. Mehrere Dorfbewohner wurden zu Unrecht wegen Nichtbcachtung von Anordnungen schwer bestraft und niemand durfte nach zehn

Uhr abends das Haus verlassen. Der neu eingesetzte tschechische Bürgermeister, ein grausamer Mann namens Blažek, setzte fest, dass niemand mehr ohne Genehmigung etwas verschenken oder verkaufen durfte. Das Verschenken oder Verstecken von Wertsachen wurde mit dem Tode bestraft und selbst die Bauern durften nicht mehr selbst entscheiden, was sie auf ihren Feldern anbauten.

Seit Generationen war die Frühjahrsaussaat ein ganz besonderes Ereignis und wurde immer ausgiebig mit Freunden und Nachbarn gefeiert. In Erwartung der kommenden Ernte sang und tanzte man bis spät in die Nacht. Jetzt aber gab es nichts mehr zu feiern. Die einst stolzen Landwirte und Großgrundbesitzer mussten nun für andere Leute, die von anderen Landesteilen herkamen und weder Kultur oder Sprache teilten, arbeiten.

Rudolf beschwerte sich immer öfter darüber, dass sie Gefangene in ihrem eigenen Haus waren. Immerhin, bemerkte er jedoch eines Tages, hatten sie noch ein eigenes Haus. Sie alle klammerten sich an die Hoffnung, dass sie eines Tages wieder in Frieden und Ruhe in Hermannstadt leben konnten.

Im Moment jedoch sah es nicht so aus, als würde die Zeit bald kommen. Mehrere Jugendliche aus dem Dorf wurden gezwungen, in den nahegelegenen Kohlebergwerken und Kupferminen Schwerstarbeit zu leisten. Das Einkommen, das sich aus diesen Bodenschätzen erwirtschaften ließ, war einst für die Modernisierung der abgelegenen Gemeinden im Sudetenland gedacht. Nun aber floss alles Geld direkt in die Kassen der Russen und Tschechen.

Auch Pepis Vater musste in den Kupferminen arbeiten. „Warum haben die Soldaten Pepis Vater weggenommen, Tata?", fragte Fredi.

„Damit er in den Minen arbeitet", antwortete Rudolf traurig.

„Und wann kommt er wieder nach Hause?", fragte Fredi.

„Das weiß niemand. Wir können wohl nur für ihn beten, dass er bald wiederkommt."

Die Kinder waren durch die ganzen Ereignisse der letzten Zeit verwirrt und verängstigt. Aber auch für die Erwachsenen war es unbegreiflich, warum sie hier so hart bestraft wurden. Sie hatten niemandem etwas getan.

Hitler hatte ihnen ein Leben in Frieden und Wohlstand versprochen, Strom und Telefon, Arbeit und Gesundheitsversorgung für alle. Er hatte die Autobahn gebaut, das modernste Straßenverkehrsnetz der Welt. Er hatte ein enormes Eisenbahnnetz geschaffen und sorgte dafür, dass die Züge pünktlich und zuverlässig fuhren. Er sorgte für Vollbeschäftigung und ließ große, moderne Städte bauen. Ihm war es zu verdanken, dass unglaubliche Fortschritte in der Rüstungsindustrie erreicht wurden. Jetzt aber stürzte sein manischer Wunsch nach Weltherrschaft wie ein Kartenhaus zusammen. Autobahn und Bahngleise wurden von den gegnerischen Truppen benutzt, um schneller in Richtung Berlin und München vorzurücken. Menschen, die einst einen sicheren Arbeitsplatz hatten, wurden nun ohne jede Grundausbildung zum Wehrdienst gezwungen und starben wie die Fliegen. Gerüchten zufolge lag die Zahl der Opfer im Krieg in Millionenhöhe, eine Zahl, die beinahe unmöglich zu begreifen war.

* * *

Es war eine Serie von dumpfen, weit entfernten Geräuschen. Rudolf und die meisten anderen Nachbarn liefen aus den Häusern, um die Ursache für die Geräusche zu erkunden.

„Was ist das?", fragte Rudolf einen Nachbarn.

„Ich weiß es nicht", antwortete dieser.

Das Krachen wurde immer lauter und Rudolfs Gesicht zeigte einen Ausdruck von Sorge. Plötzlich begann die Glocke der Kirche zu läuten. Es war kein Sonntag, also konnte dies auch nicht der Aufruf zur Messe sein.

„Was ist das?", fragte Rudolf abermals und seine Angst wuchs mit jedem Glockenschlag und jedem weiteren dumpfen Krachen.

Plötzlich ritt ein Mann im Jagdgalopp auf die Straße und schrie mit Leibeskraft: „Die bombardieren uns! Die Russen und die Tschechen bombardieren uns! Rennt in den Wald und versteckt euch!".

Voller Entsetzen sah Rudolf den tschechischen Soldaten an, der noch immer in der Nähe an seinem Posten stand. Als der Mann nickte und die Warnung des Reiters bestätigte, rannte Rudolf ins Haus, um seine Familie zu warnen. Mit größter Mühe verbarg er seine eigene Panik.

„Lasst uns in den Keller gehen!", schlug Frieda vor und lief zur Kellertür.

„Nein!", rief Rudolf und hielt sie zurück. „Wenn eine Bombe unser Haus trifft, wird der Keller einstürzen. Nehmt Jacken und Decken, wir flüchten in den Wald!"

Die Einschläge wurden lauter und schienen aus allen Richtungen zu kommen. Hastig warf Elsa etwas zu essen in einen Weidenkorb und Rudolf sammelte geistesgegenwärtig einige wichtige Dokumente ein: Heiratsurkunde, Geburtsurkunden, Taufscheine und Eigentumsurkunden für Haus und Hof. Frieda und die Kinder klaubten schnell Kleidung und Decken zusammen. Innerhalb weniger Minuten verließ die Familie vollbepackt durch die Hintertür das Haus. Sie rannten um ihr Leben, immer auf den nahegelegenen Wald zu, Fritzl vorneweg. Schließlich hatten sie den Waldrand erreicht.

Als es dunkel wurde, hüllten sich alle in die warmen Kleider und Decken. Rudolf versicherte den Kindern immer wieder, dass alles wieder in Ordnung kommen würde, doch die Einschläge, die immer noch zu hören waren, konnten niemanden so recht zur Ruhe kommen lassen. Sie wurden zwar von Bäumen abgeschirmt, doch trotz allem konnte man die Bomber sehen und hören und immer wenn eine Bombe vom Himmel fiel, stand ein leuchtender Streif am Himmel.

Keiner der Flüchtlinge im Wald konnte in dieser Nacht schlafen, doch als die Sonne aufging, hörte die Bombardierung endlich auf. Man entschied, vorsichtig zu den Häusern zurückzukehren, deren Fenster von dann an mit Decken verfinstert wurden.

Die tschechischen Soldaten veränderten unter großer Anstrengung die Position der Kanone. Anstatt in Richtung der Alten Straße zeigte sie nun auf den Hügel hinter dem Langer'schen Bauernhof.

Schweigend blickte die Familie aus dem Fenster und jeder wunderte sich über diese Aktion der Soldaten. Was sie jetzt wohl vorhaben, dachte Rudolf. Zwei Soldaten luden ein riesiges Geschoss von einem der LKW und steckten es in die Kanone.

Rudolfs stille Frage wurde sogleich beantwortet. Der gewaltige Krach der Kanone ließ den Boden beben, Fensterscheiben klirrten und Gegenstände fielen aus den Regalen. Die Familie duckte sich auf den Boden und das Vieh im Stall brüllte auf und versuchte zu fliehen.

Als es wieder ruhig wurde, erhob sich die Familie und sah aus dem Fenster. Das Kanonengeschoss war kaum 25 Meter entfernt vom Bergkirchlein explodiert. Der Anblick brach Elsa das Herz. Wie konnten die Tschechen nur einen heiligen Ort zerstören? Ein weiteres Geschoss wurde geladen und abgefeuert und schlug nun noch näher an der Kirche ein. Rudolf und Elsa verspürten beide den Drang, die Soldaten zurückzuhalten, sie anzuschreien. Doch beide wussten, dass eine solche Aktion die Soldaten nur herausfordern würde, noch mehr Schaden und Schrecken über die Familien bringen. Ein großes Geschoß wurde geladen, abgefeuert und diesmal war es ein Treffer.

Als sich der Staub und Schutt legte, sahen Rudolf und Elsa das ganze Ausmaß der Zerstörung. Das Bergkirchlein, wo die Familie einst so viele Stunden in der Messe oder beim Gebet verbracht hatte, gab es nicht mehr.

Elsa und Rudolf waren sprachlos und Tränen rollten über ihre Wangen. Sie fanden keine Worte, um das Gefühl von Zerstörung und Verlust auszudrücken. Für die tschechischen Soldaten da draußen war es nur ein weiterer Tag, an dem sie ihrer Arbeit nachgingen. Ein weiterer Tag, an dem sie Befehle befolgten. Ein weiterer Tag, an dem sie Hoffnungen und Träume anderer Menschen zerstörten. Immer noch geschockt, und schweigend, begannen die Erwachsenen, die zerbrochenen Dinge in ihrem Haus einzusammeln. Rudolf drehte sich geistesabwesend eine Zigarette, zündete sie an und blies den Rauch in Richtung der zerstörten Kirche. Die Erschütterung der Kanonenschläge hatte das Scheunentor aus den Angeln gehoben.

Als die Sonne unterging, ertönten abermals die Sirenen im Dorf und die Bewohner packten wie schon in der Nacht zuvor ihre Sachen und flüchteten in den nahegelegenen Wald. Diesmal waren sie jedoch alle besser vorbereitet. Die notwendigen Dinge für die Nacht waren bereits gepackt und die Menschen waren in Windeseile dazu bereit, ihre Häuser zu verlassen. Das Gefühl der Unsicherheit und der Verzweiflung ließ sich jedoch nicht einfach in ein kleines Bündel packen. Es wuchs mit jedem Tag, an dem erneut die Sirenen ertönten.

In den nächsten drei Wochen mussten die Menschen jeden Abend in den Wald flüchten. So plötzlich, wie die Bombenangriffe gekommen waren, hörten sie allerdings auch wieder auf. Zum ersten Mal seit fast einem Monat konnten die Familien aus Hermannstadt wieder in ihren eigenen Betten schlafen. Die Unsicherheit blieb jedoch.

Am 1. Mai 1945 ging das Gerücht um, der Führer habe Selbstmord begangen. Adolf Hitler, der Mann, der so vielen etwas versprochen hatte. Der Mann, der verantwortlich war für das unglaubliche Leid der Menschen und die Verwüstung, hatte sich mit einem Pistolenschuss in den Kopf feige das Leben genommen. Für viele bedeutete sein Tod die Hoffnung auf ein rasches Ende des Krieges und auf die Wiederherstellung von Frieden und Ordnung. Die Hälfte dieser Hoffnungen wurde erfüllt.

Am 7. Mai 1945 unterschrieb Deutschland die bedingungslose Kapitulation und es folgte eine Zeit der relativen Ruhe. Alle schienen darauf zu warten, was als Nächstes passieren würde. Die tschechischen Soldaten blieben zwar auf ihren Posten, schienen aber kein großes Interesse daran zu haben, die Verbrechen an den Bewohnern von Hermannstadt fortzuführen – trotz allem aber hatten sie noch immer die Kontrolle über die Bevölkerung. All dies änderte sich schlagartig am 5. Juni, als die Alliierten eine Teilung Deutschlands in vier Zonen beschlossen. Das Sudetenland gehörte demnach wieder zur Tschechoslowakei.

Während viele Bewohner von Hermannstadt sich an den Glauben klammerten, dass diese neuen Entwicklungen nicht von Dauer waren, wurden ihre Hoffnungen im Laufe der Zeit bitter enttäuscht. Es dauerte etwa einen Monat, bis die Tschechen ihre Pläne neu durchdacht hatten. Was folgte, war die totale Unterdrückung der Bevölkerung. Die Tschechen diktierten, was die Landwirte anpflanzen durften und was nicht, und noch mehr Jugendliche wurden zur Zwangsarbeit in den Kupferminen geschickt. Die Bewohner von Hermannstadt, wie auch in den anderen Städten und Dörfern der Gegend, wurden wie Sklaven behandelt. Die Deutschen bekamen immer weniger Nahrung, während die tschechischen Besatzer fast alles für sich behielten. Im Grunde sah man sie selten etwas anderes tun als essen und trinken. Ein weiterer Zeitvertreib von ihnen war es, in ihrem betrunkenen Stupor Jagd auf Frauen und Mädchen zu machen, die dann vergewaltigt wurden. Man berichtete, dass Leute, jung wie alt, aus ihren Häusern vertrieben und unter falschen Versprechungen in Gefangenenlager einquartiert und anschließend zu Städten mit einem Bahnhof abtransportiert wurden. Von dort aus wurden sie wie Vieh in Güterwaggons in den Osten oder Westen transportiert, um ihre Heimat niemals wiederzusehen. Die Bewohner von Hermannstadt hörten die Gerüchte und waren besorgt. Dennoch konnte sich niemand von ihnen ausmalen, welches Leid noch über sie und ihr Dorf kommen sollte.

FÜNF

Die Ungewissheit lag wie ein dichter Schleier über dem Sudetenland. Das tägliche Leben wurde so normal wie möglich weitergeführt, aber es fehlte die friedliche Ruhe, die einst das Normalste der Welt gewesen war. Im Herbst wurde wie immer die Ernte eingefahren. Nach dem traditionellen Weizenklopfen wurden normalerweise fröhliche Lieder angestimmt, doch nun war es keinem nach Tanzen oder Singen zumute. Besorgte Eltern verboten es den Kindern, auf den Feldern oder den Straßen zu spielen. Generell schien das Dorfleben langsamer, schwerfälliger als sonst, so, als würden sie alle langsam aber sicher in einem Sumpf aus Hoffnungslosigkeit versinken.

Ab und an fanden spät in der Nacht Treffen statt, in denen sich die Männer frustriert über die Lage äußerten. „Der Krieg ist vorbei. Warum lassen die uns nicht in Ruhe? Warum werden wir immer noch wie Häftlinge behandelt? Warum müssen wir noch immer den größten Teil unserer Lebensmittel abgeben?" Nichts wünschte man sich sehnlicher, als die Unabhängigkeit zurückzuerlangen und wütend wurde Mal um Mal diskutiert, ob und wie man sich gegen die Tschechen wehren konnte.

Schließlich waren sie nicht am Krieg beteiligt gewesen, Hermannstadt war seit Jahrhunderten ein friedliches Dorf – bis zum 16. Mai 1946.

* * *

Rudolf öffnete vorsichtig die Tür, als ein tschechischer Soldat an die Tür klopfte. Der Mann trug eine schlecht sitzende, zerknitterte Uniform und drückte Rudolf wortlos einen Papierzettel in die Hand. Dann drehte er sich um und ging. Verwirrt schloss Rudolf die Tür und starrte dann auf den Zettel.

„Was ist das?", fragte Elsa.

„Ich bin mir nicht sicher."

„Lies es uns vor, Tata!", sagte Rudi.

Frieda, Elsa und die Kinder drängten sich um Rudolf. Dieser holte tief Luft und las dann die Nachricht vor. Im Grunde war es ein Befehl. Die Familie musste in drei Tagen ihr Haus verlassen und würde dann an einen anderen Ort gebracht werden. Ihre Besitztümer müssten sie alle zurücklassen, es war nur ein Koffer pro Familie erlaubt. Falls man den Befehl verweigerte, würde man zur Zwangsarbeit im Osten verurteilt werden.

Rudolf senkte den Zettel und er starrte in die Ferne.

Eine unheimlich Stille füllte den Raum, bis Elsa schließlich die Hand auf seinen Arm legte. „Ich verstehe nicht ...", begann sie. „Die zwingen uns, unser Haus zu verlassen?"

Rudolf las den Zettel erneut, diesmal still und nickte dann langsam.

„Ich denke ja, aber ich bin mir nicht ganz sicher."

„Wohin müssen wir denn gehen?", fragte Rudi.

Sein Vater zuckte mit den Schultern. „Ich weiß es nicht."

„Aber ich will nicht weggehen!", rief Fredi und fing an zu schluchzen.

„Das will keiner von uns", erwiderte Rudolf leise.

Gerti hingegen dachte für ein paar Sekunden nach und sagte dann: „In drei Tagen? Ist das nicht Pfingstsonntag?"

Elsa warf einen schnellen Blick auf das Kruzifix und nickte. „Ja, das wäre Pfingsten."

Die Kinder begannen die Erwachsenen mit Fragen zu bombardieren, doch keine dieser Fragen konnten Rudolf und Elsa so recht beantworten. Sie waren von dem Befehl genauso verwirrt und geschockt wie ihre Abkömmlinge. Den Rest des Tages verbrachte die Familie in unbehaglichem Schweigen.

An jenem Abend, gleich nachdem die Kinder in ihren Betten eingeschlafen waren, schlug Rudolf vor, wichtige Sachen zusammenzusuchen, die sie in einen Koffer packen sollten. Doch Elsa saß bewegungslos in der Küche und starrte in die Ferne. Rudolf seufzte und tätschelte ihre Schulter. Er verstand ihre Ängste und das abermals aufkommende Gefühl der Hilflosigkeit, und er entschied, sie nicht zum Packen zu drängen.

Später am Abend traf sich Rudolf mit den Nachbarn. Der Befehl war natürlich Thema Nummer eins.

„Ich gehe nicht", sagte einer der jungen Männer entschlossen.

„Dann wirst du und deine Familie getötet!", warf ein anderer ein und schwenkte den Papierzettel.

„Wir können uns im Wald verstecken!"

„Damit sie dann deine Scheune und dein Haus abbrennen, während du dich versteckst?"

In Wahrheit aber gab es keine Option und tief im Inneren wusste das jeder der anwesenden Männer.

Die tschechischen Soldaten hatten Wind davon bekommen, dass sich die Bewohner von Hermannstadt versammelt hatten, um den Befehl zu besprechen, doch man tat ausnahmsweise nichts, um sie davon abzuhalten. Auch sie wussten, dass die Menschen hier keine andere Wahl hatten, als dem Befehl Folge zu leisten. Obwohl es den Männern hier das Herz brach, mussten sie letztendlich eingestehen, dass sie packen und gehen mussten. Alles andere würde einem Selbstmord gleichkommen.

Als die Männer von der Versammlung heimkehrten, fühlten sich alle wie Versager. Sie hatten es versucht, aber nun konnten sie ihre Familien und das Land, das sie so liebten, nicht mehr beschützen. Alles, wofür sie ihr Leben lang gearbeitet hatten, wurde ihnen jetzt genommen. Und als ob dies nicht schon schlimm genug war – sie wussten nicht einmal, ob sie jemals zurückkommen würden. Wir sind immer noch Gefangene, dachte Rudolf. Nur dass wir jetzt woanders gefangen gehalten werden.

Als er durch die Hintertür ins Haus trat, saß Elsa noch immer regungslos am Küchentisch. Rudolf schloss leise die Tür hinter sich und sah seine Frau traurig an. Leise fragte er: „Hast du schon überlegt, was wir mitnehmen sollen?"

Sie starrte weiterhin geradeaus, ihr Blick war glasig und leer.

„Elsa?"

Ohne ihren Mann anzusehen, wisperte sie: „Müssen wir wirklich von hier fort?"

Rudolf seufzte schwer. Wie gerne würde er sie beruhigen und ihr sagen, dass dies alles nur ein Irrtum war. „Ja", sagte er stattdessen. „Wir haben keine Wahl. Wenn wir nicht gehen, dann ..." Seine Stimme versagte und er mochte nicht aussprechen, was Elsa ohnehin schon wusste.

Der nächste Morgen brachte weiteren Kummer. Rudolf ging hinüber in die Scheune und begann, etwas zu hämmern. Die Kinder eilten zu ihm hinüber und fütterten das Vieh.

„Wer kümmert sich denn um die, wenn wir fort sind?", fragte Rudi.

„Und was werden sie fressen?", schluchzte Willi.

Mit tränengefüllten Augen blickte Fredi zu Fritzl hinüber, der ihm wie immer gefolgt war.

In der Scheune sahen die Jungen dann zu, wie ihr Vater eine stabile Holzkiste baute. Sie wunderten sich etwas, als sie die Bauart der Kiste bemerkten, doch ihr Vater scheuchte sie davon. „Jungs, treibt das Vieh, die Pferde und die Schafe auf die Weide, damit sie den ganzen Tag grasen können." Die Jungen sprangen auf und taten, wie ihnen geheißen war.

Die Kiste, die Rudolf baute, hatte einen doppelten Boden. Es sollte ein Geheimfach werden, in dem sie ihre Wertsachen verstecken konnten. Egal wohin man sie brachte, Gold würde ihnen mit Sicherheit immer weiterhelfen können. Rudolf sah die Wertsachen als Sicherheit an, die unbedingt bewahrt werden musste.

Als er schließlich ins Haus zurückkehrte, stand Elsa inmitten eines riesigen Haufens von Dingen, die sie mitnehmen wollte. Bilder, der Wandteppich, Kochutensilien, Geschirr, Decken, Kleidung … Weitaus mehr als in einen Koffer passte.

Rudolf berührte sanft ihren Arm. „Das ist zu viel. Wir können nur mitnehmen, was wir tragen können."

Mit Tränen in den Augen drehte sich Elsa um.

Als Gerti ihre Mutter weinen sah, traten auch ihr Tränen in die Augen. Schließlich kamen die Jungen wieder ins Haus und blickten erschrocken, als sie Elsa sahen. Ihre Mutter weinte nicht oft, und wenn sie es tat, musste es schlimm um sie stehen.

Rudolf zog die hölzerne Kiste ins Wohnzimmer. Sie war etwa 60cm lang und 80cm breit. Er hatte die alten Räder eines Kinderwagens an ihr befestigt und einen Griff, damit man sie besser schieben konnte.

„In diese Kiste kommen die Dinge, die wir mitnehmen wollen. Mehr dürfen wir nicht einpacken", erklärte er mit fester Stimme.

Alle Familienmitglieder starrten ungläubig auf die Kiste. Wie sollten sie nur jemals all ihren Besitz in diesen kleinen Kasten zwängen? Urplötzlich wurde ihnen bewusst, dass es nun an der Zeit war, Entscheidungen zu treffen.

Rudolf wandte sich an Frieda. „Da du amtlich nicht Teil dieser Familie bist, darfst du deine eigenen 50 Kilo mitnehmen."

Frieda starrte auf den Boden. „Ich werde nicht gehen", sagte sie.

Elsa und Rudolf sahen sich ungläubig an. „Du musst! Wir alle müssen gehen."

„Ich gehe nicht", wiederholte Frieda. „Ich habe mein ganzes Leben hier gelebt. Ich kann und will meine Heimat nicht verlassen!"

Rudolf versuchte, ihr Vernunft einzureden. „Hast du eine Vorstellung, was die dir antun werden, wenn du hierbleibst?"

Frieda schüttelte den Kopf. „Nein. Aber die haben keinen Grund, mich zu bestrafen. Auch wenn es mir nicht wohl dabei ist, allein zurückzubleiben – vielleicht kann ich anderen Menschen helfen. Eine Magd oder eine Köchin werden immer gebraucht. Ich habe keine Angst."

Die Kinder fingen an zu schluchzen. Frieda war schon immer ihr Kindermädchen gewesen und sie alle waren unter ihrer Fürsorge und Liebe aufgewachsen. Sie war ihre Beschützerin und ihr Spielkamerad zugleich gewesen. Sie konnten es sich einfach nicht vorstellen, plötzlich ohne sie auszukommen, doch Frieda ließ sich nicht erweichen. Sie umarmte jedes Kind fest und flüsterte ihnen zu, dass sie sie für immer in ihrem Herzen tragen würde.

Friedas Entschluss zu bleiben hatte noch andere Gründe, die sie jedoch nicht vor der Familie vortragen wollte. Sie wusste, wie schwierig die ungewisse Reise für die Familie sein würde. Elsa und Rudolf mussten auf vier Kinder achtgeben. Sie hatten keinen Platz für eine weitere Person, um die sie sich Sorgen machen mussten. Obwohl es ihr Herz brach, wusste sie, dass sie die richtige Entscheidung getroffen hatte.

Am nächsten Morgen zogen sich die Kinder gemeinsam an, viel langsamer als sonst, so als ob sie hofften, dass der Tag dadurch länger werden würde. Zum letzten Mal versorgten sie die Tiere und Fredi dachte an Fritzl, der wie gehabt neben ihm her trottelte. Er wollte seinen Vater fragen, ob er den Hund mitnehmen durfte, doch im Grunde kannte er schon die Antwort. Im Obergeschoss zog Rudolf einen Koffer unter dem Bett hervor, in der Hoffnung, ihn auch noch mitnehmen zu dürfen. Er packte ihn voll mit Kleidung für Elsa und Gerti, weil er wusste, dass die beiden gerne noch mehr hatten mitnehmen wollen. Sollte es nicht erlaubt sein, den Koffer auch noch mitzunehmen, wäre es zwar traurig, aber nicht allzu schlimm. Kleidung hatte so viel Platz in der Kiste eingenommen, dass Elsa schließlich die praktische und unpraktische Kleidung aussortieren musste. Am Abend versuchten alle, sich nach dem Zwiebelprinzip anzukleiden. Der Sommer kam, und die warmen Sachen waren mehr als unbequem. Dennoch ahnte Elsa, dass sie die warmen Sachen noch brauchen würden. Während Rudolf und die Jungen weiterhin Kleidungsstücke übereinander zogen, bereitete Elsa mit Hilfe von Gerti und Frieda das letzte Abendessen im gemeinsamen Haus vor. Als sie bei Tisch saßen, mochte keine wirkliche Fröhlichkeit wie sonst beim Essen aufkommen. Selbst Fritzl, der unweit des Tisches auf dem Boden lag, ließ den Kopf gesenkt und den Schwanz eingezogen.

Die Familie senkte die Köpfe, als Rudolf zum Gebet anstimmte. „Lieber Herrgott, sei unser Gast und segne die Gaben, die Du uns bescheret hast." Er schwieg für einen Moment und fügte dann hinzu: „Und wir bitten um Deinen Segen und dass Du uns und Frieda leitest auf all den Wegen, die noch kommen mögen."

Niemand fand in dieser Nacht so recht Schlaf. Morgen würden sie und all die anderen Bewohner von Hermannstadt wie Vieh abtransportiert werden, auf in eine ungewisse Zukunft. Schließlich, nach Stunden der Schlaflosigkeit, warf Rudolf die Decke von sich und verließ den Komfort seines warmen Bettes. Er ging ins Wohnzimmer und lief den Rest der Nacht ruhelos auf und ab. Seine Gedanken rasten. Wo werden wir morgen Nacht schlafen? Wer wird sich um das Vieh kümmern? Werden die Tiere überleben? Und wer wird morgen Abend in diesen Betten hier schlafen?

Kurz vor der Dämmerung bereiteten Elsa und Frieda wie üblich ein herzhaftes Frühstück zu und stellten Lebensmittel bereit, die sie noch einpacken wollten. Die Kinder saßen dick eingepackt am Tisch und stocherten in ihrem Essen herum. „Ihr müsst etwas essen. Ihr braucht die Kraft", sagte Elsa sanft. An diesem Morgen hatte sie zu alter Stärke zurückgefunden. Sie musste es für ihre Familie tun.

Fredi verließ den Tisch als Erster und ging auf die Veranda, wo er sich zu Fritzl kniete. Der Hund war ein Teil der Familie und Fredi verstand einfach nicht, warum er ihn nicht mitnehmen durfte. Fritzl sah den Jungen aus seinen Hundeaugen fast flehend an und winselte. Mit Tränen in den Augen strich Fredi ihm über den Kopf und flüsterte: „Es wird alles in Ordnung kommen, Fritzl. In ein paar Tagen sind wir wieder da und dann ist alles wieder so wie jetzt."

„Es ist Zeit, Fredi", hörte der Junge die Stimme seines Vaters von der Hintertür. Auch er musste seine Tränen zurückhalten, als er seinen jüngsten Sohn beobachtete, wie er sich von seinem geliebten Hund verabschiedete.

Die Familie versammelte sich in der guten Stube ihres Hauses und jeder drehte sich noch einmal um. Ihre Blicke wanderten über die Wände, die Möbel, die Familienbilder. Alles Dinge, die sie zurücklassen mussten. Erinnerungen, die sie vielleicht ein Leben lang bewahren mussten.

Mit erhobenem Kopf und einem tapferen Ausdruck im Gesicht verstaute Rudolf die wichtigen Papiere in seiner Jackentasche. Elsa folgte seinem Beispiel und nahm vorsichtig das Kruzifix und den kostbaren Rosenkranz von der Wand, wickelte beides in ein Leinentuch und klemmte sich das Bündel unter den Arm. Mit einem letzten Blick durch den Raum, der stets mit so viel Liebe und Fröhlichkeit gefüllt gewesen war, trat die Familie ihre schicksalshafte Reise an.

Frieda verabschiedete sich von jedem Familienmitglied mit einer innigen Umarmung. Von der Veranda aus beobachtete sie, wie die Familie langsam zum Sammelpunkt hinüber ging. Plötzlich hörte sie ein lautes Grollen, als drei offenen Lastwagen, vollgepackt mit Menschen, über die Straße donnerten. Was sie hier sahen, war offiziell „eine humane und geordnete Bevölkerungsversetzung", doch

in Wahrheit nichts anderes als eine weitere Grausamkeit der Tschechen. Der erste LKW fuhr am Haus der Familie Langer vorbei und
hielt dann an. Als die Sonne aufging, erreichte auch der zweite Lastwagen das Haus. Auch er war voll mit Nachbarn, deren Gesichter
traurig und aschfahl waren. Viele weinten und schauten zu Boden.
Ein tschechischer Soldat mit Gewehr verließ die Fahrerkabine und
wies Rudolf und seine Familie an, den Wagen zu besteigen. Die Familie hob ihre wenigen Habseligkeiten in den Lkw und dann stiegen
sie selbst ein.

Fredi zuckte zusammen, als der Fahrer den Lastwagen startete und
er sich langsam vorwärts bewegte. Er schaute zum Haus und sah
Fritzl auf dem Rasen sitzen. Der Hund machte keine Anstalten, dem
Wagen hinterherzujagen. Stattdessen neigte er den Kopf zur Seite
und bellte leise. Dann ließ er den Kopf hängen und starrte dem Lkw
hinterher und Fredi starrte zurück, wohlwissend, dass seine Worte
an Fritzl wohl nicht in Erfüllung gehen würden. Und dann war der
Lastwagen um eine Kurve gebogen, und als Fredi den Kopf wieder
hob, war sein tierischer bester Freund bereits nicht mehr zu sehen.

Somit begann für Rudolf und Elsa und ihre Kinder eine schicksals-
volle Reise in eine ungewisse Zukunft und sie waren gezwungen,
irgendwo ohne jegliches Besitztum einen neuen Anfang zu machen.

* * *

Als sie durch das Dorf rumpelten, sahen die Passagiere immer öfter
dunkle Rauchsäulen in den Himmel steigen. Elsa und Rudolf sahen
sich an und zuckten mit den Schultern.

„Einige der alten Bürger haben Gerüchte gehört, dass wir nach
Russland umgesiedelt werden. Sie wollten den Befehlen nicht folgen, aber sie wussten auch, dass das Zurückbleiben den Tod bedeutet", erklärte ihnen der Mann, der ihnen gegenüber saß.

„Und was ist das dann?", fragte Rudolf und deutete auf den dunklen Rauch.

„Anstatt Haus und Hof an ihrem Lebensabend an die Tschechen zu verlieren, haben sie ihr Hab und Gut in Brand gesteckt. Sie wollten in ihrer Heimat, auf ihrem Grund sterben und dort beerdigt werden." Rudolf und Elsa erschauerten, als sie begriffen, was der Mann ihnen eben erzählt hatte. Als sich die Lastwagen immer weiter entfernten, sahen sie immer mehr Rauchwolken in den blauen Himmel steigen. Rudolf und Elsa begannen zu zittern und sahen mit Unglauben und Entsetzen, wie ihr einst so friedliches und ruhiges Dorf zerstört wurde, wie unschuldige Menschen darin starben und den Tod vorzogen, als ihre Heimat zu verlassen. Gehen wir nach Russland? Müssen wir in ein Arbeitslager? Wird dies unseren Tod bedeuten?" All diese Fragen stellten sich die beiden, doch auf keine von ihnen fanden sie eine Antwort.

* * *

Lange bevor die Menschen aus Hermannstadt die Lastwagen bestiegen hatten, war ihr Schicksal bereits bestimmt worden.

Vor ungefähr achthundert Jahren zogen zahlreiche Deutsche in den Osten, wo sie sich auf ehrliche Weise Land erwarben und es seit Jahrhunderten bewirtschafteten. Sie gründeten Dörfer und Städte im ehemaligen Böhmen, Mähren und Österreich-Schlesien und zeigten den jeweiligen Landesherrn ihre Treue. Für 392 Jahre gehörten die Sudetendeutschen zur Österreichisch-Ungarischen Monarchie, bis dann im Jahr 1919, nach dem Ende des Ersten Weltkrieges, das Sudetenland, zusammen mit anderen deutsch besiedelten Gebieten, ein Teil der Tschechoslowakei wurde und somit ihre Unabhängigkeit verlor. In den 1930er Jahren, unterstützt von Hitlers Ermutigungen, forderten die Menschen des Sudetenlandes dann ihre Selbstbestimmung und das Ende der Unterdrückung durch die Tschechen. Nachdem jedoch Hitlers Truppen 1938 die ethnisch deutschen Gebiete von Böhmen und Mähren besetzten und dann im März 1939 Prag einnahmen, fiel das Gebiet zurück an das Deutsche Reich. Nachdem Deutschland den Krieg verloren hatte, wurde 1946 die Tschechische Republik gegründet und fast alle Deutschen aus ihrem Territorium vertrieben.

Die sowjetische Unterstützung der tschechoslowakischen Pläne zur Vertreibung der Deutschen war nicht überraschend. Auch die Briten zeigten Verständnis und versprachen dem deutschhassenden tschechischen Präsidenten Beneš ihre Unterstützung. Schließlich wurde das Hin und Her auf der Potsdamer Konferenz im Jahre 1945 beendet und Stalin, Churchill und Truman beschlossen gemeinsam, dass die Sudetendeutschen die Tschechoslowakei verlassen mussten. Diese Vertreibung des deutschen Volkes aus Mittel- und Osteuropa sollte in einer ordnungsmäßig und humanen Weise durchgeführt werden. Damals erklärte Präsident Beneš: „Die Niederlage Deutschlands bietet die einmalige historische Gelegenheit, die Deutschen hier radikal zu entfernen. Nehmt ihnen alles, außer ihre Taschentücher, damit sie ihre Tränen noch trocknen können."

Beneš erließ eine Reihe von Dekreten, 143 um genau zu sein, in denen er den Nachkrieg der Tschechen erörterte. Die Morde und wilde Vertreibung der Deutschen begannen im Zuge der „Re-Slowakisierung" und es schien, als würde all die aufgestaute Wut und der Hass gegenüber der deutschen Armee nun an Kindern, Frauen und Alten ausgelassen, in einer grausamen Mischung aus Bestrafung und Völkermord.

Es gibt keine moralische Rechtfertigung, dass als Resultat der Verbrechen des NS-Regimes, am 18. März 1946 die gesamte deutsche Zivilbevölkerung es verdiente, schuldig gesprochen zu werden und somit der Entzug ihres gesamten Eigentums beschlossen wurde.

Somit begann die Verfolgung und Unterdrückung der Deutschen. Infolge der „ethnischen Säuberung" wurden unschuldige Menschen aus ihrer Heimat vertrieben, verurteilt und ermordet. Viele Vertriebene wurden in Konzentrationslager geschickt, wo sie durch unbehandelte Infektionskrankheiten, vorsätzlichen Hungertod oder durch Gift reihenweise starben. Beneš' Dekret 115 wies an, dass alle Verbrechen gegenüber Deutschen, darunter auch Vergewaltigung und Ermordung von Frauen und Kindern, ein Akt der Vergeltung waren und somit nicht gesetzlich verurteilt werden konnten. Einfach gesagt – es war vollkommen legal, einen Deutschen grundlos zu ermorden und wurde angesehen, als wäre es im Kampf um die Wiedergewinnung der Freiheit geschehen.

Laut der tschechoslowakischen Führung war das beschlagnahmte Besitztum der Sudetendeutschen ein Teil der Reparationszahlungen. Während der organisierten Phase der Vertreibung wurden mehr als zwei Millionen Deutsche aus dem Sudetenland vertrieben. Zwei Drittel von ihnen wurde in den Westsektor der Amerikaner transportiert, das übrige Drittel in den Osten, den sowjetischen Sektor.

Mindestens 15 Millionen Deutsche wurden erbarmungslos aus ihrer Heimat von Mittel- bis Osteuropa vertrieben. Man vermutete, dass zwischen 500.000 und ein eineinhalb Millionen als Ergebnis der Vereinbarung zwischen den Alliierten und der Sowjetunion starben. Es war die größte Massenvertreibung in der Geschichte der Menschheit.

Die Familie Langer, oder die anderen ehemaligen Bewohner von Hermannstadt auf dem Lastwagen in diesem Konvoi, hatten keine Ahnung von den tragischen und schrecklichen Informationen während des Transportes zu einem unbekannten Ort.

SECHS

Der Konvoi fuhr durch Obergrund, Zuckmantel, Salisfeld und kam schließlich am Bahnhof in Niklasdorf zum Stehen. Niemand wusste, wie lang sie hier bleiben würden, niemand wusste, wo sie die Nacht verbringen würden. Die Bahngleise führten in beide Richtungen und jeder fragte sich, in welche Richtung man sie wohl abtransportieren würde. Der Westen, vielleicht sogar Deutschland, würde für sie noch mehr Unsicherheit bedeuten. Dort lag alles in Schutt und Asche, und der Krieg würde nicht nur an den Häusern seine Spuren hinterlassen haben. Doch obwohl Deutschland nicht verlockend war, in den Osten transportiert zu werden, war ein noch furchtbarerer Gedanke, den keiner zu denken wagte.

Die tschechischen Soldaten befahlen den Menschen, die Lastwagen zu verlassen. Anschließend wurde jeder gründlich kontrolliert und natürlich nutzten die Soldaten die Gelegenheit, die Vertriebenen auszurauben und die erbeuteten Wertsachen in die eigene Tasche zu stecken. Auch Rudolf musste seine goldene Taschenuhr abgeben, die er in einer seiner Jacken versteckt hatte. Dann trieb man sie wie Vieh in den Bahnhof und verschloss die Türen. Die Frauen begannen leise zu weinen. Bald wurde es offensichtlich, dass sie die Nacht in der kalten Station verbringen müssten. Essen wurde ihnen nicht angeboten.

* * *

Es war Ende Mai und durch die Menge der Menschen in dem kleinen Bahnhof wurde es schnell immer wärmer. Es war so unbequem, dass Elsa den Kindern schließlich erlaubte, ein paar Schichten Kleidung wieder auszuziehen. Sie setzte sich auf die Kiste und behielt die Kleider im Blick, als einer der Männer aufstand und wegen der Hitze ein Fenster öffnete. Sogleich stieß ein Soldat von außen das Fenster wieder zu und starrte den Mann bedrohlich an. Im Laufe des Tages machte der Lärm der vorbeifahrenden Züge jeden Versuch zu schlafen unmöglich. Mit jedem Zug fragten sich die Menschen, ob es nun dieser sei, der sie weiterbefördern würde.

Mehrere Männer hatten sich eine Zigarette angesteckt und rauchten zusammen in einer Ecke des Raumes. Sie alle waren stumm, es gab nichts mehr zu sagen. Alles war bereits ausgesprochen und Antworten auf ihre Fragen würden sie sowieso nicht erhalten.

Der folgende Tag ähnelte dem vorherigen, nur dass sie nun noch hungriger und durstiger waren als zuvor.

Als schließlich am dritten Tag die Sonne aufging, rissen die Soldaten die Türen auf. Brot und Wasser gab es nicht. Stattdessen herrschten sie die Menschen an, ihre Sachen zusammenzusuchen und nach draußen auf den Bahnsteig zu gehen. Elsa packte schnell alles wieder in die Kiste und sammelte ihre Familie um sich herum.

Flüchtlinge wurden 1945 und 1946 in Viehwaggons abtransportiert

Das Schreien der Soldaten machte die Menschen nervös. Diejenigen, die sich nicht schnell genug bewegten, wurden mit den Gewehrkolben in die Rippen gestoßen. In Panik liefen einige Menschen umher und versuchten, den Soldaten aus dem Weg zu gehen. Familien wurden getrennt, als die meisten von ihnen versuchten, geordnet das Gebäude zu verlassen. Als sie schließlich draußen standen, sahen sie im Halbdunkeln eine riesige Lokomotive, die schwarzen Rauch in den Himmel pufte und an die eine Reihe von Waggons angehängt waren.

Die Wagen waren einst als Viehwaggons benutzt worden, um Vieh in Schlachthäuser zu transportieren. Niemand hier wusste, dass Hitler mit eben diesen Waggons noch vor nicht allzu langer Zeit unzählige Juden in Konzentrationslager und damit in ihren Tod gebracht hatte.

Niemand leistete Widerstand, als die Soldaten sie anwiesen, die Waggons rasch zu besteigen. Rudolf zog die schwere Kiste hinter sich her und hievte sie in das Innere des Viehwaggons. Es roch übel und mehr und mehr Menschen zwängten sich in die Waggons, sodass man sich bald kaum mehr rühren konnte. Als schließlich niemand mehr hineinpasste, schoben die Soldaten ein paar Laibe Brot und ein paar Eimer Wasser in den Wagen und knallten die Tür zu. Man hörte, wie ein Riegel vor der Tür ins Schloss schnappte.

Ein paar Leute begannen leise zu weinen, andere murmelten Gebete. Obwohl die meisten völlig schockiert waren, wurden Brot und Wasser schnell verzehrt. Dann wurde es still und alle lauschten, doch das einzige Geräusch kam von der Lokomotive. Schließlich hörte man ein anderes Geräusch, das Knirschen und Quietschen von Metall auf Metall. Die Räder des Zuges setzten sich in Bewegung und liefen bald immer schneller und schneller.

Der Boden des Waggons war mit verrottetem Stroh bedeckt und ein Loch in einer der Ecken wurde als Toilette benutzt. Der Ruf der

Flüchtlinge, mit ihren wenigen Habseligkeiten,
besteigen Viehwaggons, 1946

Natur siegte bald über das Schamgefühl. Kleine Schlitze nahe dem
Dache des Waggons lagen zu hoch, um hinauszuschauen, doch sie
ließen zumindest ein bisschen Frischluft in den Raum. Leider zu wenig, um den scheußlichen Gestank zu beseitigen. Der Zug rollte nun
immer schneller und jedermanns Herz fing an, schneller zu schlagen. In welche Richtung fahren wir?

Am Nachmittag wurde es so heiß in dem Waggon, dass der Gestank fast unerträglich wurde. Es roch faul und beißend und der Gestank hinterließ brennende Augen und Nasen. Mehreren Menschen
wurde es schlecht und sie erbrachen sich auf das Stroh. Der Gestank von Erbrochenem vermischte sich mit dem üblen Geruch in
der Luft und tat seinen Rest, damit es noch mehr Menschen schlecht
wurde. Das Loch in der Ecke des Raumes war ständig besetzt. Die

Stimmung war schlecht, Streit brach aus, der jedoch meist ebenso schnell endete, wie er begonnen hatte. Bei Sonnenuntergang fuhr der Zug auf ein Nebengleis und hielt für den Abend an. Die eine Scheibe Brot und das Glas Wasser, das jedem der Passagiere gegeben wurde, konnten den Hunger und Durst nicht stillen. Sie saßen so dicht zusammengepfercht, dass es unmöglich war, die Glieder zu strecken und in eine bequeme Position zu gelangen. Viel Unterschied machte das unbequeme Sitzen jedoch auch nicht. Viel zu laut waren die vorbeidonnernden Züge, als dass irgendjemand von ihnen hätte schlafen können. Liebevoll, aber besorgt schaute Rudolf auf seine Kinder. Für sie war er stark, aber in ihm keimte eine ungezügelte Furcht auf.

* * *

Mit einem lauten Krach wurde die Tür am nächsten Morgen aufgeschoben. Soldaten reichten einen Karton Brot und einige Eimer voll mit Wasser in den Waggon.

„Wo sind wir?" „Wo fahren wir hin?" „Wir brauchen mehr zu essen!" „Viele Leute sind krank!", schrien die Menschen durcheinander, doch die einzige Antwort, die sie bekamen, war der Knall der zugeschobenen Tür. Alle von ihnen waren geschwächt und dehydriert, doch man versuchte, das Essen an alle gerecht zu verteilen. Menschen, die in ihrem Leben immer genug zu essen gehabt hatten, waren nun drauf und dran, zu verhungern. Der Klang von Metall auf Metall begann wieder, und der Zug setzte sich in Bewegung.

Die Hitze wurde wieder schlimmer, ebenso der Gestank, und abermals wurde vielen Passagieren schlecht. Plötzlich sprang ein Mann auf und begann, sich heftig am Bein zu kratzen. Als er die Hosenbeine nach oben zog, waren seine Beine mit Flöhen übersät, die sich im feuchten Stroh unkontrolliert vermehrt hatten. Bald wanderten die Flöhe auch auf andere Menschen über und viele kratzten sich die Beine blutig.

Irgendwann hielt der Zug an einer anderen Haltestelle an. Wieder riefen die Menschen um Hilfe, doch niemand erhörte sie. Immer ging es so weiter: Anhalten, weiterfahren, anhalten, weiterfahren …

Auch am nächsten Morgen war es nicht anders. Brot, Wasser, keine Hilfe. Die Tür schlug zu. Sie hielten an, fuhren weiter. Es wurde heiß. Menschen wurde es schlecht, sie erbrachen sich oder kratzten sich wegen der Flöhe wund.

Wie lange wird das so weitergehen? Wie werden wir das jemals überleben, dachte Rudolf.

Ein Kind begann, sich mit ängstlichem Blick am Kopf zu kratzen. „Halt", sagte seine Mutter. „Du tust dir weh."

„Ich kann nicht aufhören", sagte der Junge und kratzte weiter. „Da ist was auf mir."

Seine Mutter warf einen Blick auf seinen Kopf, wuschelte durch seine Haare und entdeckte schließlich Kopfläuse. Verzweifelt und feste begann sie, seinen Kopf zu kämmen, ohne den Jungen zu verletzen, doch die Mühen waren vergeblich. Der kleine Junge fing an, herzzerreißend zu weinen und seine Tränen waren so ansteckend wie die Kopfläuse.

Drei weitere Tage und Nächte ging es so weiter. Stoppen, Weiterfahren, Hitze, Flöhe, Übelkeit, Läuse, Hunger und Durst. Unerträglicher Gestank.

Dann starben die ersten Menschen. Die schlechte Luft in dem heißen Waggon war fast unerträglich. Das Schreien hatte aufgehört und war gegen eine unheimliche Stille eingetauscht worden. Alle waren wie betäubt von dem Gestank, dem Lärm, dem Hunger. Sie sahen aus wie Untote, schwach und unfähig zu funktionieren, sich zu bewegen oder rational zu denken. Sie verbrachten fünf Tage in der schummrigen Dunkelheit und als die Tür endlich geöffnet wurde, waren sie alle von der Sonne geblendet.

„Raus, raus, ihr deutschen Schweine!", begannen die tschechischen Soldaten zu schreien.

Keiner der Passagiere konnte sich so recht bewegen und viele hatten Angst, dass der Befehl nur ein böser Trick war. Sie hatten so oft die potenzielle Grausamkeit der Menschheit gesehen, dass sie die Hoffnung, wie normale Menschen behandelt zu werden, aufgaben. Keine Worte konnten ihre Gefühle der Hilflosigkeit ausdrücken oder die Emotionen beschreiben, ihrer Würde beraubt zu werden. Nach einigem Zögern verließen sie schließlich langsam die Viehwaggons. Wieder festen Boden unter den Füßen, waren sie alle etwas unsicher auf den Beinen.

Die Familie Langer aber war froh um diesen Hauch von Freiheit, froh, endlich die Sonne und Bäume zu sehen, froh, am Leben zu sein. Ihre Gebete waren erhört worden.

„Haben wir noch mehr Brot, Tata?", flüsterte Fredi.

„Leider nicht", antwortete Rudolf. „Das letzte haben wir vor zwei Tagen gegessen."

„Aber ich bin hungrig!", sagte Gerti und Elsa strich ihr voller Mitgefühl über den Kopf.

„Das sind wir alle. Vielleicht kriegen wir ja bald etwas zu essen." Es war eine optimistische Bemerkung, doch selbst die Kinder, die ihrer Mutter sonst immer Glauben schenkten, wussten diesmal, dass dieser Wunsch wohl nicht in Erfüllung gehen würde.

Am Bahnhof standen noch weitere Züge, gefüllt mit Menschen und viele von ihnen sahen genauso aus wie die Familie Langer. Todmüde, halb verhungert und kaum in der Lage, gerade zu gehen oder zu stehen. Ihre Augen waren dunkel vor Sorge und Furcht, und ihre Wangen waren hager und eingefallen. Hunderte von Menschen bewegten sich wie betäubt, verwirrt und desorientiert. Von schwer bewaffneten Soldaten bewacht, wurden sie in einem abgegrenzten Teil des Bahnhofes eingepfercht.

Als die letzten Menschen ihre Waggons verließen, schrie einer der Soldaten mit bedrohlicher Stimme: „Alle bilden eine Reihe und folgen mir!" Dann drehte er sich um und begann, aus dem Bahnhof zu marschieren.

Von beiden Seiten bewacht, folgte die Menschenmasse dem Soldaten. Rudolf war froh darüber, dass er geistesgegenwärtig Räder unter ihre Kiste montiert hatte. In seinem Zustand hätte er sie jetzt unmöglich tragen können. Als sie sich in Bewegung setzten, blickte Fredi zu seinem Vater auf. „Wo sind wir, Tata?"

Rudolf blickte sich um und entdeckte ein Schild. „Prag", las er vor.

„Und wo ist das?", fragte Rudi.

Rudolf schüttelte den Kopf. „Ich bin mir nicht sicher, Rudi", antwortete er. Und dann dachte er traurig: Ich bin mir eigentlich über nichts mehr sicher.

SIEBEN

Sie folgten den Soldaten über eine breite, geteerte Straße, vorbei an riesigen Gebäuden, die hoch in den Himmel ragten. Obwohl man noch immer Beschädigungen an den Häusern durch die amerikanischen Bomber sehen konnte, war Prag doch eine komplett andere Welt für sie. Ganz anders als das kleine Hermannstadt, voll mit Autos und fein gekleideten Menschen, die nun mit Verachtung auf die Kolonne der zerlumpten und erschöpften Menschen hinabsahen.

Rudolf ermahnte seine Familie, in dem dichten Gedränge eng zusammenzubleiben und die Kinder folgten trotz Hunger und Müdigkeit seinen Worten. Sie waren ohnehin völlig überwältigt von der Großstadt.

Nach etwa einem halben Kilometer wurde die Gruppe in ein Lager gedrängt, wo sie von zahlreichen Menschen in weißen Kitteln erwartet wurden. Ein beißender Geruch erfüllte den großen Raum.

Flüchtlinge auf dem Weg zur Impfung und Entlausungsstation

„Was ist das denn für ein Geruch, Mama?", fragte Gerti und unterdrückte ein Husten.

„Ich weiß es nicht, Gerti", antwortete Elsa. „Bleib ganz nah bei mir." Bevor sie noch mehr sagen konnte, ertönte eine befehlende Stimme.

„Die Männer trennen sich von Frauen und Kindern. Männer stellen sich hier in einer Linie auf," und der Mann, der eben gesprochen hatte, zeigte auf seine rechte Seite, „und Frauen und Kinder hier", sagte er und deutete auf die linke Seite.

Rudi und Willi blickten zu ihrem Vater auf. „Haltet euch an meiner Jacke fest und lasst nicht los", sagte Rudolf mit gedämpfter Stimme. Die Jungen nickten voller Angst und Verwirrung.

„Na los! Macht schnell! Jetzt! Schneller!", schrie einer der Soldaten.

Die Gruppe folgte langsam seinen Anordnungen und Rudolf beugte sich zu seinen Kindern hinunter. „Es ist besser, wenn ihr mit eurer Mutter geht."

Die Jungen zögerten, doch dann bahnten sie sich in dem Gewimmel einen Weg zu Elsa.

Sie drückte die beiden fest an sich. Männer, Frauen und Kinder stellten sich anschließend wie befohlen in zwei Reihen auf. Dann wurden sie angewiesen, ihre Kleidung auszuziehen und in eine nummerierte Kiste zu legen.

Elsa zögerte. Hatte sie etwas nicht richtig verstanden? Das konnte doch nicht sein. Hier sich auszuziehen, vor Nachbarn und völlig fremden Menschen? Diesen Gedanken konnte sie kaum begreifen. Jeder um sie herum schien ähnliche Skrupel zu haben, doch sobald die Soldaten mit finsteren Mienen auf sie zukamen, folgten alle den Befehlen. Die Kinder schauten Elsa mit fragendem Blick an. Sie blickte auf die Gewehre der Soldaten und nickte den Kindern langsam zu.

Mit dem Blick fest auf den Boden gerichtet begann Elsa, sich auszuziehen, ebenso wie alle anderen Flüchtlinge im Raum. Wie angewiesen, legte sie anschließend ihre Kleidung in die nummerierte
Kiste. Voller Scham und Verlegenheit waren die nackten Menschen
ein gefundenes Ziel für den Spott der Soldaten, die sie selbstgefällig
grinsend musterten.

Beide Gruppen wurden nun nach vorne getrieben, bis sie einen
Raum erreichten, wo mehrere in weiß gekleidete Menschen mit
Mundschutz begannen, den Menschen die Haare vom Kopf zu
scheren. Obwohl dies die Scham der Menschen nicht gerade ver-
ringerte, entfernte diese Aktion die Kopfläuse, die eine große Plage
für alle Flüchtlinge gewesen waren. Dann wurden ihre nackten Körper mit Entlausungspulver besprüht, woraufhin alle zu keuchen und
zu husten begannen. An der nächsten Station bekamen sie alle eine
Impfspritze. Das ganze Prozedur dauerte etwa 20 Minuten, und in
dieser Zeit wurde auch ihre Kleidung desinfiziert und gereinigt.

Als sie ihre Kisten endlich wieder bekamen, konnte keiner schnell
genug wieder in die Kleider schlüpfen. Geschockt blickte Elsa auf
die kahlköpfigen Frauen, die verzweifelt nach einem Schal oder einem Kopftuch suchten, um ihre geschorenen Köpfe zu verbergen.
Die Männer standen in einer separaten Gruppe am anderen Ende
des Raumes. Elsa reckte den Hals, um Rudolf ausfindig zu machen,
konnte ihn aber nirgends entdecken. Beiden Gruppen wurde anschließend befohlen, den Bahnhof wieder zu verlassen und sich auf
einem anderen Bahnsteig zu sammeln. Es regnete.

Die Gruppe war deutlich größer geworden. An dem Bahnsteig
standen bereits Tausende von Menschen, alles Fremde, die nervös
mit ihren Füßen unangenehm in Wasserpfützen herumtraten und darauf warteten, ihre ungewisse Reise aufs Neue zu beginnen. Elsa
hielt die Kinder fest an ihrer Seite, als sie versuchte, Rudolf in dem
Gedränge zu finden. Mit wachsender Angst rief sie seinen Namen,

als sie sich durch die Masse von Männern, Frauen und Kindern den Weg bahnte. Dann sah sie ihn.

„Rudolf!" Ruckartig drehte er sich um, trotz des Stimmengewirrs hatte er Elsas Stimme sogleich vernommen. Ihre Blicke trafen sich und beide spürten, wie ihr Herz voller Erleichterung wieder langsamer schlug. Rudolf eilte, so schnell er konnte, auf sie zu und sie umarmten sich, dankbar, wieder zusammen zu sein.

Ein langer Zug war in den Bahnhof eingefahren und die Soldaten zwangen die Menschen, einzusteigen. Sobald der Zug vollgestopft war mit Menschen, setzte er sich dampfend und rumpelnd in Bewegung. Innerhalb weniger Minuten folgte der nächste leere Zug und die Menge wurde abermals in die Waggons gedrückt. Ein Zug nach dem anderen wurde gefüllt wie eine Konservendose und dampfte dann aus der Station. Es schien eine nahezu endlose Prozedur zu werden.

Für einen Augenblick ließ Fredi das Kleid seiner Mutter los, um sich die schniefende Nase abzuwischen. Plötzlich wurde er von einem Ehepaar abgedrängt, die in Richtung Zug gingen. Voller Panik merkte Fredi, dass er von seiner Familie getrennt worden war und versuchte, sich einen Weg zurück zu bahnen. Es war aussichtslos. Innerhalb von wenigen Sekunden hatte er seine Eltern aus dem Blick verloren. „Mama!! Tata!!", schrie er verzweifelt, doch seine kleine Stimme verlor sich in dem Stimmengewirr um ihn herum.

Elsa blickte nach unten, als sie Fredis kleine Hand nicht mehr auf ihrem Rock spürte. Ihre Augen weiteten sich voller Entsetzen. „Rudolf! Fredi ist weg!", schrie sie voller Panik.

Aus vollem Halse begann der Rest der Familie, Fredis Namen zu rufen, doch der kleine Junge war zu verwirrt und orientierungslos, als dass er die Rufe seiner Familie hören konnte. Er reckte sich und hoffte darauf, ein vertrautes Gesicht aus Hermannstadt zu sehen und als dies nicht passierte, fühlte er sich noch mehr verloren in diesem

Meer von Fremden. Die Familie klammerte sich fest aneinander und bahnte sich einen Weg durch die Menge, immerzu Fredis Namen rufend.

Plötzlich sah Fredi eine Holzkiste, genauso eine wie sein Vater gebaut hatte! Verzweifelt stemmte er sich gegen die Menge, immer in Richtung Kiste. Als er nahe genug dran war, erkannte er plötzlich, dass sie nicht seinem Vater gehörte, sondern einem völlig Fremden. Er brach in Tränen aus, aber niemand kümmerte sich um den ver- ängstigten Fünfjährigen, sie hatten doch alle ihre eigenen Sorgen. Nach einigen Schluchzern kam Fredi die Idee, dass er vielleicht von den Stufen des Waggons aus seine Familie sehen könnte. Er ließ sich mit der Menge in Richtung Zug treiben und stieg schließlich die Stufen des Waggons hinauf. Seine Idee, so fix, wie sie ihm auch vorgekommen war, erwies sich nun nicht nur als erfolglos, sondern auch als ziemlich katastrophal. Die Soldaten drängten immer mehr Menschen auf die Treppe, auf der Fredi stand. Seine Augen wei- teten sich, als er die Menschenmenge auf sich zukommen sah. In letzter Sekunde sprang er auf den Boden und entkam nur knapp der Menschenmenge, die ihn mit Sicherheit in den Waggon gedrückt und somit endgültig von seiner Familie getrennt hätte. Als einzigen Ausweg sah Fredi, unter den Zug zu kriechen und auf die andere Seite zu flüchten. Dann war er ganz alleine. Keine anderen Leute waren hier auf dieser Seite in Sicht, obwohl er immer noch laute Stimmen hörte. Er hatte keine Ahnung, in welche Richtung er nun laufen sollte. Vorsichtig näherte sich Fredi einem Waggon, der be- reits proppenvoll mit Menschen war. Die Gesichter, die ihn ansahen, waren seltsam leer und niemand bot ihm Hilfe an. Fredi begann wie- der zu weinen und in all seiner Verzweiflung schickte er ein kurzes Gebet gen Himmel. Er hatte keine Idee, was er nun machen sollte. Was würde nur aus ihm werden, so ganz allein? Als er schließlich das Ende des langen Zuges erreichte, lugte er unter der Kupplung auf den Bahnsteig hinüber. Plötzlich sah er ein vertrautes Gesicht, nein, mehrere! Das war seine Familie! Er kroch unter der Kupplung her und rannte dann, so schnell er konnte, zu seiner Mutter. Bei ihr angekommen, schlang er seine Ärmchen um sie und begann wieder hemmungslos zu schluchzen. „Es tut mir so leid, aber ich konnte dich nicht finden!"

Elsa und Rudolf nahmen den kleinen Jungen beruhigend in den Arm, trösteten ihn und trockneten seine Tränchen. „Schon gut!", sagte Elsa beruhigend. „Gott hat dich zu uns zurückgebracht." Elsa nahm Fredis Hand fest in ihre linke Hand und das Kruzifix in ihre rechte. Sekunden später wurden sie in einen Waggon gedrückt, der jedoch ganz anders war, wie der, in dem sie hergekommen waren. Dieser hier hatte Holzbänke auf jeder Seite und einen breiten Gang in der Mitte. Auch wenn die Holzbänke nicht sonderlich bequem waren, hatte nun doch jeder einen Sitzplatz und noch dazu gab es Fenster, die ausreichend Frischluft in den Waggon ließen. Rudolf öffnete seine Kiste, die er bis jetzt wie seinen Augapfel gehütet hatte, und reichte den Familienmitgliedern ein paar Decken, um das Sitzen etwas bequemer zu machen. Nun war es zwar recht komfortabel, doch Hunger hatten sie noch immer.

* * *

Der Zug setzte sich langsam in Bewegung, während draußen noch immer Massen von Menschen warteten. Wohin wir jetzt wohl fahren?, fragte sich Rudolf. Als der Zug schneller wurde, begann der Waggon zu schaukeln und Rudolf bemerkte etwas sorgenvoll, dass der Zug recht alt und in schlechtem Zustand war. Er quietschte und kreischte mit jeder Bewegung, so, als ob jeden Moment das Holz splittern und der Waggon kurzerhand auseinanderbrechen würde. Sein Blick traf Elsas, und die beiden lächelten sich an. Obwohl sie alles verloren hatten – ihre Familie war noch immer intakt. Allein diese Erkenntnis gab den beiden Kraft. Rudolf schaute sich um. Er kannte keinen der anderen Passagiere. Niemand aus Hermannstadt war mit ihnen in den Waggon gestiegen. Schließlich wurde ihnen ein wenig zu essen gebracht und unter den Passagieren verteilt. Ihr Magen aber knurrte weiter.

Wie lange wir wohl diesmal unterwegs sind, wunderte sich Elsa. Sie hoffte, dass die Kinder etwas Zeit haben würden zum Schlafen. Das ständige Anhalten und Weiterfahren machte es schier unmöglich, sich etwas auszuruhen. Und auch jetzt konnte man sich nicht wirklich entspannen, schlingerte der Zug doch ständig hin und her.

Am nächsten Morgen begannen die Reisenden, untereinander Informationen auszutauschen. Wo sie herkamen, wie lange sie schon unterwegs waren und wie sie behandelt worden waren, bevor sie zwangsweise umgesiedelt wurden. Die Geschichten unterschieden sich erheblich. Einige Familien waren mit extremer Gewalt und Brutalität in Kontakt gekommen, andere waren nur bewacht worden, hatten jedoch ihren Tagesgeschäften wie eh und je nachgehen können. Mit gedämpfter Stimme unterhielten sie sich, welch falsche Versprechen Hitler ihnen doch gemacht hatte. Die wunderbare Zukunft! Wohlstand, Sicherheit und Frieden, das war es, was er ihnen einst versprochen hatte. Jetzt aber hatten sie alles verloren. Tausende von Menschen waren tot und für die Überlebenden war nichts so, wie es einmal war.

Anhalten, weiterfahren, Brot, Wasser, schlaflose Nächte. Langeweile, heiß, kalt. Die Menschen gingen ziellos auf und ab und versuchten, die steifen Beine wenigstens etwas zu bewegen. Endlich, nach einer gefühlten Ewigkeit, wurden die Türen des Zuges wieder geöffnet und ihnen befohlen, auszusteigen. Sie befanden sich in einem Grenzdurchgangslager in Bayreuth. Jetzt waren sie „Deutsche in Deutschland" aber „Fremde in der Fremde."

Alle Flüchtlinge wurden nach ihrer Ankunft von freundlichen Mitarbeitern des Roten Kreuzes gründlich untersucht. Endlich bekamen sie die Gelegenheit, sich zu waschen und jeder bekam einen Gutschein für eine warme Mahlzeit. In kurzen Gesprächen erfuhren sie, dass die humanitäre Hilfe das direkte Ergebnis der Potsdamer Verträge war. Deutschland, in der US-Besatzungszone, hatte sich dazu bereit erklärt, alle deutschen Staatsangehörigen, die aus dem Osten geflüchtet waren, im Land aufzunehmen. Es wurde schnell klar, dass ihre Situation hier weitaus besser war, als wenn sie in die Sowjet-Besatzungszone gefahren worden wären.

Der Warteraum vor dem Bahnhof war gefüllt mit Fremden, die aus unzähligen anderen Zügen ausstiegen. Im Bahnhof angekommen, waren Rudolf und Elsa nicht nur dankbar für die Lebensmittel und die Mahlzeit, die sie erhalten hatten, sondern auch dafür, dass niemand ihr Geheimversteck in der Kiste entdeckt hatte. Die Goldmünzen waren immer noch sicher in ihrem Versteck und würden ihnen sicher bald gute Dienste leisten.

Rudolf erfuhr, dass die Stadt Bayreuth in der ganzen Welt bekannt war für ihr berühmtes Festspielhaus. Die Opern Richard Wagners wurden hier aufgeführt, doch all die Namen sagten einem einfachen Bauern wie Rudolf nichts.

Am nächsten Tag, nachdem sie eine weitere Mahlzeit erhalten hatten, bewegte sich die Menschenmasse wieder auf den Bahnsteig. Sie würden noch einmal in einen Zug steigen müssen, wieder in Richtung eines unbekannten Ortes. Tief seufzend und sich mit dem Gedanken abfindend, dass eine weitere lange Reise auf sie wartete, stiegen Rudolf, Elsa und die Kinder in den Zug. Als dieser nach einer sehr kurzen Fahrt plötzlich anhielt, waren sie angenehm überrascht. Sind wir schon da?, fragte sich Rudolf. Wo werden wir nur hingehen? Und wohnen? Aber all diese Fragen schienen belanglos, war die wichtigste Frage doch noch immer: Werden wir jemals wieder nach Hause zurückkehren, in unser eigenes Haus und werden wir so leben können wie früher?

* * *

„Naila" stand in großen Buchstaben auf dem Schild am Bahnhof. Da in großen Städten wegen der Kriegszerstörungen unvorstellbare Wohnungsnot herrschte, bevorzugte man es, die Vertriebenen in Dörfern und kleinen Städten einzuquartieren.

Die kleine Stadt mit etwa sechstausend Einwohnern, umgeben von kleinen Gehöften, erinnerte Rudolf sogleich an seine Heimatstadt. Zusätzlich zu den üblichen Geschäften und Gasthäusern gab es hier auch noch ein Krankenhaus, eine Brauerei, eine katholische Kirche und einen Friedhof. Außerdem gab es in Naila verschiedene Schulen: eine Volksschule mit Turnhalle und eine Berufsschule.

Nachdem die Familie den Zug verlassen hatte, wurden sie und die anderen Menschen aus dem Zug von uniformierten Polizisten in eine leere Schuhfabrik gebracht. Auf einer Seite des Gebäudes war in verblassten Buchstaben der Name „Seifert/Klöbert" zu lesen.

Die gesamte untere Etage der dreistöckigen Fabrik diente nun als Aufnahmelager für die Bewohner des Sudetenlandes. Da es viel zu viele Flüchtlinge für das Gebäude gab, entschied man, die Kinder in Baracken am anderen Ende der Stadt einzuquartieren. Verständlicherweise stieß diese Entscheidung zunächst auf Widerstand, sowohl vonseiten der Eltern als auch der Kinder. Als man jedoch den Kindern erklärte, dass sie sicher ganz viel Spaß ohne die Erwachsenen haben würden und sie ihre Eltern auch jederzeit besuchen könnten, trennten sich die Kleinen nicht mehr ganz so widerwillig von ihren Eltern.

Plötzlich waren alle wieder frei und konnten tun und lassen, was sie wollten. Niemand hinderte sie, zu kommen und zu gehen, wie es einem beliebte. In der Fabrik gab es zudem viel zu tun. Die Leute vom Roten Kreuz spannten mithilfe der Flüchtlinge im ganzen Raum Wäscheleinen und hingen Decken darüber. So bekam jede Familie einen kleinen, abgeschirmten Raum und somit wieder ein gewisses Maß an Privatsphäre.

Rudolf half mit, wies Elsa jedoch an, die Holzkiste auf keinen Fall aus den Augen zu verlieren. Sie nickte und Rudolf begann, den anderen zu helfen. Sobald jede Familie einen abgeschirmten Raum zugesprochen bekommen hatte, wurden große, mit Stroh gefüllte Säcke in den Raum gebracht und an jede Familie verteilt. Sie dienten als Matratze und obwohl es beileibe nicht die beste Matratze war – die Menschen freuten sich über ein weiteres Stück Komfort, was sie alle vermisst hatten. Während dieses Treibens ließ Elsa die Kiste keine Sekunde aus dem Blick.

Als die Kinder die ihnen zugewiesene Baracke betraten, fanden sie bereits unzählige Strohsäcke vor. Sie durften sich aussuchen, wo sie schlafen wollten. Viele Freiwillige, beinahe nur Rentner, und viele Helfer des Roten Kreuzes waren ständig anwesend und versorgten die Kinder mit Nahrung, boten Unterhaltung und kümmerten sich um die Kinder, denen es nicht gut ging.

Rudi schaute Willi mit einem leichten Lächeln an und sagte schulterzuckend: „Naja, das wird schon nicht so schlimm sein hier.“

Kinder vor den Baracken

ACHT

Nach der ersten Woche in Naila setzte die Normalität so langsam wieder ein. Weil einer von ihnen stets auf die Holzkiste aufpasste, konnten Elsa und Rudolf die Kinder immer nur abwechselnd besuchen. Die Holzkiste zu verlieren oder bestohlen zu werden, käme einer Katastrophe gleich. Ab und an nahm Rudolf eine Münze aus der Kiste und ging in die Stadt, um Sachen wie etwa Toilettenartikel oder etwas zusätzliche Nahrung einzukaufen.

Einmal, als er in die Fabrik zurückkkam, schien Rudolf tief beunruhigt zu sein. Er zog einen Mitarbeiter des Roten Kreuzes zur Seite und fragte: „Warum behandeln uns die Leute im Ort, als wären wir Außenseiter? Ich weiß, die sind nicht sonderlich begeistert darüber, dass wir hier sind. Aber sind wir nicht alle Deutsche?"

Der Arbeiter räusperte sich und erklärte dann: „Das hier ist ein Flüchtlingslager und ihr werdet als Vertriebene angesehen."

„Das verstehe ich schon", sagte Rudolf. „Aber das ist doch kein Grund, auf uns hinabzusehen. Die wissen doch alle, dass wir eines Tages wieder woanders hingehen."

„Um ehrlich zu sein,", entgegnete der Mann langsam, „es ist nicht leicht für die Menschen hier, euch willkommen zu heißen. Auch wenn das für dich schwer zu verstehen sein wird, aber ihr mit euren schmutzigen Kleidern und dem starken Akzent … Die Menschen glauben, dass ihr eine Last für den Ort sein werdet, so arm, wie ihr seid."

„Das ist lächerlich!", erwiderte Rudolf empört. „Wissen die denn nicht, dass wir von den Russen und Tschechen wie Gefangene behandelt wurden und all unser Hab und Gut verloren haben?"

„Nun, die Menschen da draußen denken, dass ihr etwas verbrochen habt und deshalb eure Häuser verlassen musstet", sagte der Mann mit wachsendem Unbehagen und einem traurigen Blick.

„Das ist doch nicht wahr!", sagte Rudolf wütend.

„Ich weiß das", sagte der Mann. „Wir alle wissen das hier in diesem Lager. Aber einige Menschen da draußen habe eine andere Meinung und ich glaube, dass es noch lange dauern wird, bis sie euch wirklich akzeptieren."

Rudolf schüttelte traurig den Kopf und ging.

Wie alle anderen Männer im Flüchtlingslager ging Rudolf, so oft er konnte, in die Stadt und schaute sich nach Arbeit um. Irgendwo in der Stadt oder in den nahegelegenen Bauernhöfen musste es doch etwas geben! Er war bereit, fast jede Arbeit anzunehmen, aber wie der Mitarbeiter des Roten Kreuzes ihm gesagt hatte, waren viele Menschen aus Naila den Flüchtlingen gegenüber misstrauisch und akzeptierten sie nicht im Geringsten. Und so fanden Rudolf und die anderen Männer auch keine Arbeit.

Nachts, wenn sich die Geschwister in der Baracke zum Schlafen hinlegten, dachte Fredi oft an Fritzl. Er vermisste seinen treuen Freund sehr. Was wohl aus ihm geworden war?

Neben den Baracken standen eine große Turnhalle und ein Sportplatz. Die Kinder wurden immer wieder dazu ermutigt, an den verschiedensten Tätigkeiten teilzunehmen. Die freiwilligen Helfer richteten Fußballspiele, Sackhüpfen oder Schubkarrenrennen aus. Die Kinder spielten miteinander oder rannten einfach nur herum. Sie alle genossen die Freiheit sehr und konnten sich endlich wieder wie Kinder aufführen. An regnerischen Tagen versammelten sie sich alle in der Turnhalle und sie wurden dort mit den verschiedensten Spielen unterhalten. Langeweile kam so gut wie nie auf.

Gerti liebte es, am Singen teilzunehmen. Fredi liebte Märchen und er hörte gebannt den Geschichten von Hänsel und Gretel, Rübezahl und dem Junker Prahlhans zu. Elsa war froh, dass es den Kindern so gut gefiel, hatte sie doch selbst ein arges Problem. Ihr Gewissen drängte sie dazu, endlich in die örtliche Kirche zu gehen, doch sie brachte es einfach nicht übers Herz. Sie hatte ihre Kleidung nun schon seit über sechs Wochen an und wie würden sich die örtlichen Bewohner über sie lustig machen! Die Kinder mussten so etwas nicht durchmachen. So berührte Elsa jede Nacht, bevor sie sich schlafen legte, ihr Kruzifix und schickte stille Gebete gen Himmel.

Eines Nachmittags, Elsa besuchte gerade die Kinder, saß Rudolf allein in ihrem kleinen Raum. Meist war noch jemand anderes da, mit dem er sich hätte unterhalten können, doch heute war die Fabrik wie ausgestorben. Er musste mal. Vorsichtig zog er die Decken auseinander und lugte hinaus auf den Gang. Als er kein Geräusch und keine Stimmen hörte, machte er sich schließlich schnell auf den Weg zum Klo. Nach wenigen Augenblicken kehrte er zurück. Sein Herz blieb stehen und sein Mund öffnete sich voller Entsetzen. Die kostbare Holzkiste, die all ihr verbliebenes Vermögen enthielt, war verschwunden.

Verzweifelt kämmte Rudolf die ganze Fabrik durch. Die Kiste blieb verschwunden. Es war, als hätte sie sich in Luft aufgelöst. Schuld und Trauer überkamen ihn, als er sich schließlich zurück in ihren Raum schleppte. Mit verschränkten Armen wippte er vor und zurück, als er sich auf einen Strohsack setzte. Nie hatte er ein solches Gefühl des Verlustes erlebt. Er verfluchte sich innerlich für seine Nachlässigkeit.

Am Nachmittag kam Elsa zurück und schnatterte voller Freude über den Besuch bei den Kindern, als sie plötzlich Rudolfs leichenblasses Gesicht wahrnahm. Stumm starrte er auf den Boden. „Rudolf!", sagte sie voller Angst. „Was ist los?"

Er sagte nichts, sondern deutete nur auf die jetzt leere Ecke des Raumes.

Elsas Blick folgte seiner Hand und sie keuchte erschrocken auf. „Die Kiste?!"

„Sie … sie wurde gestohlen", stöhnte Rudolf.

Elsa schüttelte den Kopf. „Aber wie …?"

Rudolf seufzte tief. „Ich musste auf die Toilette und dachte, dass ich ganz allein hier wäre. Ich war gerade einmal drei Minuten weg und als ich wiederkam …"

Elsa setzte sich neben ihn und ihr wurde schlecht. Es vergingen Minuten, bis sie sich wieder gefasst hatte und selbst dann schien es ihr, als würden ihre Worte von weit her kommen. „Hast du …?"

„Ich habe überall gesucht", nickte Rudolf. „Die Kiste ist weg. Wir sind ruiniert."

Elsa nahm einen tiefen Atemzug, richtete sich dann auf und hob den Kopf. Sie drückte das Kruzifix an die Brust und nahm Rudolfs Hand. „Hör zu", sagte sie fest und entschlossen. „Mein Rosenkranz ist weg. Unser Geld ist weg. Wir haben vielleicht vieles verloren, aber wir sind ganz bestimmt nicht ruiniert!"

Rudolf sah sie mehr als nur erstaunt an. „Wie kannst du das sagen?", fragte er.

„Wir sind noch zusammen!", rief Elsa. „Wir haben noch unsere Familie beisammen, wir können noch immer träumen. Wir glauben noch immer an Gott. Wir sind nicht ruiniert!"

Rudolf sah sie noch immer reichlich erstaunt an.

„Alles, was wir bis jetzt verloren haben, kann ersetzt werden. Wir werden härter und länger und besser als je zuvor arbeiten müssen, aber wir sind nicht ruiniert. Ich weiß, dass es nicht Gottes Wille ist, uns ruiniert zu sehen", wiederholte sie.

Rudolf nickte langsam und zog Elsa an sich. Was er doch hatte! Charakterstark und so voller Glauben. Tief in sich wusste er jedoch, dass Elsas Worte nicht ganz wahr waren. Einige Dinge konnten nicht ersetzt werden: Geburtsurkunden und Taufscheine, die Heiratsurkunde, ihre Reisepässe und die Besitzurkunden für ihr Haus und das Land. Diese Papiere würde ihnen wohl niemand ersetzen.

* * *

Obwohl Rudolf den Diebstahl sogleich bei der Polizei meldete, tauchte ihre Kiste nie wieder auf. Und obwohl Rudolf zutiefst deprimiert war, wollte er seine Familie nicht im Stich lassen. Er wollte unbedingt Arbeit finden. Schließlich stellte ihn ein Bauer ein, der schnell seine Kenntnisse in puncto Landwirtschaft und Vieh erkannte. Zwar erhielt Rudolf für tagelange harte Arbeit nur einen kargen Lohn, aber es war besser als nichts. Von dem Geld, was Rudolf verdiente, kaufte er Lebensmittel für seine Familie. Ab und an konnte er von dem Bauernhof auch etwas Gemüse mitnehmen. Und immer wieder hörte er Elsas Stimme in seinen Gedanken: „Es ist nicht Gottes Wille, uns ruiniert zu sehen!"

Rudolf und Elsa entschieden, den Kindern nichts von der gestohlenen Kiste zu sagen. Sie mussten damit nicht auch noch belastet werden.

Im Laufe der nächsten Woche kamen Männer des Roten Kreuzes in das Flüchtlingslager und verlasen eine Reihe von Namen von einem Zettel. Nachdem sie die Namen genannt hatten, begaben sich eine Reihe von Familien nach draußen, wo sie auf einen Lastwagen stiegen und davongefahren wurden. Niemand wusste, wohin.

Eines Nachmittags verlas ein Mann auch den Namen „Langer". Zusammen mit fünf anderen Familien mit Kindern wurden Rudolf und Elsa angewiesen, auf einen wartenden Lkw zu steigen. Außer ein paar Decken und ihrem Koffer hatten die Langers kein weiteres Gepäck mehr.

Sie waren froh, endlich das Flüchtlingslager verlassen zu dürfen, gleichzeitig aber auch besorgt. Wieder wussten sie nicht, wo man sie hinbrachte.

Die Kinder hatten sich schnell von ihren neuen Freunden verabschiedet, weil sie wussten, dass sie die vermutlich nie wiedersehen würden. Auch sie kletterten zu ihren Eltern auf den Lastwagen und schon fuhr der Wagen los.

Reußenbrücke über der Selbitz, Rathaus,
Schirners Kiosk zwischen zwei Bäumen, ca. 1960

Als die Sonne unterging, hielt der Lkw in einem Ort an, der nicht
viel größer als Hermannstadt war. Der einzige Unterschied zu ihrer
ehemaligen Heimatstadt war eine Reihe von ansässigen Unternehmen. Der Fahrer des Lkw, ein Polizist, wies sie an, mitsamt Gepäck
auszusteigen.

„Wo sind wir denn?", fragte Rudolf,

„Selbitz", antwortete der Mann. „Etwa dreieinhalb Kilometer von
Naila."

„Und was machen wir jetzt?", fragte ein anderer Passagier.

„Sie werden jetzt abgeholt. Ein paar Familien haben sich dazu
bereit erklärt, Ihnen zu helfen, bis Sie wieder auf eigenen Beinen
stehen."

Rudolf runzelte die Stirn. „Aber wie sollen wir …"
„Sie warten hier einfach!", unterbrach er ihn schroff. Er schien
etwas irritiert. „Die Leute wissen, dass ihr hier wartet. Wandert einfach nicht umher und tut, was ich euch sage, dann gibt es auch keine
Probleme." Mit diesen Worten dreht er sich um, stieg in den Lkw
und fuhr davon.

Sprachlos sahen sich die Erwachsenen an. Scheinbar war dies die
Endstation ihrer Reise. Eine unbekannte Stadt und wildfremde Menschen, die sie abholen würden. Und so warteten sie an diesem Abend
auf dem Luitpoldsplatz vor Schirner's Kiosk und obwohl die Stadt
eigentlich klein zu sein schien, fuhren unzählige Lastwagen, Autos,
Motorräder und ab und an ein Traktor oder ein Fuhrwerk an ihnen
vorbei.

Nach einer kurzen Wartezeit näherte sich ein Mann, nannte fragend einen Namen und nahm dann eine der Familien mit sich nach
Hause.

Eine Familie nach der anderen wurde abgeholt und nach einer
knappen Stunde standen nur noch die Langers vor dem Kiosk. Jedes
Mal, wenn sich ihnen jemand näherte, fragten sie sich, ob dies wohl
ihr geheimnisvoller Wohltäter war. Aber nein, jedes Mal wichen die
Fußgänger ihnen aus, flüsterten und deuteten auf ihre Familie, als
wären Aliens vor dem Kiosk gelandet. Im Grunde verständlich, denn
in der sauberen Stadt sah die Familie in ihrer schmutzigen Kleidung
und den geschorenen Haaren tatsächlich so aus, als wären sie von
einem anderen Stern.

Fredi blickte zu seinem Vater und fragte: „Tata, warum schauen
uns die Leute so an und warum tuscheln die über uns? Haben wir
was falsch gemacht?"

Rudolf legte sanft die Hand auf die Schulter seines kleinen Sohnes. „Nein, Fredi. Die Menschen hier sind einfach nicht an den Anblick von Fremden gewöhnt."

Aber Rudolf wusste, dass diese Erklärung nicht ganz der Wahrheit entsprach.

Die Familie wartete und wartete. Bald war es kurz vor Mitternacht und es war immer noch niemand aufgetaucht, der sie abholen kam. Es schien, als habe man sie glattweg vergessen. Rudolf und Elsa machten sich allmählich Sorgen, wo sie und die vier müden und hungrigen Kinder die Nacht verbringen konnten. Kurzerhand schickten sie ein Stoßgebet in den Himmel, dass sie doch noch jemand abholen kommen würde.

Endlich, nach Stunden des Wartens, näherte sich ihnen ein Mann. „Sind Sie Familie Langer?", fragte er etwas zögernd.

„Jawohl!", antwortete Rudolf erleichtert.

Seine Erleichterung verschwand jedoch schnell wieder, als der Mann ihnen erklärte: „Die Familie, die Sie aufnehmen wollte, hat leider ihre Meinung kurzfristig geändert. Sie konnten bei bestem Willen keine sechs Mann aufnehmen."

„Und jetzt?", fragte Rudolf und versuchte, seine aufkommende Panik zu verbergen.

„Folgen Sie mir", sagte der Mann beruhigend. „Wir haben eine Unterkunft in der Nähe für Sie gefunden. Solange, bis wir eine andere Bleibe für sie haben."

Die Familie nahm ihre wenigen Habseligkeiten und folgte dem Mann etwa einen Kilometer, bis sie an einem dreistöckigen Gebäude haltmachten. Rudolf und Elsa starrten sich ungläubig an. Ein Schild auf dem Gebäude zeichnete es als „Schuhfabrik Ludwig" in der August-Bauer-Straße aus. Und das, nachdem sie wochenlang in einer Schuhfabrik verbracht hatten! Und hier waren sie, schon wieder in einer Schuhfabrik. Wäre die Situation nicht so enttäuschend gewesen, hätten sie vermutlich laut aufgelacht.

Der Mann, ein Stadtbeamter, öffnete die Tür der Fabrik und schaltete das Licht an. Im Gegensatz zu der Fabrik in Naila standen in dieser hier große Maschinen. Sie wurden in einen kleinen, fensterlosen Lagerraum geführt, der offensichtlich schon einmal als Unterkunft gedient hatte – Strohsäcke waren bereits vorhanden und lagen als Matratzenersatz auf dem Boden.

„Die Toiletten befinden sich auf der anderen Seite des Gebäudes. Sie müssen leider erst einmal hier bleiben, bis Sie jemand kontaktiert." Und ohne eine weitere Erklärung verließ der Mann die Fabrik.

Rudolf blickte mit einem verzweifelten Blick hinüber zu Elsa, doch die zuckte mit den Schultern und zwinkerte dann den Kindern zu. „Nun, wie man auf Stroh schläft, wissen wir ja bereits."

Gerti legte eine Decke auf einen der Strohsäcke. „Mama hat recht", sagte sie aufmunternd. „Das wird schon nicht so schlimm werden. Zumindest ist es warm hier."

Warm war eine Untertreibung. In Wahrheit war es heiß und stickig und die Familie schälte sich aus einigen Lagen ihrer Kleidung. Dann versuchten sie zu schlafen.

* * *

Am nächsten Morgen wurden sie von lauten Geräuschen geweckt. Die Maschinen waren in Betrieb gesetzt worden und verursachten einen Höllenlärm.

Rudolf riss die Tür des Lagerraums auf und sah eine ganze Reihe von Menschen, die eifrig Schuhe herstellten. Verständlicherweise erregte die Familie einiges Aufsehen bei den Arbeitern, wenn sie durch den Maschinenraum zu den Toiletten liefen. Wieder zurück im Lagerraum fragten die Kinder verwirrt, warum die Arbeiter sie denn so anstarrten. Rudolf und Elsa konnten ihnen keine logische Erklärung bieten, sagten aber: „Bis wir den Bewohnern hier beweisen, dass wir ehrliche und hart arbeitende Menschen sind, wird es wohl noch eine Weile so bleiben."

Die nächsten Tage überlebten sie mithilfe des Roten Kreuzes und Hilfspaketen von den Amerikanern mit Essen, Kleidung und anderen dringend benötigten Dingen. Gerti, Rudi und Willi gingen in die Stadt zum Metzger und erbettelten sich eine Brühe. Der Bäcker gab ihnen altes, hartes Brot, was er ohnehin nicht mehr verkaufen konnte und die Bauern erlaubten ihnen, die Kartoffeln einzusammeln, die man beim Ausgraben übersehen hatte. Elsa war begeistert und kochte sogleich eine herzhafte Kartoffelsuppe. Rudolf versuchte wieder, an Arbeit zu kommen. Er mistete vorübergehend Pferdeställe aus und melkte Kühe für ein kleines Zubrot, bis er endlich richtige Arbeit auf einem der Bauernhöfe fand.

Schließlich zogen sie aus ihrem Lagerraum in zwei Räume im dritten Stock, wo sie auf Feldbetten, auch Amibetten genannt, schlafen konnten. Was für ein Luxus! Von dem Korridor im dritten Stock gingen sechs kleine Wohnungen ab, in denen Vertriebene aus dem Osten untergebracht waren und die sich das Obergeschoss des Betriebes teilten. Keine der Wohnungen hatte eine Toilette, und so teilten sich jeweils drei Familien ein WC am Ende des Korridors. Jedes Mal schleppten die Familien einen Eimer mit Wasser von ihren Wohnungen in das WC, denn fließendes Wasser gab es dort nicht. Gekocht wurde auf einem Holzofen, aber das Beschaffen von Brennholz war eines der größten Probleme. Während die Bewohner in der Stadt Kohlebriketts verwendeten, mussten die armen Flüchtlingsfamilien im Wald Holz hacken.

Mit Genehmigung der Besitzer gingen sie in den Wald, um Baumstöcke von gefällten Bäumen aus dem Grund zu heben. Es war schwere Arbeit, die Wurzeln auszugraben, sie abzuhacken oder abzusägen, um dann die Stöcke mit Keilen und Vorschlaghammer zu kleinen Stücken zu spalten. Mit einem kleinen Leiterwagen halfen dann alle, auch Elsa, das Holz vom Wald zu ihrer Wohnung in der Fabrik zu transportieren.

Irgendwann entdeckte Elsa, dass es im Keller des Schulhauses der Stadt Duschen gab, die man gegen eine kleine Gebühr nutzen durfte. Rudolf verdiente mittlerweile so viel, dass die Familie mindestens einmal in der Woche heiß duschen konnte. .

Aus Tagen wurden Wochen und Rudolf sah sich weiterhin nach einer dauerhaften Arbeit um, konnte er auf dem Bauernhof doch nicht ewig bleiben. Irgendwann würde seine Saisonarbeit nicht mehr benötigt werden. Auf seiner Suche erfuhr er, dass Selbitz im nördlichen Bayern lag und vom amerikanischen Militär geschützt wurde.

Der Osten wurde die Deutsche Demokratische Republik – der Westen galt ab dann als Westdeutschland. Beide deutschen Länder waren mit Elektrozäunen und Wachtürmen abgetrennt worden.

Oft wurden Familien, die im gleichen Ort wohnten, durch eine riesige Grenzmauer getrennt. Viele riskierten ihr Leben, um aus der DDR über solche Abgrenzungen zu fliehen. Man konnte sehen, wie Besitztümer auf der östlichen Seite wegen Mangels an Materialien äußerst vernachlässigt wurden.

Die größte Militärbasis befand sich in der Stadt Hof, etwa 25 Kilometer von hier entfernt. Die US-Armee richtete zudem in den umliegenden Wäldern getarnte Außenposten ein, ausgestattet mit Panzern und Kanonen, solche, die einst das geliebte Bergkirchlein mit einem Schlag zerstört hatten.

Trotz allem nahmen die Einheimischen die Amerikaner mit offenen Armen auf. Sie waren dankbar, dass sie den Krieg beendet hatten, der nur Schmerz und Elend über sie alle gebracht hatte.

Wachtürme und Elektro-
zäune trennten Ost- von
Westdeutschland

Mauern quer durch die Mitte von Städten verhinderten,
dass Leute sich miteinander in Verbindung setzten.

NEUN

Die zwei kleinen Zimmer wurden nach und nach mit dem Notwendigsten ausgestattet, sodass die Familie Langer zumindest ein kleines bisschen Komfort zurückerlangte und ihr Leben langsam wieder in einigermaßen geregelte Bahnen gelenkt wurde. Sie begannen, wieder Pläne für die Zukunft zu schmieden.

In dieser Zeit entschied Elsa, dass die Familie wieder den Gottesdienst besuchen sollte, obwohl sie keinerlei feine Kleidung mehr besaßen. Gott oder Jesus würde das schon nicht stören. Das Wichtigste war doch, dass sie den Glauben im Herzen trugen. Aus Elsas Vorhaben wurde jedoch nichts, da in Selbitz keine katholische Kirche stand, was Elsa sehr betrübte. Die Mehrheit der Bevölkerung war evangelisch und so war eine große und reich verzierte evangelische Kirche der Mittelpunkt der Stadt. Sie hatte einen großen Glockenturm mit einer Uhr auf jeder Seite. Die Kirchenvorsteher sorgten dafür, dass die Uhren immer die korrekte Zeit anzeigten und dass die Glocken der Kirche alle Viertelstunde läuteten, Tag und Nacht.

Kurz nachdem die Familie Langer in Selbitz eine neue Heimat gefunden hatten, mussten sie im Rathaus einen Flüchtlingsausweis beantragen, der ähnlich aussah wie ein Reisepass. Der Vorgang war kompliziert, da all die Papiere der Familie in der gestohlenen Holzkiste aufbewahrt waren. Nach vielen Diskussionen und Erklärungen händigte man ihnen jedoch schließlich die offiziellen Papiere aus, die sie von nun an immer bei sich tragen sollten.

Obgleich die Familie froh war über ihre kleine Wohnung, war es während des Tages sehr laut. Von frühmorgens bis in den späten Nachmittag hörte man die Maschinen lärmen und poltern. Außerdem hielt sich ein beißender Geruch von Öl, Leder, Leim und Lösungsmitteln im Gebäude, was die Atemwege reizte und zu argen Kopfschmerzen führte.

Ausweis für Vertriebene und Flüchtlinge

Rudolfs Vater Franz hatte Rudolf einst gelehrt, wie man seine eigenen Wurzelbürsten herstellte. Dieses Wissen machte Rudolf sich
nun zunutze. Nachdem er fünf oder sechs der Bürsten hergestellt
hatte, machte er sich auf in die Stadt, um sie zu verkaufen. Als er
an die Tür eines Bauernhauses klopfte, öffnete ihm eine freundlich
lächelnde Frau.

„Kann ich Ihnen helfen?", fragte sie. Ihr Gesicht war von Falten
durchzogen, was sie sicherlich älter aussehen ließ, als sie tatsächlich
war.

„Das hoffe ich!", erwiderte Rudolf und lächelte zurück. „Mein
Name ist Rudolf Langer und ich lebe hier in der Stadt. Nun frage
ich mich, ob Sie eine dieser feinen Bürsten gebrauchen können!"
Er hielt eine der Bürsten hoch und zeigte sie der Frau. „Sie wurden
handgemacht und machen Ihnen das Reinigen viel einfacher!"

Die Frau schien fasziniert und betrachtete die Bürste. Dann aber
sah sie Rudolf unsicher an. „Ich würde sehr gerne eine kaufen, aber
ich fürchte, ich kann mir das nicht leisten."

Rudolf reichte der Frau eine der Bürsten und sie strich bewundernd über die feine Handarbeit. Dies würde ihr das Reinemachen tatsächlich erleichtern.

„Das ist kein Problem", sagte Rudolf schließlich mit einem freundlichen Lächeln. „Ich würde Ihnen die Bürste so überlassen, wenn Sie mir vielleicht im Austausch ein paar Eier oder ein paar Scheiben Speck geben könnten."

Die Frau schaute ihn begeistert an. „Natürlich!", rief sie. „Das ist gar kein Problem!"

Als er weiterging, lächelte Rudolf zufrieden vor sich hin und legte schützend die Hand über die zwei Eier in seiner Jackentasche, die er zum Tausch erhalten hatte. Seine Idee hatte funktioniert und wenn es so bliebe, hatte er endlich etwas gefunden, womit er seine Familie ernähren konnte.

Als er schließlich nach Hause kam und seine Taschen leerte, war Elsa hellauf begeistert. Was da alles zum Vorschein kam! Eier, Speckscheiben, ein halber Laib frisch gebackenes Brot und sogar eine kleine Kanne Milch.

„Wo in aller Welt hast du das denn alles her?", fragte sie ihren Mann.

„Ich habe ein paar Bürsten gemacht und sie eingetauscht", sagte Rudolf voller Stolz. „Von jetzt an dürften wir genug zu essen haben."

Elsa kamen die Tränen vor lauter Freude, nicht mehr hungern zu müssen. „Nun dann!", sagte sie. „Heute Abend werde ich uns ein Festmahl bereiten und wir werden schmausen wie seit Langem nicht mehr!"

Rudolfs Bürstengeschäft erwies sich tatsächlich als sehr erfolgreich und es schien, als sei ihm diese Idee gerade zum rechten Augenblick gekommen, da die Hilfsgüter des Roten Kreuzes und der Amerikaner immer weniger wurden.

Zudem ging es auf den Herbst zu, was bedeutete, dass die Kinder bald wieder zur Schule gehen würden und verschiedene Dinge für den Unterricht benötigten. Bald würde es außerdem kalt werden und sie würden mehr Holz für den Ofen kaufen müssen, und warme Kleidung, und für all diese Dinge brauchte man bekanntermaßen Geld. Zu diesem Zeitpunkt hatte Rudolf jedoch beinahe alle Bauern und Kaufleute in der Gegend besucht und ihnen seine Bürsten verkauft – was bedeutete, dass nun fast niemand mehr neue Bürsten brauchte. Dann aber, als er eines Tages einen der letzten Bauernhöfe auf der anderen Seite der Stadt besuchte, an denen er bis jetzt noch nicht vorbeigekommen war, traf er einen gewissen Herrn Hartenstein. Hartenstein war ein älterer Mann, der stets einen Jägerhut mit einer prachtvollen Feder trug, ähnlich wie der, den Rudolf trug.

Bevor Rudolf Zeit hatte, ihm eine Bürste anzubieten, sagte der Mann: „Ihr Name ist Langer, nicht wahr?"

Rudolf nickt verblüfft und fragte sich, woher der Mann wohl seinen Namen kannte.

„Sind Sie derjenige, der diese Bürsten macht?", fragte Hartenstein.

„Jawohl", entgegnete Rudolf etwas zaghaft.

„Sehr fleißig sind sie", sagte der Mann und begutachtete die Bürsten fachmännisch. „Ich mag fleißige Menschen. Zeigen Sie mir, dass Sie keine Angst vor harter Arbeit haben."

„Ich habe mein ganzes Leben lang hart gearbeitet, bis …", Rudolf verstummte und er blickte schweigend zu Boden.

„Ich verstehe", entgegnete der Mann und sah Rudolf prüfend an. „Zeigen Sie mir Ihre Hände." Rudolf tat, wie ihm geheißen und nach einer eingehenden Überprüfung seiner Hände durch Hartenstein sagte dieser: „Ich könnte einen Mann mit Ihrer Erfahrung in meinem Gewerbe gebrauchen. Hätten Sie Interesse?"

Rudolf war für einen Moment sprachlos. Hatte er eben richtig gehört. Nach einer Weile fand er seine Stimme wieder und antwortete:

„Natürlich. Natürlich habe ich Interesse!"

„Ich habe Vieh, um das man sich kümmern muss und das Getreide auf dem Feld muss geerntet werden und einen kleinen Wald habe ich auch noch, in dem man ab und an ein paar Bäume roden muss. Die Arbeit ist schwer, die Bezahlung wird niedrig sein", sagte er klipp und klar.

„Das klingt wie mein Hof, den ich einst besaß", entgegnete Rudolf. „Ich würde mich freuen, wenn ich bei Ihnen arbeiten dürfte."

„Wann können Sie anfangen?"

„Ich werde bei Sonnenaufgang hier sein", versprach Rudolf.

„Gut", sagte Hartenstein. „Dann werde ich Sie herumführen und Ihnen zeigen, wo Arbeit auf Sie wartet."

Mit einer leichten Verbeugung sagte Rudolf: „Haben Sie vielen Dank! Ich werde Sie nicht enttäuschen." Er wandte sich zum Gehen, drehte sich auf der Veranda jedoch noch einmal um. „Ich habe ganz vergessen, Sie etwas zu fragen", sagte er.

„Was?", fragte der Mann.

„Wie ist Ihr Name?"

„Hartenstein."

„Sehr gut, Herr Hartenstein. Wir sehen uns dann morgen früh."

Als sich Rudolf auf den Weg machte, war sein Herz voller Freude und die Hoffnung in ihm wuchs ins Unermessliche. Richtige Arbeit, sichere Arbeit und richtiges Geld! Er konnte es kaum fassen, wie viel Glück er hatte. Obwohl, dachte er sich, Glück hatte eigentlich weniger damit zu tun. Dies hier war das Ergebnis harter Arbeit, Beharrlichkeit und der Einstellung, niemals aufzugeben und daran zu glauben, dass sich die Dinge irgendwann bessern würden. Rudolf musste lächeln, als er sich an Elsas prophezeiende Worte erinnerte: Es ist nicht Gottes Wille, uns ruiniert zu sehen!"

* * *

Die Nachricht über Rudolfs neue Arbeit löste eine unbändige Freude in der ganzen Familie aus und in Rudolf breitete sich das wohlige Gefühl persönlicher Zufriedenheit aus. Nach fast drei Monaten, in denen er praktisch ständig gebettelt hatte, um seine Familie zu ernähren, wurden seine Bemühungen endlich belohnt. Nun hatte er nicht nur Arbeit gefunden, sondern auch noch etwas, was er gerne tat!

Am nächsten Morgen, auf dem Weg zur Arbeit, sah Rudolf, dass neben dem Bauernhof ein Sägewerk stand, in dem fleißig gearbeitet wurde. Mehrere Bündel Kleinholz wurden gerade aufgestapelt, die später gutes Brennholz abgeben würden.

Als die Sonne gerade aufgegangen war, klopfte Rudolf an Hartensteins Tür und die beiden Männer machten sich auf den Weg zum Stall, wo Hartenstein Pferde, Rinder und Schweine hielt. Rudolf war in seinem Element und fühlte sich fast wieder wie zuhause. Er streichelte die Pferde und flüsterte jedem von ihnen etwas ins Ohr.

„Sie scheinen zu wissen, wie man mit Tieren umgeht", sagte Hartenstein.

Rudolf nickte. „Wenn man gut mit ihnen umgeht, sind sie auch gut zu einem selbst." Hartenstein lächelte. „Ich wünschte, so würden mehr Menschen denken."

Rudolf lächelte und nickte. „Dann wäre die Welt ein besserer Ort."

Hartenstein nickte. „Das glaube ich auch."

Den Rest des Tages führte Rudolf die Arbeiten auf dem Bauernhof fachmännisch und voller Freude aus; er fütterte die Tiere, melkte die Kühe und trieb sie anschließend zum Grasen auf die Weide. Dann schärfte er die Sichel und die Sensen, die sich allesamt in einem schlechten Zustand befanden und beschlug eines der Pferde mit einem neuen Hufeisen. Nachdem die Kühe alle auf der Weide waren, setzte er eine glänzende Kanne voll mit frischer Milch auf Hartensteins Veranda ab und mistete dann den Pferdestall und die gesamte

Scheune aus. Aus lauter Gewohnheit tat er mehr, als Hartenstein noch am Morgen von ihm verlangt hatte.

Als dieser bei Sonnenuntergang die Scheune betrat, war er angenehm überrascht. „Ich habe nicht erwartet, dass Sie alles hier sauber machen", sagte er.

Schulterzuckend entgegnete Rudolf: „Es war nötig."

Hartenstein war beeindruckt. „Sie sind ein guter Arbeiter", sagte er anerkennend und gab Rudolf seinen Lohn. Wie er bereits angekündigt hatte, war es nicht viel, aber es würde dennoch ein regelmäßiges Einkommen sein, was so wichtig für seine Familie war.

Elsa war angenehm überrascht, als Rudolf ihr am Abend das Geld in die Hand drückte. Bald würden sie Winterjacken aus zweiter Hand für die Kinder kaufen können und vielleicht sogar Vorhänge für die Fenster. Bis jetzt hatten sie darauf verzichtet, da sie im dritten Stock der Schuhfabrik lebten und ihnen somit niemand ins Zimmer blicken konnte, aber mit dem drohenden Winter wären ein paar Vorhänge vielleicht nicht schlecht. Sie würden helfen, die Kälte etwas abzuhalten.

In den ersten Tagen erledigte Rudolf alle Arbeiten im und rund um den Bauernhof. Er versorgte die Tiere, besserte Zäune aus und erledigte zudem allgemeine Hausarbeiten.

Nach etwa einer Woche wies Hartenstein ihn an, ein Pferd vor einen Wagen zu spannen, um gemeinsam einen kleinen Ausflug zu machen.

Für ein paar Minuten fuhren sie schweigend durch die Landschaft, bis Hartenstein Rudolf schließlich über seine alte Heimat fragte und warum die Tschechen sie gezwungen hatten, alles zurückzulassen. Mit großem Stolz erzählte Rudolf von seiner Familie, dem Bauernhof, den Tieren, seinen Feldern und all den Freundschaften, die sie im Laufe der Jahre in der Heimat geschlossen hatten. Mit Bedauern erzählte er von der Invasion der Tschechen, den Grausamkeiten der

Soldaten, der Zerstörung des Bergkirchleins und schließlich von dem Horror der langen Zugfahrt ins Ungewisse. Beinahe hätten sie Fredi verloren und sie waren gezwungen worden, Zeit in Prag, Bayreuth und Naila zu verbringen. Er erzählte von der Hoffnungslosigkeit und der Verzweiflung, und davon, wie sie hatten hungern müssen.

„Ihr Leben war nicht einfach", sagte Hartenstein schließlich, als er zu Ende erzählt hatte.

Rudolf nickte. „Das ist wahr. Aber wir sind auch gesegnet. Die Arbeit hier wird unser Leben verbessern."

„Wollen Sie wissen, woher ich Ihren Namen kannte, als Sie letzte Woche vor meiner Tür standen?", fragte Hartenstein nach einer Weile.

„Das würde ich in der Tat, ja. Ich war ein bisschen überrascht", entgegnete Rudolf.

„Nun, Sie wurden mir als Mann, der hart arbeiten kann, empfohlen. Ich wartete geradezu auf Ihren Besuch."

Rudolfs Augenbrauen hoben sich überrascht. „Empfohlen? Von wem?"

Hartenstein unterdrückte ein Lächeln. „Das werden Sie noch früh genug erfahren."

Etwa zehn Minuten später erreichten sie ihr Ziel. Als Hartenstein erwähnt hatte, dass er ein „kleines Waldstück" besaß, war das augenscheinlich nicht die ganze Wahrheit gewesen – in Wirklichkeit besaß er einen großen Fichtenwald. Die größte Überraschung aber war ein großes Gebäude direkt neben der Selbitz, einem schmalen, aber schnell fließenden Fluss. Was wohl das laute Brummen und Rauschen verursachte? Die Antwort darauf fand Rudolf schnell selbst. Das Gebäude war ein Sägewerk, in dem dicke Baumstämme mit einer großen Kreissäge in verschieden dicke Bretter geschnitten wurden. Unter dem riesigen Sägeblatt befand sich eine kleine Grube, welche die Sägespäne auffing. Neben der riesigen Säge stand eine große Maschine, mithilfe deren man die geschnittenen Holzplanken glatthobeln konnte. Zwei Arbeiter, von Kopf bis Fuß mit Sägespänen bedeckt, winkten Hartenstein und Rudolf zu.

„Das ist aber ein wunderbarer Arbeitsplatz", sagte Rudolf mit leichter Ehrfurcht.

„Ich dachte mir schon, dass es Ihnen gefällt. Kommen Sie mit, ich möchte Ihnen etwas zeigen." Über eine hölzerne Brücke folgte Rudolf Hartenstein auf die andere Seite des Flusses, wo Baumstämme hoch aufgestapelt lagen. Später würden sie geschnitten und zu Bauholz weiterverarbeitet werden. „Schauen Sie sich das an", sagte Hartenstein mit einem gewissen Stolz in der Stimme und deutete flussabwärts.

Rudolf erspähte eine alte Säge neben dem Fluss, die ziemlich verrostet war und ein altes Wasserrad, das sich langsam drehte.

„Das Wasserrad wurde früher benutzt, um die Säge anzutreiben", erklärte Hartenstein. „Aber das Ganze ist schon ziemlich in die Jahre gekommen und funktioniert nicht mehr."

„Es sieht wunderbar aus", sagte Rudolf. „Ich wünschte, ich hätte sehen können, wie die Säge in Betrieb war."

„Es war ein wunderschöner Anblick", sagte Hartenstein. „Viele Maler sind hierhergekommen und haben es auf der Leinwand festgehalten." Ein kalter Wind rauschte durch die Bäume und beide Männer zogen ihre Kragen gegen die Kälte etwas in die Höhe. „Lassen Sie uns wieder reingehen", sagte Hartenstein und Rudolf nickte. Als er seinem Arbeitgeber folgte, sah er ein ungewöhnliches Gerät an der Seite der Sägemühle. Die Maschine hatte einen langen Hebel, mit dem sich zwei halbrunde Stahlformen öffnen und schließen ließen. Neben der Maschine lag jede Menge Feuerholz.

Als die beiden wieder im wärmeren Sägewerk standen, fragte Hartenstein: „Wenn die Ernte vorüber ist und das Vieh versorgt ist, würden Sie auch hier arbeiten wollen?"

Rudolf streckte sich und nickte. „Aber sicher! Das wäre eine gute Gelegenheit für mich, auch im Winter mein Geld zu verdienen."

Hartenstein nickte zufrieden und einer der Arbeiter kam auf sie zu. Er wischte sich die Sägespäne vom schweißnassen Gesicht und hielt Rudolf die Hand hin. „Hallo, Rudolf. Es ist schön, dich wiederzusehen!"

Rudolf musste zweimal hinschauen, bevor er den Mann erkannte. Es war Adolf Gross, ein ehemaliger Nachbar aus Hermannstadt. „Adolf?!", rief Rudolf überrascht. „Wie bist du denn hier gelandet? Und wo lebst du? Ist deine Familie auch hier?"

Adolf und Hartenstein mussten beide schmunzeln. „Alles zu seiner Zeit", sagte Hartenstein dann. „Ihr beide werdet zusammenarbeiten und habt später noch jede Menge Gelegenheit, über die alten Zeiten zu reden."

Rudolf nahm die Hand seines alten Freundes und drückte sie kräftig. „Warst du es, der mich empfohlen hat?", fragte er, immer noch voller Unglauben darüber, dass er Adolf gerade hier wiedergefunden hatte.

„Ich habe nur gesagt, dass du ein guter Arbeiter und ehrlicher Mensch bist", entgegnete Adolf lächelnd.

Rudolf wandte sich zu Hartenstein. „Ich kann Ihnen gar nicht genug danken", sagte er.

„Oh doch, das können Sie! Danken Sie mir mit harter Arbeit", erwiderte Hartenstein freundlich.

Rudolf lächelte. „Das werde ich tun", versprach er. „Was ist das denn für eine Maschine da draußen?", fragte er dann. „Die mit dem langen Hebel und den halbrunden Stahlformen?"

„Das ist eine Bündelmaschine", erklärte Hartenstein. „Ich ver-

kaufe gebündeltes Holz, das die Leute für ihre Öfen benutzen können".
Als Rudolf an diesem Abend nach Hause ging, konnte er ein Lächeln kaum verbergen. Jetzt hatte er Gewissheit: Durch die Ernte würde er im Herbst Arbeit haben und durch das Sägewerk sogar im Winter Geld verdienen. Und außerdem hatte er seinen Freund Adolf wiedergefunden! Alle diese Neuigkeiten schienen ihm wie ein Wunder.

ZEHN

Die Freude war groß, als Rudolf seiner Familie von der neuen Arbeit erzählte und sogar schon am ersten Tag etwas Geld nach Hause brachte. Trotz allem wurde es schnell klar, dass sie mit ihren vielen Ausgaben unmöglich nur von einem Gehalt leben konnten – vor allem, da die vier Kinder in ein paar Tagen wieder zur Schule gehen würden. Schließlich entschied Elsa, selbst nach einer Arbeit zu suchen. Sie bewarb sich kurzerhand auf eine Stelle in der Schuhfabrik und wurde tatsächlich direkt angenommen. Rudolf hatte sie vorerst nichts erzählt. Sie wusste, dass er ihrem Vorhaben zustimmen würde, wollte ihn aber dennoch erst um sein Einverständnis fragen, sobald er von der Arbeit nach Hause kam.

* * *

„Du hast doch noch nie irgendwo anders gearbeitet als zuhause!", sagte Rudolf. „Und schon gar nicht mit solchen Maschinen!" Es war ihm ganz und gar nicht wohl dabei, dass Elsa nun auch noch arbeiten gehen wollte.

„Herr Ludwig ist überzeugt davon, dass ich das alles lernen werde. Wir brauchen das zweite Einkommen. Und ich werde doch trotzdem jeden Nachmittag hier sein, wenn die Kinder aus der Schule kommen. Und wenn einmal Not am Mann ist, können sie doch hinuntergelaufen kommen und mich holen." Ihre Argumente waren treffend und Rudolf seufzte resigniert.

„Bist du dir ganz sicher, dass du das tun willst?"

„Realistisch gesehen,", sagte Elsa, „ist es etwas, das ich tun muss."

Rudolf war noch immer nicht hundertprozentig überzeugt. „Und du bist sicher, dass du lernen kannst, wie man mit diesen Maschinen umgeht?", fragte er wieder.

Elsa lachte. „Nun, ich habe gelernt, wie man sich um dich und die Kinder kümmert. Wie schwer kann es sein, sich mit einer Maschine zu befassen?"

Rudolf musste lächeln. „Also gut, probiere es aus. Wir werden schon sehen, wie du zurechtkommst."

Dann wandte sie sich ihrem Mann zu und ihr Lächeln wurde breiter. „Ich kann es kaum glauben, dass du Adolf Gross getroffen hast. Es ist wirklich schön, jemanden von zuhause wiederzusehen!"

„Es ist ein Wunder", entgegnete Rudolf schlicht.

Elsa blickte auf das Kruzifix an der Wand. Tatsächlich ein Wunder, dachte sie. Dein Wille geschehe.

* * *

Im Herbst begann für die Familie Langer eine neue Tagesroutine. Rudolf ging jeden Morgen zum Bauernhof von Herrn Hartenstein und half zusammen mit den anderen Arbeitern bei der Ernte. An sonnigen Tagen mähten sie das Gras mit Sensen und Sicheln und breiteten es dann mit Harken auf der Wiese aus. Wenn es knistertrocken war, wurde es mit Leiterwagen in den Heuschober gebracht und anschließend als Viehfutter weiterverwendet.

Es war nicht überraschend, dass auch Elsa schnell in ihrem neuen Job Fuß fasste. Sie arbeitete an einer Klickerpresse, die Lederteile mithilfe von schwerem und messerscharfem Stahl in einer bestimmten Form ausstanzte. Es war eine anspruchsvolle, wenn auch eintönige Arbeit.

Dennoch musste sich Elsa stets konzentrieren, damit sie sich nicht an den scharfen Stanzteilen verletzte. In kürzester Zeit war Elsa mit den meisten Mitarbeitern befreundet. Sie hoffte, es den anderen Leuten zu beweisen, dass Flüchtlinge genauso hart arbeiten konnten wie alle anderen auch.

Die größte Veränderung aber war, dass für die Kinder nun die Schule wieder begonnen hatte. Gerti, Rudi und Willi hatten gehofft, viele neue Freunde zu finden. Dies aber stellte sich als schwieriger heraus als gedacht, denn sie wurden von den anderen Kindern als Flüchtlinge betrachtet und eher gemieden. Ihre Kleidung war anders, sie sprachen mit sudetendeutschem Dialekt und waren es, im Gegensatz zu den anderen Kindern, nicht gewohnt, in der Schule nur Hochdeutsch zu sprechen.

Fredi war etwas besorgt vor seiner Einschulung. Als Elsa die Kinder während des Mittagessens ermahnte, immer gute Manieren zu zeigen und dem Lehrer stets zuzuhören, wurde er nur noch nervöser.

Am nächsten Morgen gab sie jedem der Kinder eine Mark. Fredi stopfte das Geld in seine Tasche, hatte aber keinen blassen Schimmer, wozu er es brauchen sollte. Die vier Kinder gingen gemeinsam zum nahegelegenen Schulgebäude. Die älteren Geschwister neckten Fredi damit, dass er gewiss in Schwierigkeiten geraten würde und dass er die Schule mit Sicherheit nicht schaffen würde. Nur Gerti bemerkte, wie ihr kleiner Bruder immer ängstlicher wurde, und sie nahm ihn an ihre Hand.

Die Schule, eine Volksschule, hatte acht Klassen und das Gebäude mit dem roten Ziegeldach war fast so groß wie die Schuhfabrik, in der sie lebten.

Als die Kinder das Gebäude betraten, nickten ihnen ein paar Kinder freundlich zu, andere ignorierten sie vollkommen. Gerti trug einen Schal über ihrem Kopf und die Jungen hatten allesamt raspelkurze, stoppelige Haare. Die Schüler begannen zu flüstern und zu tuscheln, kicherten und machten abfällige Bemerkungen.

Die vier Kinder steuerten auf das Sekretariat der Schule zu und meldeten sich an. Gerti, Rudi und Willi wurden anschließend verschiedenen Klassenzimmern zugewiesen. Dann kramte die Sekretärin lange in ihren Papieren und schaute Fredi mit schief gelegtem

Kopf an. „Tut mir leid", sagte sie. „Aber ich habe keine Anmeldungsformulare hier für einen Fredi Langer." Fredi starrte verwirrt auf den Boden. Er war ziemlich verängstigt und lange würde es nicht mehr dauern, bis ihm die Tränen in die Augen steigen würden. Die Sekretärin blätterte weiter durch einen Stapel Papier und fragte dann plötzlich: „Kann es sein, dass dein Name Alfred ist?" Fredi blickte auf und nickte vorsichtig.

„Ja", wisperte er.

Die Frau lächelte tröstend. „Na, das erklärt vieles. Du bist hier als Alfred angemeldet", flüsterte sie dann. „Es ist alles sehr offiziell hier, weißt du. Wir müssen eure richtigen Namen verwenden, keine Spitznamen."

„Oh", sagte Fredi nur und verstand nicht wirklich, was die Frau ihm sagen wollte.

Nachdem der Papierkram erledigt war, brachte Gerti ihren kleinen Bruder zu seinem Klassenzimmer und umarmte ihn fest. „Erinnere dich daran, was Mama uns gesagt hat, dann wird schon alles klappen", gab sie ihm mit auf den Weg.

„Aber warum lachen denn alle über uns?", fragte Fredi.

„Weil unsere Haare so kurz sind", erklärte Gerti. „Aber lass dich davon nicht stören. Die wachsen schon wieder."

Fredi wurde von seiner Lehrerin Fräulein Wölfel begrüßt. Sie war eine attraktive junge Frau mit dunklen Haaren und einem freundlichen Gesicht. „Wie ist denn dein Name?", fragte sie mit einem aufmunternden Lächeln.

„Fredi."

„Fredi? Ich habe hier gar keinen Schüler stehen, der Fredi heißt!" Fräulein Wölfel runzelte die Stirn, als sie ihre Klassenliste durchging.

Fredi senkte den Kopf und flüsterte kleinlaut: „Tut mir leid. Ich glaube, mein neuer Name hier ist Alfred."

Fräulein Wölfel schmunzelte und setzte ein Häkchen neben seinen Namen. „Ach ja, hier ist es. Willkommen in meiner Klasse, Alfred!" Und als sei der kleine Zwischenfall gar nicht erst passiert, führte sie ihn zu seinem Sitzplatz.

Fredi war der einzige Flüchtling in der Klasse und gleich warfen ihm seine Klassenkameraden merkwürdige Blicke zu, vor allem, weil er so kurze Haare hatte. Als er sich im Klassenzimmer umschaute, fielen ihm gleich drei Dinge auf, die ihn von seinen Klassenkameraden abgrenzten. Seine Kleidung war bei Weitem nicht so fein wie die seiner Mitschüler. Während sein Mittagessen aus einem Apfel und zwei Scheiben Brot bestand, die in seiner Jacke steckten, hatten alle anderen weiße Papiertüten mit duftendem Essen unter ihren Stühlen stehen. Und der größte Unterschied war wohl eine bunte kegelförmige Tüte, die jeder auf seinem Tisch liegen hatte – nur er nicht. Die Lehrerin las die Namen der Kinder vor und ermutigte sie, sich einander vorzustellen und seinen Nachbarn zu begrüßen. Fredi stellte sich einem Jungen namens Hermann Lautenschläger vor. Hermann schien ein netter Kerl zu sein, nicht so gemein und abfällig wie einige andere. Als die Lehrerin von jedem eine Mark eingesammelt hatte, bekamen die Kinder ihre Schiefertafel. Jetzt weiß ich auch, wofür die Mark war, dachte Fredi. Dann betrat ein Fotograf den Raum und die Lehrerin holte Schüler für Schüler nach vorne, um von jedem von ihnen ein Foto zu machen. Alle Kinder hatten ihre komische kegelförmige Tüte im Arm und als Fredi nach vorne ging, fingen die anderen an zu kichern.

„Seid still!", sagte Fräulein Wölfel streng und das Gekicher hörte auf. „Ihr seid unhöflich und das werde ich hier in meinem Klassenzimmer nicht dulden."

Als es zur Mittagspause schellte, gingen die anderen Kinder nach draußen, um ihr mitgebrachtes Essen zu verputzen und ein wenig herumzutollen. Nur Fredi blieb zurück.

„Fräulein Wölfel?", fragte er schüchtern.

„Ja, Alfred?"

„Darf ich Sie etwas fragen?" Seine Lehrerin lächelte ermutigend.

„Ja natürlich. Was denn?"

„Was sind das denn für Tüten, die hier jeder dabei hat?" Für einen Moment sah ihn seine Lehrerin ungläubig an, doch dann setzte sie sich, um mit Fredi auf gleicher Höhe zu sein. „Ich habe ganz vergessen, dass du ja neu hier bist. Das sind Zuckertüten." Sie dachte einen Moment nach, um ihre Erklärung so einfach wie möglich zu halten. „Eigentlich ist das nur eine Tradition. Weißt du, was das ist?"

„Ich glaube schon."

„Gut. Die Zuckertüten sind mit Süßigkeiten gefüllt. Bonbons, Schokolade, Plätzchen. Die Großeltern oder Eltern geben ihren Kindern die Zuckertüten zum ersten Schultag mit und dann werden alle damit fotografiert."

„Essen die denn alle ihre Süßigkeiten hier in der Schule?", fragte Fredi ungläubig. „Nein." Fräulein Wölfel schüttelte den Kopf. „Die Zuckertüten werden wieder mit nach Hause genommen und erst dort geöffnet."

Fredi nickte und wurde ein bisschen traurig. Fräulein Wölfel blickte ihn mitfühlend an und stütze ihr Kinn auf den Händen ab. „Für diese Klasse hier brauchst du Schulbücher. Ich nehme an, du hast kein Geld, um sie dir zu kaufen, oder?" Fredi schüttelte den Kopf und die Schamesröte schlich ihm ins Gesicht.

Fräulein Wölfel lächelte beruhigend und strich ihm sanft über den Kopf, so, wie es seine Eltern auch immer taten. „Na, mach dir mal keine Sorgen. Ich werde schon zusehen, dass du die Bücher bekommst, die du brauchst."

„Danke, Fräulein Wölfel", wisperte Fredi.

Sie nickte. „So, und jetzt sieh mal zu, dass du zu den anderen Kindern auf den Hof gehst und dein Mittagessen isst!"

Die meisten Schüler saßen in kleinen Gruppen an den Tischen im Hof und unterhielten sich lautstark. Als Fredi erschien, verstummten die Gespräche plötzlich und alle starrten ihn an, bis ihm Hermann schließlich zuwinkte und Fredi sich neben ihn setzte. Er holte ein Stück Brot aus seiner Jackentasche und knabberte daran herum, während ihn die anderen Kinder immer noch anstarrten. Als er anschließend in seinen Apfel biss, starrten die anderen immer noch.

Schließlich nahm Hermann einen Bissen von seinem Brot und fragte dann: „Warum sieht denn dein Kopf so komisch aus? Was hast du denn mit deinen Haaren gemacht?" Seine Fragen waren voller Neugier, ohne jeglichen Spott und Hohn.

Fredi nahm einen tiefen Atemzug und streckte tapfer das Kinn in die Höhe. „Die tschechischen Soldaten sind auf unseren Hof gekommen und dann mussten wir weg. Sie haben uns alles weggenommen, sogar meinen Hund. Dann sind wir in Viehwaggons weggefahren und sie haben uns ganz schrecklich behandelt. Ganz viele Menschen sind sogar gestorben. Und wir hatten nichts zu essen. Und als wir dann endlich aussteigen konnten, haben sie uns die Haare abrasiert."

Der Tisch blieb stumm, diesmal aber aus einem anderen Grund. Die anderen Kinder waren beschämt darüber, wie sie ihren neuen Mitschüler behandelt hatten. Nach der Mittagspause kehrten alle ohne einen weiteren Kommentar zu Fredis Haarschnitt ins Klassenzimmer zurück, wo Fräulein Wölfel schon auf sie wartete.

„Kinder, an unserem ersten Tag werden wir lernen, was Teilen ist. Weiß jemand schon, was das bedeutet?"

Fredi wusste es, hatte er doch schon genug Erfahrung mit Teilen gemacht, aber er zog es vor, die Hand nicht zu heben.

„Teilen bedeutet hergeben, was ihr nicht braucht, und es dann anderen zu geben, die sich diese Dinge nicht leisten können. Auf diese Weise könnt ihr mit einem guten Gefühl sagen, dass ihr jemandem geholfen habt. Hat das jeder verstanden?" Die Kinder nickten. „Gut.

Heute üben wir das einmal, damit jeder merkt, wie gut sich das an-fühlt. In Ordnung?" Die Kinder nickten wieder und Fräulein Wölfel fuhr fort: „Alfred ist ein neuer Schüler hier bei uns, der von weit her kommt. Wenn ihr also einen Stift oder ein Blatt Papier habt, das ihr nicht mehr braucht, möchte ich, dass ihr es mit ihm teilt." Die Kinder zögerten für einen Moment, doch dann reichte Hermann Fredi zwei Buntstifte. Die anderen taten es ihm gleich. Ein paar Blatt Papier, ein paar Stifte, nichts Großes.

Fräulein Wölfel blickte zufrieden drein. „Alfred?", sagte sie und sah ihn bedeutungsvoll an.

Fredi stand auf, blickte sich im Klassenzimmer um und sagte dann etwas schüchtern: „Danke, herzlichen Dank an alle." Und dann, zu ihrer aller Überraschung fuhr er fort: „Eure Eltern können sehr stolz auf euch sein."

Anschließend verteilte die Lehrerin Bücher an die Kinder, mit Ausnahme von Fredi. „Bücher sind wertvoll und wichtig, also geht sorgsam mit ihnen um!", ermahnte sie die Klasse. Am Ende des Schultages reichte sie auch Fredi drei Bücher. Sie alle waren ge-braucht, aber in gutem Zustand. „Alfred, was du heute zu den ande-ren Kindern gesagt hast, war sehr schön." Sie lächelte. „Die Bücher hier sind schon einmal ein Anfang. Ich werde dir im Laufe der Zeit noch mehr geben."

„Vielen Dank", sagte Fredi artig. „Ich pass gut auf sie auf."

„Das glaube ich dir", sagte Fräulein Wölfel etwas amüsiert. „Und noch etwas … Morgen kommen die anderen Kinder bestimmt mit einem Schulranzen zur Schule, aber ich kann dir leider keinen ge-ben."

„Das macht nichts", versicherte Fredi ihr. „Ich kann auch alles so tragen."

Während des Abendessens berichtete jeder von den Erlebnissen des Tages. Beiläufig erwähne Fredi, dass alle Kinder ab morgen mit einem Schulranzen zur Schule kommen würden. „Fräulein Wölfel hat gesagt, dass so die Bücher und die Schiefertafel trocken bleiben. Aber ich glaub nicht, dass ich das brauche." Er wusste, dass seine Familie sich keinen Schulranzen leisten konnte.

Später am Abend, als die Kinder schon im Bett waren, sammelte Rudolf ein paar Stücke Holz aus dem Sägewerk, ein Stück Leinentuch von einem ausgedienten Feldbett und ein paar Lederriemen aus der Schuhfabrik zusammen und zimmerte bis spät in die Nacht einen Schulranzen für Fredi zusammen.

Am nächsten Tag war die Schultasche der Neid aller anderen Kinder und Fräulein Wölfel war sehr zufrieden. Obwohl ihn noch immer ein paar Kinder neckten, gehörte Fredi mit seinem Schulranzen ein kleines bisschen mehr zu der Klasse als noch am Tag zuvor.

Selbitzer zweite Klasse Volksschule 1947,
Fredi vorne, dritter von rechts. Lehrerin: Frau Bock

Fast jeden Tag aß Fredi nun sein Mittagessen zusammen mit Hermann, seinem neuen Freund.

Und jeden Tag bemerkte Fredi, wie Hermann, dessen Vater eine Metzgerei besaß, immer einen großen Teil seines Wurstbrotes wegwarf.

„Erinnerst du dich noch dran, dass wir teilen sollen, was wir nicht brauchen?", fragte Fredi nach ein paar Tagen.

Hermann nickte. „Ja, warum?"

Fredi kratzte sich verlegen am Kinn. „Naja, ich hab mich nur gefragt, ob du dein Wurstbrot nicht mit mir teilen willst, wenn du sowieso nicht alles aufisst."

„Klar", sagte Hermann nur und die Sache war geregelt.

Von nun an hatte auch Fredi nach der Mittagspause immer einen vollen Bauch und Hermann konnte seinen Eltern sagen, dass die ganze Mahlzeit verputzt war.

* * *

Als Flüchtling in Selbitz war es nicht immer einfach, denn die meisten Einwohner akzeptierten sie noch immer nicht. Für eine Weile wurden die Kinder „Igel" oder „Stachelschweine" gerufen und Rudi und Willi waren öfters in Prügeleien verwickelt, weil sie sich die höhnischen Kommentare nicht gefallen lassen wollten. Rudolf pflegte in solchen Situationen stets zu sagen, dass es ihr Recht sei, sich zu verteidigen, doch Elsa war der Meinung, dass Kämpfen mit Sicherheit keine Lösung sei und zu nichts führen würde.

Rudi und Willi fühlten sich im Unrecht, wagten es aber nicht, ihrer Mutter zu widersprechen. Untereinander fragten sie sich jedoch manchmal, was wohl passiert wäre, hätten die Menschen in Hermannstadt sich gegen die Tschechen aufgelehnt und gekämpft. Sie wussten, dass sich an ihrer jetzigen Lage vermutlich nichts geändert hätte, aber dennoch wollten sie auch nicht einsehen, dass Unterwürfigkeit und Nichtstun die richtige Lösung sein sollte.

Der erste Winter in Selbitz brachte erste Herausforderungen, doch die Familie war vorbereitet. Nach der Schule und am Wochenende gingen die Kinder weiterhin zu den Metzgereien und Bäckereien der Stadt und erbettelten etwas Fleischbrühe und Brot. Ein weiteres Einkommen der Kinder wurde das Sammeln der Folie aus weggeworfenen Zigarettenschachteln. Über Wasserdampf konnte die Folie leicht von der Packung getrennt werden und dann bei einem Schrotthändler für ein paar Mark verkauft werden. Am Abend, nach der Ernte, gingen sie manchmal noch auf die Kartoffelfelder und gruben Kartoffeln aus, die die Bauern vergessen hatten. Es war meist bitterkalt, die Arbeit war hart, schmutzig und ermüdend, aber der Lohn der ganzen Schufterei waren oftmals mehrere Säcke voller Kartoffeln.

Neben Elsas Geschick in der Küche, war sie auch an der Klickerpresse so geschickt und fleißig, dass Herr Ludwig ihr anbot, Überstunden zu machen, soviel sie wollte. Im Gegenzug bot er ihr an, ihrem Mann und den Kindern feine Lederstiefel für einen sehr günstigen Preis zu verkaufen. Ohne Zögern stimmte Elsa zu.

Außer an Tagen, an denen die Kälte ihm schon auf dem Weg zur Arbeit in die Glieder kroch, genoss Rudolf seine neue Arbeit. An einem kalten Wintertag begleitete Fredi seinen Vater zum Sägewerk, und der Junge kam aus dem Staunen gar nicht mehr heraus. Ohne Punkt und Komma begann er seinen Vater über alle Funktionen der Maschinen auszufragen. Es gefiel Herrn Hartenstein, mit welchem Interesse der Junge bei der Sache war und er schlug Rudolf vor, dass er mit ihm noch mehr Geld verdienen könne. Dann führte er Fredi nach draußen und deutete auf die große Maschine, die Rudolf am ersten Tag bemerkt hatte.

„Das ist eine Bündelmaschine", sagte Hartenstein und zeigte Fredi, wie sie funktionierte. „Du packst hier Holz rein, bis es voll ist und dann nimmst du den Hebel und drückst die obere Form herunter, die die Holzstücke fest zusammenpresst. Dann machst du einen Draht um das Bündel und verdrehst die Enden mit einer Zange. Und dann öffnest du die Maschine wieder und nimmst das Bündel heraus." Er blickte zu Fredi hinunter, der mit einem Strahlen auf dem Gesicht neben ihm stand. „Du bist ja erst sieben Jahre alt, aber meinst du, du könntest die Maschine bedienen?"

Fredi nickte eifrig. „Ja, ja, da bin ich mir ganz sicher!"

Hartenstein lächelte und zwinkerte Rudolf zu. „Bist du dir sicher?"

„Ganz sicher!", sagte Fredi und drehte sich zu seinem Vater um. „Wenn es meinem Vater recht ist ..."

Als Rudolf seine Zustimmung gab, nickte Hartenstein und erklärte: „Dann machen wir es so. Du kannst an Samstagen oder nach der Schule so viel bündeln, wie du willst und ich sage dir dann, wohin die Bündel geliefert werden sollen. Du kannst den Wagen benutzen, den ich deinem Vater geliehen habe und ich zahle dir fünfzehn Pfennig für jedes Bündel. Wie hört sich das an?"

„Das ist sehr großzügig von Ihnen", antwortete Fredi begeistert.

Hartenstein grinste und streckte Fredi seine Hand hin, in die der Junge begeistert einschlug.

Von nun an lief Fredi jeden Samstag zum Sägewerk, bündelte und lieferte die Bündel anschließend aus. Seine zweite Lieferung endete mit einer kleinen Überraschung. Als der Mann an der Tür bemerkte, wie jung Fredi noch war und wie hart er arbeitete, drückte er ihm eine Mark in die Hand. Mit dieser Motivation arbeitete der Junge noch härter und länger. In der Regel kam er am Ende eines langen Tages mit drei oder vier Mark nach Hause, die allesamt in die Familienkasse wanderten. Fredi wollte nichts davon für sich behalten, war es ihm doch wichtig, dass die Familie wieder genügend Geld hatte und seine Eltern stolz auf ihn und auch seine Geschwister waren. Mit dem ersten Schneefall tat sich allerdings ein kleines Problem auf. Der Wagen blieb ständig im Schnee stecken und es schien, als seien Fredis Bemühungen bis zum Frühjahr buchstäblich auf Eis gelegt. Der Junge war verzweifelt und verstand es nicht, warum sein Vater ihn am nächsten Tag wie immer zum Sägewerk mitnahm. Als er dort ankam, stand ihm jedoch der Mund vor lauter Überraschung eine Weile offen. Ein kleiner Schlitten mit Seitenschutz stand dort, genau richtig, um weiterhin Brennholz auszuliefern.

„Den haben wir seit Jahren nicht mehr benutzt", sagte Hartenstein. „Aber du kannst ihn gerne benutzen, wenn du magst."

Fredi strahlte über beide Ohren und war begeistert, dass er auch weiterhin arbeiten konnte.

Die Arbeit nahm für die Familie Langer kein Ende, aber ihre Bemühungen waren nicht umsonst. Sie hatten ein warmes Zuhause, genug zu essen und mittlerweile auch relativ neue Kleidung. Das Wichtigste aber war das Wissen, das Elsa einmal so treffend verkündet hatte: „Es ist nicht Gottes Wille, uns ruiniert zu sehen!"

Da Rudolf während der Winterzeit im Sägewerk arbeitete, hatte er schnell eine günstige Alternative gefunden, die Wohnung zu heizen: Ein Sägespanofen wurde angeschafft und mithilfe der Sägespäne der Fabrik konnten sie die Wohnung stundenlang mollig warm halten. Somit hatte der Schlitten noch eine weitere Verwendung gefunden: Während der Wintermonate sah man die Langerkinder eifrig mit einem Schlitten voller Sägespäne nach Hause stapfen.

ELF

An Heiligabend wachte Fredi früher auf als sonst. Der Ofen hatte das Zimmer die ganze Nacht lang warmgehalten, und er hatte tief und fest geschlafen. Draußen war es noch dunkel, aber Fredi entdeckte überrascht, dass sein Vater schon die Wohnung verlassen hatte. Er schlich hinüber in den anderen Raum, wo seine Mutter gerade Holz in den Herd schob, aber sein Vater war nirgends zu sehen.

„Wo ist denn Tata?", fragte er.

„Das weiß ich nicht", erwiderte Elsa. „Als ich aufgewacht bin, war er schon weg."

Fredi zuckte mit den Schultern. „Na, dann werde ich mal allein zum Sägewerk gehen."

Seine Mutter sah ihn tadelnd an. „Bevor du das tust, isst du aber noch ein Marmeladenbrot. Du sollst doch nicht immer so in Eile sein."

„Aber ich muss doch die Bündel ausliefern!", protestierte Fredi.

„Fünfzehn Minuten früher oder später werden schon niemandem den Tag ruinieren", entgegnete Elsa und Fredi setzte sich. In diesem Moment betraten auch die anderen Kinder die Küche und wollten sogleich wissen, wo denn ihr Vater wäre. Sie bekamen die gleiche Antwort wie Fredi. Schließlich gingen die Kinder gemeinsam ins Badezimmer und Elsa begann ein Lied zu summen, während sie das Frühstück zubereitete. Die Kinder hielten für einen Moment inne und sahen sich verblüfft an.

„Was ist denn da los?", wisperte Rudi. „Mama hat nicht mehr gesungen, seitdem wir Hermannstadt verlassen haben!"

Irgendetwas stimmte hier nicht, aber keines der Kinder ahnte, was es war. Der Tag nahm seinen ganz normalen Lauf. Die Jungen erledigten ein paar Hausarbeiten und Gerti half ihrer Mutter mit dem Waschen der Kleidung und der Bettwäsche. Irgendetwas aber war ungewöhnlich. Alle hatten sich gerade zum Frühstück hingesetzt, als die Tür aufging und Rudolf hereinkam.

„Wo bist du denn gewesen, Tata?", fragte Gerti.

„Nur ein paar Besorgungen machen", antwortete ihr Vater beiläufig.

„Was denn für Besorgungen?", bohrte Rudi.

„Fragen, Fragen, nichts als Fragen", sagte Rudolf und setzte sich. „Das ist alles, was ihr Kinder habt."

Fredi kratzte sich verwirrt am Kopf. „Aber Tata, du hast doch gesagt, dass wir immer fragen sollen. So lernt man Dinge."

Rudolf grinste. „Da hast du recht. Jetzt esst euer Frühstück und dann zieht euch warm an und dann sehen wir mal, ob eure Fragen beantwortet werden."

Die Kinder ließen sich das natürlich nicht zweimal sagen und schlangen ihr Frühstück so schnell wie möglich hinunter. Dann schlüpften sie schnell in ihre Winterjacken und riefen: „Wir sind fertig!"

„Mach dich auch fertig, Elsa", sagte Rudolf. „Und bring ein paar Decken mit!"

Jetzt waren die Kinder wirklich aufgeregt. Es war lange her, seitdem ihre Eltern sie überrascht hatten und ihre Vorfreude wuchs mit jedem Schritt, den sie in Richtung Ausgang machten. Rudolf öffnete die Eingangstür der Schuhfabrik und die Kinder brachen in Begeisterungsrufe aus, als sie einen Pferdeschlitten vor der Tür warten sahen.

„Na los!", sagte Rudolf. „Der Schlitten wartet nicht ewig. Steigt auf und wickelt euch warm ein." Er musste nichts weiter sagen. Die Kinder sprangen auf den Rücksitz und Rudolf und Elsa setzten sich zusammen auf den vorderen Sitz. Bevor die Peitsche in der Luft knallte, begannen die Fragen von Neuem: „Wo fahren wir denn hin?" „Was ist denn mit unseren Aufgaben zuhause?" „Wo hast du den Schlitten her?" „Kann ich mal auf dem Pferd reiten?"

„Alles zu seiner Zeit", sagte Rudolf nur und lächelte geheimnis-
voll. „Lehnt euch zurück und genießt einfach nur die Fahrt." Es
war lange her, seitdem die Familie etwas gemeinsam unternommen
hatte. Heute schien ein besonderer Tag zu sein. Die Fahrt durch die
Stadt im Schlitten, den Hartenstein Rudolf geliehen hatte, machte
die Kinder glücklich. Für einen Moment fühlten sie sich wie alle
anderen Kinder in der Schule. Sie lachten und neckten sich und
schließlich stimmten sie gemeinsam Weihnachtslieder an.

Der Schlitten bog von der Straße ab, vorbei an Hartensteins Haus
und fuhr dann in Richtung Wald. Vor ihnen lag ein Anblick wie aus
einem Bilderbuch: Große, dunkelgrüne Fichten mit Schnee bedeckt,
auf dem die ersten Sonnenstrahlen des Tages zu glitzern begannen.
Erinnerungen an zuhause kamen auf, Erinnerungen an bessere Zeiten, an Weihnachten, an eine verlorene Vergangenheit. Was ihr Vater
wohl vorhatte? Voller Erwartung hielten sie den Atem an, als der
Schlitten endlich zum Stehen kam.

Rudolf drehte sich zu den Kindern um und sagte: „Na los. Jetzt
suchen wir uns den perfekten Weihnachtsbaum aus!"

Die Kinder jubelten und hopsten nacheinander vom Schlitten.
Sie tollten zusammen durch den Schnee und jeglicher Gedanke an
Hausarbeiten oder sonstige Arbeit war vergessen. Die Überraschung
war für die Kinder umso größer gewesen, denn niemand hatte daran geglaubt, dass sie dieses Jahr Weihnachten feiern würden. Während ihre Mitschüler in den Pausen über große Feste mit Freunden
und Familien, Weihnachtsgottesdienste und Heiligabend sprachen,
dachten die Kinder der Familie Langer stets, dass der Heiligabend in
diesem Jahr ein Tag wie jeder andere werden würde.

Jetzt aber waren diese etwas trüben Gedanken wie weggeblasen.
Rudi lachte, als er einen Schneeball formte und Willi hinterher warf,
ihn aber meilenweit verfehlte. Willi warf zurück, traf aber stattdessen Fredi. Jetzt mischte auch der Jüngste in der Schneeballschlacht

mit und nach ein paar Minuten machte auch Gerti mit. Rudolf und Elsa beobachteten ihre Kinder und ein wohliges Gefühl der Zufriedenheit breitete sich in ihnen aus. Sie hielten sich an den Händen und waren froh darüber, ihre Kinder wieder einmal lachen zu sehen. Seitdem sie damals aus Hermannstadt vertrieben worden waren, hatte ihr Leben aus nichts anderem bestanden als Not, Arbeit und Hunger. Jetzt aber, in diesem Augenblick, war das alles vergessen.

Rudolf schulterte eine Axt und ging mit Elsa an seiner Seite hinüber zu den Bäumen. Die Kinder folgten ihnen, noch immer kichernd und Schneebälle werfend.

„Da drüben!", rief Rudi plötzlich. „Da ist einer!"

„Der ist zu klein", befand Rudolf. „Wir wollen doch einen Baum, der bis an die Decke reicht."

Die Kinder quietschten vor Freude.

„Dann ist es der da!", rief Gerti und zeigte auf einen Baum.

„Der ist zu licht gewachsen", sagte Rudolf. „Wir wollen doch einen großen, dichten, runden Baum!"

Nach etwa zehn Minuten blieb die Familie vor einem Baum stehen. Das war er! Niemand sagte etwas, weil alle wussten, dass sie soeben den perfekten Baum gefunden hatten. Rudolf schüttelte den Baum, damit der Schnee von den Ästen fiel und setzte die Axt an. Ein gewaltiger Schlag traf den Stamm. Dann richtete sich Rudolf auf und reichte plötzlich Elsa die Axt. „Jetzt du", sagte er. „Das hier wird unser erster Familienbaum."

Elsa war überrascht von seinen Worten, doch dann verstand sie, was Rudolf mit dieser Geste sagen wollte. Nachdem sie ihren Schlag angesetzt hatte, reichte sie die Axt weiter an Gerti. So wurde die Axt durch die ganze Familie gereicht, bis Rudolf mit einem letzten Schlag den Baum zum Umkippen brachte. Alle jubelten, dann wurde der Baum zurück zum Schlitten gezerrt und dort befestigt. Alle kuschelten sich jetzt unter die Decken, mit rosigen Wangen und funkelnden Augen fuhren sie zurück nach Hause. Die Kinder stimmten wieder Weihnachtslieder an. Ihr Fest würde mit Sicherheit nicht so pompös ausfallen wie das der meisten anderen Familien in Selbitz, aber es würde ein besonderer Abend für sie alle werden. Zuhause angekommen, nagelte Rudolf zwei Holzleisten an das Stammende des Baumes und gemeinsam schleppten sie den Baum die Treppe hoch. Es war anstrengend, aber trotz allem lachten und scherzten sie weiterhin. Mit dem riesigen Baum wurde es etwas zu eng in der Stube, aber das war ihnen allen ziemlich egal. Alle waren froh darüber, Weihnachten endlich wieder so zu feiern wie damals in Hermannstadt.

„Habt ihr noch etwas Alufolie?", fragte Rudolf die Kinder, als der Baum auf der richtigen Stelle stand.

„Ja, Tata", antwortete Rudi und fragte sich, was sein Vater damit wohl wollte.

„Nun, ich denke, dieses eine Mal solltet ihr sie nicht verkaufen, sondern stattdessen in den Baum hängen."

Die Kinder waren begeistert von der Idee. Als zusätzliche Über-raschung holte Rudolf plötzlich noch eine Handvoll kleiner Kerzen aus seiner Jackentasche und reichte sie den Kindern. „Vielleicht könnt ihr die ja auch noch in den Baum hängen."

Alle waren sprachlos. Ihr Weihnachtsbaum sah jetzt fast so aus wie der, den sie immer gehabt hatten! Elsa wandte sich kurz ab, als sich ihre Augen mit Freudentränen füllten.

Als Rudolf den Schlitten zurück zu Hartensteins Hof brachte, machten sich die Jungen daran, Lametta aus der Alufolie zu basteln und den Baum damit zu schmücken. Vorsichtig befestigten sie dann die Kerzen im Baum. Elsa und Gerti machten sich zusammen daran, ein leckeres Festessen zu kochen. Ein besonderer Genuss würde die Nachspeise sein: Mohnschlitschken, ein geschichteter Mohnkuchen. Zuerst wurden gebutterte Scheiben Weißbrot in Milch eingeweicht, dann wurde eine Seite des Brotes mit Mohn bestreut und mit einer Schicht Zucker bedeckt. Fünf Schichten davon wurden in eine große Pfanne gelegt und gebacken, bis es knusprig braun wurde.

Als Rudolf wieder nach Hause kam, hatte er einen Leinensack über die Schulter geworfen und die Kinder rannten sogleich neugierig zu ihrem Vater. Was er wohl diesmal dabei hatte? Aus dem Sack fischte Rudolf schließlich ein Huhn, schon gerupft und fertig zum Braten. Elsa schlug die Hände über dem Kopf zusammen und wollte ihren Augen kaum trauen. Dann griff Rudolf erneut in den Sack und holte sechs Äpfel hervor. Vier gingen an die Kinder und wurden unter den Baum gelegt und zwei wurden in das Huhn gestopft, um ihm mehr Geschmack zu verleihen.

„Der Baum sieht wunderschön aus", sagte Rudolf anerkennend und die Jungen strahlten voller Stolz. „Und das ganze Haus riecht so gut!"

„Nicht annähernd so gut, wie es bald noch riechen wird!", entgegnete Elsa und nahm ihm das Huhn aus der Hand.

Als sie und Gerti sich wieder dem Kochen zuwandten, plauderte Rudolf mit den Jungen über die Schlittenfahrt und die Abenteuer des Tages. Und dann, ganz behutsam, lenkte Rudolf das Gespräch auf das Prinzip der Ehrlichkeit, der Moral und der Ethik, ganz in der Hoffnung, dass die Jungen verstanden, was er ihnen erzählte.

Obwohl Elsa in der Küche alle Hände voll zu tun hatte, vermisste sie ihre Freunde und Nachbarn aus der früheren Heimat und fragte sich mehr als einmal, was wohl aus ihnen geworden war. Würden sie heute Abend auch um den Weihnachtsbaum sitzen?

Als die Sonne unterging, deckte sie den Tisch und die Kerzen am Baum wurden angezündet.

Rudolfs Segensspruch war heute länger als sonst und als er fertig war, erzählte Elsa die Weihnachtsgeschichte. Mit einem voller Liebe und Zufriedenheit erfülltem Gesicht blickte sie zu dem Kreuz an der Wand und dankte Gott für alles, was sie erhalten hatten. Dieses Weihnachten würde mit Sicherheit einen besonderen Platz in ihren Erinnerungen erhalten.

* * *

Der erste Weihnachtstag brachte ein weiteres unvorhergesehenes Ereignis für die Familie. Sie blieben daheim, entspannten sich am warmen Ofen und knabberten an Resten der wunderbaren Mahlzeit von der letzten Nacht. Aber irgendwie verspürten Rudolf und Elsa auch eine gewisse Unruhe, weil sie nirgendwo arbeiteten. Nach dem Abendessen gingen die Kinder nach draußen und spielten eine Weile im Schnee, während Rudolf sich an den Tisch setzte und Zeitung las. Als er aufblickte, sah er, wie Elsa aus dem Küchenfenster starrte. Er spürte ihre Melancholie und wusste, dass sie ihr altes Leben vermisste. Heute ist ein wunderschöner Tag, dachte Rudolf. Er sollte nicht mit traurigen Gedanken verdorben werden. Er stand auf, griff nach seiner Jacke und reichte Elsa ihren Mantel. „Zieh dich an. Wir machen einen Spaziergang."

„Aber es ist doch fast dunkel!", protestierte sie.

„Ist das nicht die perfekte Zeit für einen Spaziergang?", fragte Rudolf und half ihr in den Mantel. Die beiden verließen die Wohnung und traten hinaus in die kalte Winterluft. „Kinder! Wir gehen spazieren", riefen sie, und die Kinder versammelten sich sogleich begeistert um sie herum. Es war ihnen völlig egal, wo es hingehen sollte, Hauptsache, sie waren zusammen. Ein leichter Schneefall setzte ein, als sie langsam zum Marktplatz der Stadt hinübergingen. Als sie näherkamen, trug der Wind leise Musik zu ihnen hinüber. Der Platz war geschmückt mit bunten Lichtern, die im Mondlicht glitzerten und bunte Punkte auf den Schnee warfen. Die ganze Szene sah aus wie in einem Märchen, und die Kinder kamen aus dem

Weihnachtsabend am Marktplatz der Stadt Selbitz,
in den 50er Jahren.

Staunen gar nicht mehr heraus. Es hatten sich einige Leute auf dem
Platz vor einer Gruppe Musikanten versammelt. Als die Familie
Langer hinzustieß, stimmten sie gerade Weihnachtslieder an. Für
einen flüchtigen Moment fühlten sie sich, als wäre genau dies der
Ort, an den sie hingehörten. Schnapsgläser mit Jägermeister wurden
herumgereicht, die Stimmung wurde lockerer und die Erwachsenen
fühlten, wie sich eine wohlige Wärme in ihnen ausbreitete.

Auf der anderen Seite des Platzes stand ein kleines Wirtshaus,
voll mit Menschen, die zusammen ausgelassen feierten und sangen.
Rudolf packte Elsa am Arm und lächelte ihr zu. „Wir haben genug
gearbeitet. Komm, heute Abend feiern wir." Mit diesen Worten betraten sie das Wirtshaus, die Kinder im Schlepptau.

Herr Tunger, der rundliche Besitzer des Wirtshauses, begrüßte
sie und lächelte. Seinen Mund konnte man unter einem riesigen

Schnurrbart nur erahnen. Er hielt ein großes Tablett mit Schnaps-
gläsern in der Hand und wies Elsa und Rudolf an, eines zu nehmen.
Die beiden ließen sich das nicht zweimal sagen und leerten das Glas
mit einem Zug.

„Und noch eins!", sagte Tunger lachend. „Und noch eins!" Elsa
und Rudolf stimmten in sein Lachen ein und nahmen sein Angebot
an.

Der große Raum war getäfelt mit dunklem Eichenholz und gefüllt
mit glücklichen Gästen; Männer, Frauen, Kinder. Rudolf und Elsa
schlugen sich bis zur Theke durch und nahmen noch ein Gläschen
Schnaps. Sie verspürten ein Gefühl der Gemeinschaft, als sie mit
den anderen Gästen tranken.

Heute Abend gab es keinen Unterschied zwischen Flüchtlingen
und Einheimischen. Sie alle waren jetzt Einwohner von Selbitz, die
gemeinsam eine wunderbare Zeit erlebten. Die Kinder bekamen
jeder eine süße Limonade und sobald jemand ein neues Lied anstimmte, sangen sie voller Inbrunst mit.

Als sie später nach Hause gingen, warfen die Kinder mit Schnee-
bällen, bis ihre Hände vor lauter Kälte ganz steif wurden. Sie drehten sich um und sahen, wie ihre Eltern etwas unsicher Hand in Hand
durch den Schnee stolperten und immer noch aus vollem Hals Weihnachtslieder sangen.

Als alle in dieser Nacht eingeschlafen waren, lag Fredi noch immer hellwach in seinem Bett. Wie immer hatte er vor dem Zubett-
gehen sein Gebet gesprochen, besonders für Fritzl. Er hoffte, dass
sein treuer Freund ein neues Zuhause gefunden hatte und dass es
ihm genauso gut ging wie bei ihnen damals. Dennoch konnte er
einfach nicht einschlafen. Er stand auf und tapste zum Fenster. Der
Ofen hielt das Zimmer noch immer behaglich warm, sodass er nicht
fröstelte, als er die glänzenden Sterne am klaren Nachthimmel betrachtete. Er dachte darüber nach, was sein Vater ihnen gestern alles

erzählt hatte und mit einem Mal war er sehr dankbar darüber, dass er so tolle Eltern und Geschwister hatte. Was sie nicht schon alles für ihn getan hatten! Und sei es nur ein kleiner Apfel unter einem großen Tannenbaum.

* * *

An den Tagen zwischen Weihnachten und Neujahr hatten die Kinder Schulferien. Die meisten Leute in Selbitz machten in dieser Zeit Urlaub oder entspannten sich ganz einfach zuhause. Die Familie Langer jedoch ging wie eh und je zur Arbeit – Rudolf ins Sägewerk, Elsa in die Schuhfabrik und die Kinder taten mal dies, mal das. An Silvester hatten jedoch alle wieder frei und konnten gemeinsam sich ausruhen.

Der erste Schultag im neuen Jahr war quirlig. Alle Kinder plapperten drauflos und erzählten, was sie alles zu Weihnachten bekommen hatten, welche Verwandten sie besucht hatten oder wohin sie in den Urlaub gefahren waren. Die Kinder der Familie Langer hatten nichts dergleichen zu erzählen und hielten sich deshalb aus den Gesprächen heraus. Neue Kleidung war schön und gut, aber sie hatten mittlerweile genug. Besuche von Verwandten waren auch immer nett, aber wo hätten sie noch mehr Leute in ihrer kleinen Wohnung unterbringen können? Und obwohl Urlaub ziemlich verlockend klang, gefiel es ihnen hier mittlerweile gut, und sie waren froh darüber die Zeit mit der Familie verbringen zu können.

Fräulein Wölfel fragte jedes der Kinder nach ihrem Lieblingsgeschenk. Eins nach dem anderen standen die Kinder auf und erzählten von ihrem besten Geschenk. Es schien Fredi, als wollte jeder seinen Vorgänger übertrumpfen.

Als Fredi schließlich an der Reihe war, stand er auf und grinste. „Ich habe einen Apfel bekommen."

Im Raum wurde es ganz still und es schien, als wüsste selbst Fräulein Wölfel nicht, was sie sagen sollte. Dann begannen die Fragen: „Du hast nur einen Apfel bekommen?!" „Warst du böse?" „Das ist alles?"

Fredi blickte sich um und war ganz verwirrt darüber, was diese ganzen Fragen sollten.

„Das reicht jetzt!", sagte schließlich Fräulein Wölfel energisch. „Ihr seid alle sehr unhöflich, und wenn das so weitergeht, werde ich mit euren Eltern reden müssen."

Mit einem Schlag waren die Kinder still. „Alfred, es ist sehr schön, dass du einen Apfel bekommen hast. Es gibt ganz viele Kinder, die überhaupt nichts zu Weihnachten bekommen. Ihr könnt euch alle sehr glücklich schätzen." Sie hielt einen Moment inne und fragte dann lächelnd: „Alfred, kannst du uns sagen, warum dieser Apfel für dich so besonders war?"

Fredi dachte einen Augenblick nach. „Jedes Jahr, nachdem wir den Weihnachtsbaum geschmückt haben, legen meine Eltern einen Apfel für mich und auch für alle meine Geschwister unter den Baum. Das ist eine ..." Er zögerte und suchte nach einem passenden Wort. Dann erinnerte er sich plötzlich. „Fräulein Wölfel, können sie sich noch erinnern, als alle ihre Zuckertüten dabei hatten und ich gefragt habe, was das ist?"

„Ja."

„Ich habe doch damals gefragt, warum alle Kinder diese Dinger mitgenommen haben und Sie haben dann gesagt es wäre eine ..."

„Tradition?", half ihm seine Lehrerin auf die Sprünge.

„Ja!", rief Fredi. „Das ist es. Unsere Eltern geben uns Äpfel, weil es eine Tradition ist. Das haben wir schon immer so gemacht. Meine Familie hat alles, was wir brauchen." Die Worte des kleinen Jungen waren so ehrlich, dass Fräulein Wölfel sich abwenden musste, um keine Tränen in die Augen zu bekommen.

In der Mittagspause aßen die Kinder drinnen. Draußen war es viel zu kalt und es schneite, sodass jeder lieber an seinem eigenen Tisch aß.

Hermann beugte sich zu Fredi hinüber und fragte: „Und du hast wirklich nur einen Apfel bekommen?"

„Ja."

„Nichts zum Anziehen?"

„Habe ich doch genug."

„Kein Spielzeug?"

„Da hab ich keine Zeit zu."

„Und was hast du dann an Weihnachten gemacht?", fragte Hermann ungläubig.

Fredi grinste und beschrieb den bis dato schönsten Tag seines Lebens; die Schlittenfahrt, das Tollen im Wald, den Weihnachtsbaum, wie sie den Baum geschmückt hatten, das großartige Essen seiner Mutter und das Gelächter am Tisch. Und als er so lebhaft erzählte, kamen auch die anderen Kinder und versammelten sich rings um seinen Schreibtisch. Alle lauschten gebannt und als er schließlich fertig war mit seiner Erzählung, dachte Fredi, dass manche der Kinder sich nun wünschten, auch nach einem solchen Tag nur einen kleinen Apfel geschenkt bekommen zu haben.

* * *

Endlich kam der Frühling, und als der Schnee schmolz, brauchte Fredi den kleinen Schlitten nicht mehr. Jetzt konnte er wieder den Wagen benutzen. Das ständige Ziehen des schweren Schlittens während der Wintermonate hatte Fredi einen für sein Alter stark durchtrainierten Körper beschert, und da er stärker war als die meisten seiner Mitschüler, wurde er jetzt auch nicht mehr gehänselt. Das laue Wetter des Frühlings brachte auch eine weitere Veränderung mit sich. Elsa beschloss, dass es nun endlich Zeit sei, die katholische Kirche im Nachbarort Naila zu besuchen. An den meisten Sonntagen gesellte sich Rudolf zu seiner Familie und sie liefen die drei Kilometer gemeinsam, doch manchmal gab es so viel Arbeit, dass er sich einfach nicht losreißen konnte. An diesen Tagen begleitete ihr Nachbar, Herr Ulrich, Elsa und die Kinder. Die Kinder freuten sich immer, wenn er mitkam – jedes Mal drückte er ihnen nämlich heimlich zehn Pfennig in die Hand, genau der Preis für ein leckeres Eis.

Der Sommer kam und die Kinder hatten endlich Sommerferien. Doch statt purer Entspannung brachte die Wärme aber auch jede Menge Arbeit mit sich. Fredi arbeitete nun fünfeinhalb Tage in der Woche. Herr Hartenstein hatte während der Sommermonate immer mehr Kunden. Auch die anderen Kinder der Familie betätigten sich hart während der Sommerferien. Rudi half bei einem Fliesenleger aus und mischte tagein, tagaus Mörtel und Willi arbeitete auf verschiedenen Baustellen. Als die Schule wieder losging, arbeiteten die Kinder weiter, allerdings nur in geringem Maße.

Im Laufe der Zeit verbesserte sich auch die finanzielle Lage der Familie, sodass die Kinder im Winter in der Lage waren, sich Skier und Schlittschuhe zu kaufen. Mit den angeschraubten Kufen unter den Füßen flitzten sie alsbald über die zugefrorene Selbitz, unter der Reußenbrücke hindurch, bis zu Schirners Kiosk und das Rathaus. Vor nicht allzu langer Zeit hatten sie genau hier darauf gewartet, dass sie jemand abholt. Damals war es ein trauriger Tag gewesen, aber zum Glück hatte sich nun alles zum Guten gewendet.

* * *

Mittlerweile erfuhren die Langers auch mehr von der Welt als früher in Hermannstadt. Rudolf erfuhr, dass während der sechs langen Kriegsjahre Millionen von Menschen den Tod gefunden hatten.

Praktisch jede Familie im Land hatte einen Angehörigen verloren und fast alle mussten ihren Lebensstandard, den sie vor dem Krieg hatten, aufgeben.

Da die männliche Bevölkerung durch den Krieg stark dezimiert war, ermutigte die deutsche Regierung ab 1949 Familien dazu, wieder mehr Kinder auf die Welt zu bringen, und unterstützte sie dann mit Kindergeld. Für jedes Kind wurde monatlich bis zum achtzehnten Lebensjahr Geld ausgezahlt. Das „deutsche Wirtschaftswunder" wurde bald in der ganzen Welt bekannt und wurde ein Riesenerfolg – und es sicherte eine neue Generation ab, die später beim Wiederaufbau des Landes helfen würde.

Die Langer-Familie profitierte besonders von dieser finanziellen Unterstützung.

ZWÖLF

Am 27. Juni 1948 wurde Karl Heinz Langer mithilfe einer Hebamme in ihrer kleinen Wohnung geboren, während die anderen Kinder draußen spielten.

Obwohl das Treppensteigen für Elsa in den nächsten Wochen noch eine Herausforderung war, ging sie schon drei Tage nach der Geburt wieder arbeiten. Allerdings gab es auch andere Herausforderungen zu bestreiten als nur das Treppensteigen. In der ersten Zeit schlief Heinz bei seinen Eltern, bis Rudolf eine kleine Krippe für ihn baute und sie in die Küche stellte. Dort schlief der Kleine und Elsa konnte sich um ihn kümmern, wenn er in der Nacht schrie, ohne dass die anderen aufgeweckt wurden. Die größte Herausforderung war jedoch die Betreuung des Kleinen. Elsa und Rudolf mussten beide arbeiten und so wurde es schnell klar, dass die Geschwister tagsüber das Baby versorgen mussten.

Gerti liebte die Verantwortung und kümmerte sich hingebungsvoll um ihren kleinen Bruder. Während der Schulferien klappte es gut, doch bald würden alle Kinder wieder in die Schule gehen und dann musste eine andere Lösung her. Nach langen Diskussionen wurde beschlossen, dass die Kinder abwechselnd einen Tag in der Woche zuhause bleiben würden, um ihren kleinen Bruder zu betreuen. Zunächst gefiel allen diese Idee recht gut und die Aussicht, einen Tag schulfrei zu bekommen, war verlockend. Doch dann stellte sich relativ schnell heraus, dass das Versorgen eines Babys kein Zuckerschlecken ist und sie nebenher ja noch alles nachholen mussten, was sie versäumt hatten. Beides zusammen klappte meist nicht und bald wurden alle schlechter in der Schule.

Obwohl sich das Leben der Familie Langer stark gebessert hatte, wurde nun schnell klar, dass zwei kleine Zimmer für sieben Personen einfach viel zu wenig waren. Alle Kinder hatten Kleidung,

Schulbücher, Schultaschen, Schlittschuhe und sogar Skier, die irgendwo untergebracht werden sollten. Ihre gemütliche Wohnung wurde langsam aber sicher viel zu klein.

* * *

An einem Tag in der Woche wusch Elsa die Bettwäsche der Familie in einem Zuber, bevor sie zur Arbeit ging. Derjenige, der sich an diesem Tag um Heinz kümmern musste, würde die Wäsche später auf einer Wiese am Bach bleichen. An diesem Tag war Fredi an der Reihe und er schob Heinz im Kinderwagen vor sich, einen Wagen mit der Wäsche hinter sich herziehend. Als er an der Selbitz angekommen war, breitete er die Wäsche auf dem Gras aus und begoss die Wäsche mit dem Wasser aus dem Bach. Die Sonne schien und die Laken wurden bald wieder schneeweiß. Während er dies tat, schob Fredi den Kinderwagen manchmal ins seichte Wasser, damit Heinz seine kleinen Füßchen ins Wasser strecken konnte. Der Kleine schien es zu genießen und wurde ganz ruhig, was Fredi die Kinderbetreuung natürlich wesentlich einfacher machte.

Ein paar Tage später gingen Fredi und ein paar Jungen hinunter an den Fluss, um mit einem langen Stab ans andere Ufer zu springen. Einer nach dem anderen holten sie Anlauf, stießen den langen Stab ins Wasser und katapultierten sich auf die andere Seite. Jeder erfolgreiche Versuch wurde mit Beifall von den anderen belohnt. Als Fredi an der Reihe war, sprintete er wie alle anderen los und stieß die Stange in die Mitte des Flusses. Allerdings hatte er nicht genug Schwung gehabt, und so baumelte er nun an der Stange in der Mitte des Flusses. Die anderen Jungen johlten auf und Fredi fragte sich besorgt, was er jetzt wohl tun sollte. Diese Frage wurde ihm jedoch schneller beantwortet, als ihm lieb war. Sein Gewicht war zu viel für die Stange und mit einem Mal war er im kalten Wasser gelandet.

Völlig durchnässt und gedemütigt stand er da bis zur Hüfte im Wasser und sah, wie die anderen Jungen lachend auf ihren Fahrrädern davonfuhren. Fredi war sich nicht so sicher, ob er traurig sein sollte, weil die anderen ihn ausgelacht hatten oder deswegen, weil er als Einziger kein Fahrrad besaß. Als er sich auf die Wiese setzte und darauf wartete, bis die Sonne ihn wieder getrocknet hatte, beschloss er insgeheim, dass er irgendwie ein eigenes Fahrrad auftreiben würde.

Als er am nächsten Tag alle Bündel ausgeliefert hatte, marschierte Fredi schnurstracks zum Fahrradladen von Herrn Seidel. Mit seiner Hilfe baute Fredi ein Fahrrad aus Schrotteilen zusammen. Es sah zwar irgendwie seltsam aus, funktionierte aber bestens.

DREIZEHN

Nach dem Sommer kam der Herbst, und auf den Herbst folgte der Winter. Nach den Weihnachtstagen und dem Beginn des neuen Jahres erhielt die Familie ein verspätetes Geschenk: Die Geburt von Sohn Nummer fünf, Harald Langer am 2. Januar 1950.

Die Routine der Familie blieb jedoch wie gehabt. Die Eltern arbeiteten jeden Tag und die Kinder blieben je einen Tag in der Woche zuhause, um sich um Heinz und Harald zu kümmern. Die zwei kleinen Räume waren jetzt jedoch wirklich viel zu klein geworden. Rudolf suchte verzweifelt nach einer neuen Wohnung, doch es schien alles zu teuer zu sein. Der einzige Hoffnungsschimmer war, dass sich die Familie ohnehin nur zum Essen und zum Schlafen gemeinsam in der Wohnung aufhielt.

An einem schönen Frühlingstag spielte Fredi zusammen mit ein paar anderen Kindern Fußball auf der Straße vor der Schuhfabrik. Alle waren in das Spiel vertieft, bis ein Junge plötzlich auf seine Taschenuhr schaute und rief: „Es ist Zeit zu gehen!"

Fredi stand verwirrt in der Mitte der Straße, als plötzlich alle aufhörten zu spielen und davonliefen. Neugierig folgte er den anderen Kindern, die in den nahegelegenen Wald liefen.

„Warum haben wir denn aufgehört?", fragte er neugierig und versuchte, das Tempo der Anderen mitzulaufen. „Und wohin gehen wir?"

„Wir gehen in die Blockhütte. Es ist Zeit für Bruder Matheus' Jugendstunde", antworteten sie ihm. Fredi war das nicht Erklärung genug und ein Junge erklärte ihm, dass jede Woche zu dieser Zeit eine Jugendstunde stattfand. Bruder Matheus war Direktor der evangelischen Jugendgruppen und verantwortlich für den Bau der Blockhütte, die nun als Ort für gemeinsames Spielen, Singen und Beten für Kinder zwischen fünf und fünfzehn diente. Fredi hatte ihn schon oft gesehen, ein netter junger Mann, der immer freundlich war und scheinbar einen guten Draht zu den Kindern hatte.

Als die Gruppe das Blockhaus erreichte, blieb Fredi stehen und fragte: „Kann ich mit reinkommen?"

Die anderen Kinder blieben stehen und starrten ihn an. „Nein, du bist ein Flüchtling", war ihre Antwort.

„Und ein Katholik!", rief ein Junge.

„Die Hütte ist nur für Evangelische", sagte ein anderer Junge. „Du darfst da nicht mit reinkommen."

Fredis Augen füllten sich mit Tränen, als er sah, wie die anderen Jungs in die Hütte gingen. Er fühlte sich, als wäre er ganz allein auf der Welt – so wie damals, am Prager Bahnhof. Niedergeschlagen setzte er sich auf einen nahegelegenen Baumstumpf und fragte sich, warum seine Familie nur so anders sein musste. Tapfer versuchte er, seine Tränen zurückzuhalten.

Als Bruder Matheus den Weg zur Hütte hinaufkam, bemerkte er Fredi sofort. Er blieb stehen, blickte den Jungen sanft an und fragte leise: „Warum bist du denn nicht drinnen bei den anderen?"

Fredi wischte sich über die Augen. „Die haben gesagt, ich darf nicht mit reinkommen, weil ich ein Flüchtling bin. Und ein Katholik."

Bruder Matheus setzte sich neben ihn und legte ihm beruhigend die Hand auf die Schulter. Seine Stimme klang tröstend: „Dann bist du bestimmt froh, dass endlich eure neue Kirche „Maria Hilf" im September 1952 fertig sein wird."

„Ja", sagte Fredi, obwohl das Bauen der neuen katholischen Kirche nun wirklich das Letzte war, woran er gerade dachte.

„Was ist dein Name?"

„Fredi."

Matheus lächelte aufrichtig. „Weißt du, Fredi, auch wenn wir Menschen alle unterschiedlich sind und manchmal auch an verschiedene Dinge glauben, liebt Gott uns doch alle. Hast du das gewusst?"

„Ja, das weiß ich."

„Verstehst du das auch?"

„Ja, meine Eltern haben's mir erklärt."

„Das klingt, als wären deine Eltern sehr gute Menschen", sagte Bruder Matheus und dachte einen Moment nach. „Hast du manchmal das Gefühl, dass du allein bist, Fredi? So ganz allein?"

Fredi schaute auf und nickte. „Ja, so fühle ich mich jetzt."

Bruder Matheus nickte. „Ich möchte dir etwas sehr Wichtiges sagen. Du bist nie alleine, denn Gott ist immer bei dir. In deinem Herzen." Dann stand er auf und streckte seine Hand aus. „Möchtest du rein zu den anderen?"

„Ja, das möchte ich schon. Aber die wollen das nicht", sagte Fredi seufzend.

„Na komm. Das werden wir uns mal ansehen", entgegnete Bruder Matheus und nahm seine Hand. Gemeinsam gingen sie in die Hütte, wo die anderen Kinder bereits spielten. „Jungs", sagte Bruder Matheus mit klarer Stimme. „Das hier ist Fredi, die meisten von euch kennen ihn bestimmt. Ich will, dass ihr alle wisst, dass er zur Jugendstunde hier willkommen ist."

Diese einfache Ansage sorgte dafür, dass Fredi ein Teil der Gruppe wurde. Bruder Matheus begann die Stunde mit einem Gebet und dann sangen sie Lieder und spielten Spiele. Bruder Matheus versammelte sie schließlich in einem Halbkreis und er erzählte Geschichten aus der Bibel, die alle verstanden.

Am Ende des Treffens beteten sie noch einmal zusammen und gingen dann alle nach Hause.

Als Fredi schließlich in der Wohnung ankam, hatte er tatsächlich das Gefühl, dass er zu der Gruppe gehörte und dass die anderen ihn akzeptierten.

* * *

Als Fredi, beziehungsweise Alfred wie er jetzt genannt wurde, elf Jahre alt war hatte er viele Freunde gefunden. Seine engsten Freunde waren jedoch Peter John, Gerhard Plessgot, Erich Weinczik und Klaus Wiesel, die wie er elf Jahre alt waren. Für eine gewisse Zeit waren die fünf unzertrennlich. Sie machten Fahrradausflüge durch den Frankenwald oder im Sommer zum Freibad in Naila. Manchmal gingen sie auch im Königsee schwimmen, der einst ein Steinbruch gewesen war und sich irgendwann mit Wasser gefüllt hatte. Normalerweise fuhren die Jungen erst nach Einbruch der Dunkelheit dorthin und schwammen nachts. Obwohl der See sehr tief war, musste man doch auf scharfkantige Felsen aufpassen, was eine wahre Herausforderung im Dunkeln sein konnte. Die Jungen waren in ihrer Freizeit genauso schelmisch wie in der Schule, tuschelten ständig miteinander, ärgerten andere Jungen oder rangelten miteinander.

Herr Eckhardt, ihr Lehrer in der sechsten Klasse, hatte schon mehrere Warnungen an die Jungs herausgegeben, aber eines Tages riss ihm der Geduldsfaden. Abrupt beendete er seinen Klassenvortrag und rief: „Peter, Gerhard, Erich, Klaus und Alfred! Kommt nach vorne!"

Ihre Klassenkameraden kicherten, als die fünf widerwillig nach vorne schlichen und sich vor das Pult stellten. Ihr Lehrer schaute sie mit strengem Blick an. „Ihr habt diese Klasse zum letzten Mal gestört!", schnappte er. „Eure Eltern werden von mir informiert und ihr werdet hart bestraft!" Aus dem Augenwinkel bemerkte Herr Eckhardt, wie Alfred seine Hand in die Hosentasche steckte. Obwohl er es unbeabsichtigt getan hatte, brachte diese Geste das Fass zum Überlaufen. Herr Eckhardt wurde noch wütender, holte aus und schlug Alfred mit der offenen Hand ins Gesicht. Der Schlag kam so unerwartet, dass Alfred das Gleichgewicht verlor und rücklings umfiel. Er stolperte über das Pult und warf die ganze Tafel um. Das Pult landete auf dem Boden und von ihm purzelten Schwämme, Kreide, Bücher und ein Papierstapel vom Pult. Die ganze Klasse war nun auf den Beinen, die Mädchen kreischten auf und dann wurde es plötzlich ganz still. Inmitten des Durcheinanders hob Alfred die Hand und hielt ein Taschentuch in die Höhe. Er hatte nicht respektlos sein wollen, er hatte doch nur nach seinem Taschentuch gesucht, um sich die Nase zu putzen! Herr Eckhardt bemerkte seinen Fehler ebenso wie der Rest der Klasse, wollte ihn aber nicht eingestehen und sich schon gar nicht bei Alfred entschuldigen. „Seht zu, dass ihr diesen Schlamassel hier aufräumt, und dann geht zu eurem Platz!", knurrte er.

Die Klasse machte danach weiter, als sei nichts geschehen und die Kinder verloren kein Wort mehr über den Vorfall. Am folgenden Tag jedoch bat Herr Eckhardt Alfred nach vorne. Alfred war besorgt, weil er fürchtete, noch einmal bestraft zu werden. Überrascht hörte er, wie sein Lehrer in fragte: „Weißt du, wo ich wohne?"

„Ja", entgegnete Alfred leise.

„Ich will, dass du zu mir nach Hause gehst und mir mein Mittagessen holst."

Alfred starrte ihn für einen Moment überrascht an, doch dann besann er sich. „Ja, gerne."

Frau Eckhardt war eine freundliche Frau mit weißen Haaren und einem warmen Lächeln. Offenbar hatte sie Alfred schon erwartet. Sie drückte ihm eine Tüte in die Hand. „Das ist für meinen Mann", sagte sie. „Und das ist für dich", fügte sie hinzu und drückte ihm noch eine Tüte in die Hand. Alfred bedanke sich artig und lief zurück zur Schule, gab seinem Lehrer dessen Brotzeit und freute sich darüber, dass er auch etwas bekommen hatte. Für den Rest des Schuljahres schickte Herr Eckhardt Alfred zu sich nach Hause und ließ ihn seine Brotzeit abholen. Und für den Rest des Schuljahres erhielt auch Alfred immer eine Tüte für sich. Scheinbar, dachte er sich, ist dies seine Art, Dinge wieder gutzumachen.

* * *

Acht Menschen in zwei kleinen Räumen bedeutete jede Menge Toleranz und Geduld. Die Lebensbedingungen der Familie Langer wurden immer schwieriger, jetzt, da sie so viele waren. Im Vorjahr war endlich die neue katholische Kirche eingeweiht worden und, obwohl die Familie nun regelmäßig zum Gottesdienst ging, nahm dies nicht alle Spannungen und Sorgen von ihnen. Nach langem Suchen fand Rudolf endlich eine größere Wohnung, die sie sich geldlich leisten konnten, und er schaute sie sich an. Die Wohnung lag in einem Zwei-Parteien-Haus und hatte drei Zimmer. Eine Toilette ohne fließendes Wasser musste von beiden Parteien benutzt werden. Ein Badezimmer gab es nicht. Ein weiterer Nachteil war, dass das Haus zwischen zwei Bahnschienen lag und Tag und Nacht Züge vorbeiratterten. Rudolf jedoch nahm die Widrigkeiten in Kauf, schließlich brauchten sie dringend etwas mehr Räume.

„Wann können wir uns die Wohnung angucken?", fragte Rudi voller Spannung.

„Wir werden dieses Wochenende schon umziehen", antwortete Rudolf.

„Haben wir dort jeder ein eigenes Zimmer?", fragte Gerti und hoffte insgeheim auf etwas mehr Privatsphäre.

„Nein, aber wir haben viel mehr Platz."

„Wo liegt denn die Wohnung?", fragte Willi.

Rudolf räusperte sich. „An der Friedhofstraße."

Rudi, mittlerweile fünfzehn, starrte seinen Vater ungläubig an. „Meinst du etwa das Haus zwischen den Eisenbahnschienen?"

Rudolf nickte. „Genau das. Es ist ein schönes Haus, und wir werden drei Zimmer haben."

„Und die Züge?", schnappte Willi. „Wie sollen wir denn bei dem ganzen Lärm schlafen?"

„Da gewöhnen wir uns schon dran", entgegnete Rudolf ruhig.

„Die Babys auch?", warf Elsa besorgt ein.

„Die auch. Wir werden uns alle daran gewöhnen. Es ist ein schönes Haus." Seine Worte schienen auf taube Ohren zu stoßen und Rudolf seufzte tief. Er hatte gehofft, alle würden zufrieden sein. „Wir haben doch schon Schlimmeres durchgemacht. Wir brauchen dringend mehr Platz und die Wohnung wird eine enorme Verbesserung gegenüber jetzt sein", sagte er schließlich. „Ihr werdet schon sehen." Und dann aß er weiter.

Für den Umzug lieh sich Rudolf einen Pferdekarren vom Hartenstein und erklärte der Familie, dass sie ihren Herd zurücklassen würden, weil in der anderen Wohnung kein Schornstein vorhanden war.

Elsa blickte ihn entsetzt an. „Aber womit soll ich denn dann kochen?"

Rudolf lächelte, wissend, dass er nun einen Trumpf aus dem Ärmel schütteln konnte.

„Ich habe einen E-Herd installieren lassen. Nie mehr den Ofen mit Holz anfeuern. Nie mehr mitten in der Nacht aufstehen!"

Ohne ein weiteres Wort begleitete die Familie den vollgepackten Karren und machte sich auf zur Friedhofstraße. Auch wenn die Kinder immer noch nicht sonderlich überzeugt schienen, wusste Rudolf, dass er die richtige Entscheidung getroffen hatte.

Als das neue Haus in Sichtweite kam, ratterte der erste Zug an ihnen vorbei und versperrte ihnen sogleich die Sicht. Die Pferde schienen sich an dem Lärm nicht zu stören, doch die Familie spürte, wie der Boden vibrierte. Als der Zug vorbeigefahren war, überquerten sie die Gleise und gingen hinüber zum Haus. Rudolf und Elsa, mit Harald auf dem Arm, betraten das Haus als Erste. Die Kinder trugen derweil die ersten Gegenstände in das Gebäude. Als sie die Wohnung gemeinsam betraten, änderte sich die Meinung der Kinder und Elsa schlagartig. Die Fußböden bestanden aus poliertem Holz. Die Wände waren sauber und gut verputzt.

Jedes Zimmer hatte Strom und ein großes Fenster. Und die Küche hatte nicht nur einen elektrischen Ofen, wie von Rudolf versprochen, sondern auch ein großes Waschbecken.

Dann kam der nächste Zug und die Wände vibrierten so sehr, dass man dachte, der Zug würde geradewegs durch die Küche rasen. Alle starrten Rudolf an, der schwach lächelte. „Ich sagte doch – wir werden uns dran gewöhnen." Elsa schüttelte langsam den Kopf, während sie ihr Kruzifix an der Küchenwand befestigte.

In der ersten Woche konnten sich alle nur schwer an den Lärm gewöhnen. Vor allem, weil direkt vor ihrem Haus die Dampfloks aufgetankt wurden und der Lärm dann ewig zu sein schien. Stets musste man vorsichtig über die Schienen gehen und aufpassen wenn Züge von Richtung Hof, vor dem Haus, und Richtung Helmbrechts hinter dem Haus vorbei fuhren, denn Signale oder Schranken gab es keine.

* * *

Alle Kinder waren mittlerweile zu Teenagern herangewachsen. Gerti war siebzehn, Rudi sechzehn, Willi fünfzehn und Alfred dreizehn. Die drei ältesten hatten bereits die Volksschule abgeschlossen. Die meisten Familien schickten ihre Kinder, wenn sie es sich leisten konnten, auf die Mittelschule und anschließend sogar auf die Oberschule. Für diejenigen, denen die Hochschulbildung zu teuer war, gab es die fachmännische Ausbildung. Rudi und Willi hatten das Glück, direkt Arbeit in der Baubranche zu finden; sie gingen mindestens einen Tag pro Woche auf die Berufsschule in Naila. Der aufmerksamen und klugen Gerti wurde eine Stelle in der Textilfabrik Bodenschatz angeboten. Mit drei Kindern, die bereits arbeiten gingen, schaffte die Familie endlich den Weg aus der Armut. Für Elsa war die lange, harte Arbeit in der Schuhfabrik

mittlerweile zu anstrengend geworden und auch sie wurde schließlich in der Textilfabrik angestellt, in der auch Gerti arbeitete.

* * *

Am ersten Mai hatten alle frei und wenn das Wetter schön war,
konnte man in den Wiesen und Wäldern spazieren gehen. Mit die-
sem Tag war der Winter endgültig vorbei und der Frühling begann.
Die meisten Wirtshäuser waren an diesem Tag bis auf den letzten
Platz besetzt. Müde, aber glückliche Spaziergänger schaufelten
Berge von Bratwurst und Sauerkraut in sich hinein und löschten den
Durst mit einem kühlen Bier.

In Bayern schien es ohnehin normal zu sein, jeden Tag ein Bier
zu trinken. In der Tat, Bier wurde damals in Deutschland mehr als
Essen, denn Alkohol angesehen. Die meisten Arbeiter in den Fa-
briken, auf dem Bau oder in der Landwirtschaft tranken zu jeder
Mahlzeit ein Bier. Sogar die älteren Kinder fingen schon damit an.
Viele Männer, die sonntags nicht zum Gottesdienst gingen, konnte
man in einem der Wirtshäuser zum Frühschoppen antreffen, wo sie
gemeinsam tranken und Karten spielten.

Alfred war jetzt in der achten Klasse, die letzte in der Volksschule.
Drei seiner Freunde gingen bald auf eine höhere Schule, doch die
Familie Langer konnte sich das nicht leisten. Alfred hoffte, dass ihm
das Leben mehr bringen würde, als nur Brennholz zu bündeln und
auszuliefern. Deshalb machte er sich nach seinem Abschluss auf
die Suche nach einer guten Arbeitsstelle. In seinem besten Anzug
klapperte er nach und nach die Textilfabrik, die Tischler der Stadt
und sogar ein paar Baustellen ab, wo Rudi und Willi schon arbeiteten. Verständlicherweise war er nicht in der besten Stimmung, als
er abends nach Hause kam und noch immer keine Arbeit gefunden
hatte.

„Ich sag's dir", sagte sein Vater ermutigend. „Morgen sieht die Welt schon anders aus."

An diesem Abend saß Alfred mit gesenktem Haupt und sorgenvollem Blick am Tisch, als Gerti plötzlich sagte: „Alfred?"

„Ja"

„Ich habe heute mit dem Betriebsleiter der Fabrik gesprochen."

Alfred stocherte in seinem Essen herum. Er war nicht gerade interessiert daran, wieder schlechte Nachrichten zu hören. „Und?"

„Er hat mir gesagt, dass es eine offene Stelle gibt, wo sich schon mehrere drauf beworben haben."

„Das hilft mir auch nicht weiter", schnappte Alfred. „Als ich mich beworben habe, haben sie zu mir gesagt, dass schon alle Stellen besetzt sind!"

Gerti lächelte. „Herr Thieroff, der Betriebsleiter, hat zu mir gesagt, dass du noch eine Chance bekommst, falls du die Prüfung bestehst. Du sollst dich morgen früh um acht bei ihm melden."

Diese Nachricht brachte Alfred eine weitere schlaflose Nacht ein, diesmal hatte es jedoch nichts mit den Zügen zu tun, die rechts und links am Haus vorbeibrausten.

VIERZEHN

Die Textilfabrik Heinrich Bodenschatz war die größte Fabrik in Selbitz. Sie bestand aus vier Gebäuden, in denen verschiedene Dinge hergestellt wurden, und einer Abteilung für Bürotätigkeiten. In der Spinnerei wurde Baumwolle zu Garn verarbeitet. In einem anderen Gebäude befanden sich die Zwirnerei, in der Gerti arbeitete, und die Schlosserei, wo das Garn auf Spulen gewickelt wurde. In der Gaserei wurden die Fasern des Garns abgeflämmt und in der Färberei wurde das Garn merzerisiert und gefärbt. Des Weiteren gab es noch eine Kesselanlage mit einem hohen Schornstein und eine Dampfmaschine, mit der die Elektrizität für die Fabrik hergestellt wurde. Gegenüber der Fabrik stand ein Gebäude mit einem großen Aufenthaltsraum, zwei Umkleideräumen und mehreren Duschen.

Um 7:30 Uhr kam Alfred am Haupttor an und fragte nach dem Betriebsleiter. Man brachte ihn in einen Warteraum und Alfred wurde immer nervöser. Schließlich kam Herr Thieroff zu ihm, ein hochgewachsener Mann mit perfekter Haltung und strengem Gesicht. Er schüttelte Alfred die Hand und erzählte ihm, dass sich sechs weitere Personen auf die Stelle beworben hatten. Nicht gerade eine gute Nachricht, dachte Alfred. Seine Chance, die Stelle doch noch zu bekommen, schien ziemlich gering.

„Morgen früh geben wir eine schriftliche Prüfung und sehen, wer am besten zu der Stelle passt", sagte Thieroff.

Als Alfred an diesem Abend seine Mahlzeit zu sich nahm, wurde er ganz verzweifelt. Bestimmt wussten die anderen viel mehr von Mechanik. Davon hatte er gar keine Ahnung. Am Morgen nach einer schlaflosen Nacht ging er zurück in die Fabrik und begann mit seinen Prüfungsaufgaben. Einige Fragen waren leicht, andere hingegen ziemlich schwer. „Wie würden Sie zwei verschiedene

Stücke Metall, z. B. Stahl und Messing oder Blech und Kupfer miteinander verbinden?" Alfred starrte auf das Papier und war ratlos. „Mit Seilen, Ketten oder Drähten", schrieb er in seiner Verzweiflung. Am Ende der zweistündigen Prüfung gingen die Bewerber gemeinsam zum Ausgang und diskutierten über die Aufgaben und ihre Antworten. Als Alfred schließlich die richtige Antwort auf die Frage mit den Metallen hörte, lief er puterrot an und fühlte sich wie ein Idiot. Mit einem Gefühl der Frustration ging er nach Hause und war sich sicher, dass er diese Gelegenheit komplett vermasselt hatte.

Nach zwei Tagen, in denen ihn niemand aus der Familie aufheitern konnte, erhielt er plötzlich eine Nachricht von Herrn Thieroff.

Am nächsten Morgen ging er in sein Büro und fragte sich die ganze Zeit, warum ihm der Betriebsleiter wohl persönlich sagen wollte, dass er ungeeignet sei.

Doch zu seinem größten Erstaunen schüttelte ihm Thieroff die Hand und begrüßte ihn im Team. Erwartungsvoll blickte er Alfred an, doch als dieser nichts sagte, fragte er: „Du willst doch hier arbeiten, oder?"

Alfred nickte hastig. „Ich hatte die Hoffnung schon aufgegeben! Aber ich freue mich sehr darauf, Betriebsschlosser zu werden."

„Also gut. Wir sehen uns dann Montagmorgen", sagte Thieroff und klopfte ihm auf die Schultern, als sie zur Tür gingen.

Alfred zögerte einen Moment, weil er sich nicht sicher war, ob er diese Frage stellen sollte, doch dann siegte die Neugier. „Erinnern Sie sich noch an die Frage mit den Metallen?"

Zu seinem Erstaunen fing Thieroff an zu kichern. „Oh ja, daran erinnere ich mich genau. Diese Frage hast du nicht richtig beantwortet."

„Und trotzdem geben Sie mir die Stelle?", fragte Alfred mit leichtem Unglauben.

Thieroff legte die Hand auf Alfreds Schulter und lächelte. „Ich habe lange darüber nachgedacht, aber ich glaube, dass es viel leichter sein wird, dich zu unterrichten als irgendeinen Neunmalklugen."

* * *

In einem nagelneuen, dunkelblauen Schlosseranzug wurde Alfred vor versammelter Mannschaft vorgestellt.

Danach zeigte ihm Thieroff seine Werkbank. „Du wirst als Lehrling einmal in der Woche in die Berufsschule in Naila gehen und die anderen vier Werktage hier arbeiten. Nach drei Jahren machst du dann deinen Abschluss und bist Maschinenschlosser als Geselle."

Alfred fühlte sich mehr als bereit, seine neue Arbeit zu beginnen. Thieroff führte ihn zu einer Werkbank, an dessen Ende ein Schraubstock angebracht war. „Es ist enorm wichtig, dass du erst einmal die Grundlagen lernst", sagte er. Er reichte Alfred ein Stück Stahl. „Ich will, dass du solange an diesem Stück Stahl feilst, bis ich es für gut befinde."

Alfred nickte und begann zu arbeiten, während Thieroff ans andere Ende des Gebäudes ging.

Nach mehreren Tagen Feilen hatte das Stück Stahl schließlich seine Zustimmung gefunden und Alfred versuchte, die Blasen an seinen Händen zu ignorieren. Bevor er etwas gegen seine schmerzenden Glieder tun konnte, wies ihn Thieroff an, ein weiteres Stück Stahl in der Mitte durchzusägen. Am Ende des ersten Tages war das Sägeblatt stumpf, doch Alfred wollte nicht nach einem neuen fragen. Stattdessen sägte er vor sich hin, hin und her, immer und immer wieder. Nach längerer Zeit, was eine kleine Ewigkeit für ihn zu sein schien, hatte er den Stahl fast durchgesägt und Thieroff blickte ihm über die Schulter, als er seufzend das letzte Stück sägte.

„Sehr gut", sagte er nur.

Zu diesem Zeitpunkt schien es Alfred, als hätten seine Blasen Blasen. Doch statt Linderung folgten weitere schwere Aufträge, wie
beispielsweise Löcher in ein Stahlstück bohren oder mit der Hand
Gewinde in Stahlstücke schneiden.

Während ihrer Arbeit sprachen die Schlosser fast nie miteinander,
weil sie stets mit Konzentration und Präzision bei der Arbeit waren.
Eines Tages jedoch näherte sich einer der Gesellen, als Alfred fleißig bei der Arbeit war. Sein Name war Hans Schrepfer und er tippte
Alfred auf die Schulter. Leise sagte er: „Herr Thieroff ist ein Meister
seines Fachs. Durch harte Arbeit ist er zu dem geworden, was er
heute ist. Hör ihm genau zu und tu, was er sagt, dann wirst du viel
lernen.“

Alfred nickte dankbar und Hans kehrte zu seiner eigenen Werkbank zurück. Er schätzte seinen Ratschlag und hoffte, dass er eines
Tages den Lohn für all seine jetzigen Mühen erhalten würde.

Alfred verdiente fast 80 Mark in der Woche, ein guter Lohn für einen Lehrling. Die Hälfte seines Gehaltes ging in die Familienkasse,
so, wie es auch seine Geschwister taten. Mittlerweile konnten sie
sich eine Waschmaschine leisten und die Anschaffung eines Grun-
dig-Radios wurde von allen bejubelt. Musik wurde ein Bestandteil
ihres Lebens, etwas, das sie lange Zeit nicht genießen konnten. Ihr
Lieblingssender war der Bayerische Rundfunk mit der sonntägli-
chen Volksmusik, während der Blasmusik, Jodeln und auch Schla-
ger gespielt wurden. Manchmal tanzten Elsa und Rudolf durch die
Küche, als wären sie wieder daheim in Hermannstadt.

* * *

Das erste Jahr in der Berufsschule erwies sich als schwierig für
Alfred, da er viel in der Volksschule verpasst hatte, als er seine
beiden kleinen Geschwister hüten musste. Einen Tag in der Woche

fuhr er mit seinem Fahrrad nach Naila, doch bald fing das Vorderrad des alten Drahtesels zu rattern an, erst wenig, dann immer heftiger. Er entschied, dass es nun endlich Zeit war, das alte Ding auf den Schrotthaufen zu werfen. Nach dem Unterricht ging er wieder zu Ernst Seidels Fahrradgeschäft. „Erinnerst du dich noch an mich?", fragte er lächelnd.

Seidel lächelte anerkennend zurück. „Ich erinnere mich an einen kleinen Jungen, mit dem ich ein Fahrrad aus Schrotteilen zusammengebaut habe. Hast du es immer noch?"

„Das steht draußen. Ich habe ja damals gesagt, dass ich mir ein neues kaufen werde, sobald ich es mir leisten kann. Auch habe ich damals vielen von deiner Hilfe erzählt."

„Ich weiß. Dein Bruder hat erst vor Kurzem ein Moped bei mir gekauft."

Mit großem Stolz verließ Alfred kurz darauf das Geschäft. Neben sich hielt er ein nagelneues italienisches Rennrad mit drei Gängen und Ernst Seidel winkte vergnügt, als Alfred mit strahlendem Gesicht nach Hause radelte.

* * *

Herr Thieroff war von Alfred beeindruckt und wurde bald zu seinem persönlichen Mentor. Er achtete darauf, dass seine Anweisungen mit Präzision ausgeführt wurden und lehrte Alfred nicht nur sein Handwerk, sondern ermutigte ihn auch, seinen ganz persönlichen Charakter zu entwickeln.

In der Familie gab es hingegen noch mehr Veränderungen. Gerti hatte ihre erste eigene Wohnung gefunden und zog aus und Harald, der Jüngste, war jetzt schon sechs Jahre alt und ging in die erste Klasse. Mit leichter Wehmut sah Elsa, wie schnell ihre Kinder doch groß wurden.

Obwohl Alfred bereits in der Ausbildung war, blieb er dennoch noch ein Teenager. Wie es so üblich war, besuchte er einen Tanzkurs, um neben dem Tanzen auch noch Manieren bezüglich des anderen Geschlechts beigebracht zu bekommen. Die Tanzkurse fanden in der Turnhalle in Naila statt und Alfred stellte fest, dass die Turnhalle noch immer so roch wie vor zehn Jahren. Gemischte Erinnerungen kamen in ihm hoch.

Die Tanzstunden fanden einmal pro Woche freitagabends statt und am ersten Tag saßen sich Jungen und Mädchen gegenüber und fragten sich insgeheim, was sie denn nun tun sollten.

Alfred war noch nie in seinem Leben mit einem Mädchen allein gewesen, geschweige denn hatte er eines im Arm gehalten und war verständlicherweise nervös. Schließlich forderten die Tanzlehrer die Mädchen auf, sich einen Tanzpartner zu suchen. Ob mich wohl jemand wählen wird, fragte sich Alfred und rutschte nervös auf der Turnbank herum. Die Mädchen zögerten. Wie sollte man sich denn für die nächsten acht Wochen einen komplett fremden Jungen aussuchen?

Alfreds Herz schlug schneller, als die Mädchen näherkamen und sie musterten. Obwohl er ein recht passables Aussehen hatte, fühlte sich Alfred in diesem Moment ziemlich hässlich. Ein Mädchen schien seine Bedenken jedoch nicht zu teilen. Ihre tiefblauen Augen richteten sich auf ihn und sie kam näher. Weiche, blonde Locken fielen auf ihre schmalen Schultern und Alfred dachte, dass sie ihn bestimmt nicht auswählen würde.

Dann stand sie vor ihm und fragte schüchtern: „Möchtest du mein Tanzpartner sein?"

In seinen Ohren klang sie wie ein Engel. Sie war hübsch, ihre Haut war rosig und sie hatte ein Lächeln, das Herzen zum Schmelzen brachte. „Oh ja", sagte er nervös. „Das würde mich freuen."

Sie streckte ihm ihre Hand hin. „Ich bin Inge Schrepfer."

„Und ich bin Alfred Langer." Er schüttelte höflich ihre Hand und fügte schnell hinzu: „Ich bin froh, mit dir zu tanzen!"

Sie lächelte. „Und ich mit dir."

Die Tanzlehrerin wies ihre Schüler nach der Partnerwahl an, einen Kreis in der Mitte der Tanzfläche zu bilden. Dann sollten alle versuchen, zu tanzen. Alfred und Inge gingen gemeinsam zu der ihnen zugewiesenen Position. Plötzlich kam ihm etwas in den Sinn.

„Dein Nachname ist Schrepfer?"

„Ja."

„Bist du vielleicht mit Hans Schrepfer verwandt?"

„Das ist mein Bruder. Kennst du ihn?"

„Wir arbeiten beide bei Bodenschatz."

„Meine Güte, was für ein Zufall!", sagte Inge und kicherte.

Alfred fragte sich, ob ihr Bruder ihr wohl etwas über ihn erzählt hatte. Tief in Gedanken versunken, rissen ihn der Lehrer und die Lehrerin wieder in die Gegenwart zurück. „Wir beginnen mit einem Tanz, den ihr wahrscheinlich schon kennt: dem Walzer. Mein Partner und ich werden euch zeigen, wie man den richtig tanzt und dann möchte ich, dass ihr alle mitmacht. Wir zeigen jedem Einzelnen von euch, wie es richtig geht. Habt ihr Fragen?" Es gab keine. „Dann lasst uns anfangen."

Die Schallplatte spielte An der schönen blauen Donau, die perfekte Auswahl. Die Schüler beobachteten gespannt, wie ihre Tanzlehrer mit geübten Schritten über die Tanzfläche schwebten. Nach der ersten Strophe wiesen sie sie an, mitzumachen und jeder versuchte, die Bewegungen der Lehrer nachzumachen. Für die beiden schien es so einfach zu sein! Aus Respekt hielt Alfred Inge auf Armeslänge von sich weg. Die Tanzlehrerin zeigte ihnen dann die richtigen Schritte und schob die beiden zu ihrer Überraschung ganz nah aneinander heran, sodass sich ihre Körper berührten. „Man muss spüren, was der Partner tut, damit man sich zusammen bewegen kann. Ihr müsst tanzen, als ob ihr eins wärt." Zunächst zögerten Alfred und Inge, doch dann begannen sie, die Grundlagen des Walzers zu meistern. Es war das erste Mal, dass Alfred ein Mädchen in seinen Armen hielt und er fand es höchst angenehm.

Die drei Stunden vergingen wie im Flug. Alfred wünschte sich, dass dieser Abend nie vorüber ginge und schüttelte beim Abschied Inges Hand. „Ich hatte eine sehr schöne Zeit mit dir. Ich freue mich schon auf nächste Woche!" Dann fügte er etwas nervös hinzu: „Und es tut mir leid, dass ich dir auf die Zehen getreten bin."

Inge lachte. „Das bin ich doch auch!"

„Wir werden uns bessern."

„Das hoffe ich auch."

Der letzte Zug nach Selbitz fuhr um zehn Uhr und so gingen die Mädchen und Jungen als Gruppe nach Hause. Sie alle schnatterten vergnügt durcheinander, nur Alfred war in seiner ganz eigenen Welt. Er musste die ganze Zeit an dieses Mädchen mit der weichen Haut und den blonden Locken denken.

Am nächsten Tag dachte Alfred bei der Arbeit ständig an Inge und fragte sich, ob sie wohl auch an ihn dachte. Er hätte Hans fragen können, aber so kühn war er dann nun doch nicht. Am folgenden Freitag übten sie weiterhin Walzer und dann Polka, ein fröhlicher Tanz mit fließenden Bewegungen. In der Tanzstunde mussten sie schnelle Drehungen üben, was meist in schallendem Gelächter endete. Alfreds Nervosität hatte nachgelassen und er roch einen Hauch von Flieder, wann immer Inge ihm ganz nah kam. Insgeheim hoffte er, dass sie nur für ihn etwas Parfüm aufgelegt hatte.

Im Laufe der nächsten Wochen lernten sie Foxtrott, Rumba und sogar die Grundlagen des Tangos. Obwohl Alfred seine Arbeit als Betriebsschlosser mochte, konnte er die wöchentlichen Tanzstunden kaum erwarten. Er fühlte sich wie im siebten Himmel, wenn er Inge in seinen Armen hatte.

Am Samstag nach der letzten Tanzstunde wurde der traditionelle Abschlussball veranstaltet, wo die Schüler aller Welt zeigen
konnten, was sie gelernt hatten. Es war eines der wichtigsten ge-
sellschaftlichen Ereignisse des Jahres. Alfred und Inge hatten sich
tatsächlich zu einem der besten Paare der Klasse entwickelt und sie
tanzten anmutig zusammen und genossen jede Minute, die sie miteinander verbrachten.

Für Alfred war es deshalb nur logisch anzunehmen, dass er und
Inge als Paar beim Abschlussball teilnehmen würden. Er hatte sich
sogar einen neuen Anzug gekauft.

„Wo soll ich dich denn nächsten Samstag abholen?", fragte er am
Ende der letzten Tanzstunde.

Inge zögerte und Röte stieg ihr ins Gesicht. „Ein anderer Junge hat
mich schon gefragt, ob ich mit ihm tanze, und da habe ich ja gesagt."

Alfred starrte sie an und sagte nichts. Enttäuscht drehte er sich um,
lief aus der Turnhalle und ging alleine nach Hause.

Elsa spürte, dass ihr Sohn Kummer hatte und sie versuchte ihn zu
trösten. Aber Alfred war sechzehn und es war schwer, den ersten
Liebeskummer zu überwinden. Elsas Bemühungen blieben erfolglos. Sie schlug vor, dass Alfred mit einem anderen Mädchen den
Ball besuchen könnte, doch Alfred schnaubte nur empört. Das kam
gar nicht infrage.

Am Samstag des Tanzabends ging er alleine zum Flussufer und
setzte sich ins weiche Gras. Er beobachtete das Wasser, wie es leicht
über die Kieselsteine plätscherte und im Mondlicht glitzerte. Er hatte
herausgefunden, dass Inge mit einem Jungen von der Hochschule
zum Ball ging, dessen Eltern ein schönes Fotostudio in Naila besaßen und in der Stadt sehr hoch angesehen waren. Er wusste auch,
dass Inges Familie ein schönes Haus in Marlesreuth besaß, einem
kleinen Dorf in der Nähe von Naila. Seine traurige, aber logische
Schlussfolgerung war, dass Inge wohl nicht mit jemandem wie ihm

gesehen werden wollte. Und nicht nur das versetzte ihm einen Stich ins Herz. Vielmehr erkannte Alfred, dass er, seitdem er als Kind hier angekommen war, immer wie ein Bürger zweiter Klasse behandelt worden war. Eine Person ohne Würde, ohne Erziehung und Manieren.

Ein einziges Wort hallte durch seinen Kopf wie das Hämmern von Stahl auf einem Amboss. Ein Wort, das ihn seit jeher verfolgt hatte: Flüchtling.

FÜNFZEHN

Um den depressiven Gedanken zu entfliehen, vertiefte sich Alfred immer mehr in die Arbeit und seine Schulaufgaben. Schließlich bemerkte er, dass sich seine Übellaunigkeit auf die gesamte Familie übertrug und er beschloss, seine Aufmerksamkeit anderen Dingen zuzuwenden. Er dachte an Sir Edmund Hillary, den ersten Menschen, der den Mount Everest erklommen hatte. Der hatte auch nie aufgegeben. Alfred nahm dies als seine Motivation.

Einmal in der Woche fand eine Turnstunde in der neuen Turnhalle der Volksschule statt. Der Turnlehrer hier war Willi Beyer, der im Krieg einen Arm verloren hatte. Sein Hintergrund als Soldat machte ihn zu einem guten Ausbilder, aber durch den fehlenden Arm konnte er die meisten Übungen nicht selbst vorführen. Stattdessen mussten dies die Schüler übernehmen. Nach einer Weile jedoch stellte Beyer fest, dass es viel einfacher sein würde, wenn er nur einen Assistenten an seiner Seite hatte. Er blickte zu Alfred, der ihm wegen seiner Haltung, seinem Enthusiasmus und seiner Arbeitsmoral positiv aufgefallen war. Am Ende einer Turnstunde nahm er ihn beiseite und fragte: „Alfred, kannst du mir kurz helfen?"

„Natürlich, Herr Beyer", sagte Alfred.

„Ich kann mir zwar meine Schuhe ausziehen, aber ich kann mir die Schnürsenkel der Straßenschuhe nicht binden. Könntest du vielleicht …"

„Natürlich!", sagte Alfred und band ihm die Schnürsenkel.

Willi Beyer blickte zu ihm hinunter und sagte: „Du scheinst die Turnstunden zu genießen."

„Ja, Herr Beyer", antwortete Alfred mit Begeisterung. „Sehr sogar."

„Hättest du Interesse daran, mein Assistent in der Klasse zu sein?"

Alfred war verblüfft. Mit so etwas hatte er nun wirklich nicht gerechnet. „Ich glaube nicht, dass ich das kann. Das ist eine sehr verantwortungsvolle Position."

„Ich habe dich in den vergangenen Wochen gut beobachtet. Du besitzt eine große Leidenschaft und bist immer bereit, etwas Neues zu lernen. Ich kann dir alles beibringen, was du wissen musst und ich glaube fest daran, dass du mir eine große Hilfe sein würdest."

Alfred zuckte mit den Schultern und sagte lächelnd: „Na wenn Sie das meinen, dann wäre ich geehrt."

Seine neue Einstellung zum Leben und seine Stimmung hatten sich dermaßen gebessert, dass seine Familie fast glaubte, sie hätte einen neuen Sohn am Tisch sitzen. Alfred aber widmete sich noch mehr seiner Arbeit und machte immer wieder Überstunden. Er wollte so viel wie möglich von Thieroff und in der Berufsschule lernen. Trotz allem hatte er auch weiterhin das Gefühl, dass nicht alle Menschen ihn akzeptierten, weil er ein Flüchtling war und er arbeitete noch härter dafür, endlich so akzeptiert zu werden wie alle anderen auch.

* * *

In den 50 er Jahren war das amerikanische Militär in ganz Deutschland präsent und somit schwappte auch immer mehr amerikanische Kultur ins Land. Filme, Musik und Tanz aus Übersee gehörten nun zum Leben der jungen deutschen Generation.

Die Musik auf The Glenn Miller Story blieb Alfred lange im Gedächtnis. Es schien, als könnte die Jugend generell nicht genug von der amerikanischen Musik hören. Perry Como, Louis Armstrong, Bing Crosby und Frank Sinatra waren in aller Munde. Nach und nach veränderte sich jedoch der Musikgeschmack. Glenn Miller und Frank Sinatra wurden bei den Radiostationen immer öfter durch eine Gruppe namens Bill Haley and the Comets ausgetauscht und Rock Around the Clock hörte man rauf und runter. Der Rock'n'Roll hatte Einzug in Deutschland gehalten und nach und nach hörten die Jugendlichen lieber Little Richard, Fats Domino, Chuck Berry und Elvis Presley. Die Musik veränderte die Generation zum Unwillen der älteren Bevölkerung, doch die Bewegung ließ sich nicht aufhalten.

An einem Sonntagsnachmittag brachte Gerti nach dem Gottesdienst einen jungen Mann mit nach Hause. Er hieß Erwin Weiss, war attraktiv und hatte einen guten Job als Schuster in der Schuhfabrik. Er war auch ein ziemlich begabter Fußballspieler, was Alfred gleich sympathisch fand. Der redegewandte junge Mann bemühte sich, einen guten Eindruck auf Rudolf und Elsa zu machen. Während die Männer später am Tisch saßen und über Fußball diskutierten, begann Elsa mit Gerti ein leckeres Abendessen vorzubereiten. Elsa beugte sich zu ihrer Tochter und flüsterte: „Ist er es?"

Gerti lächelte etwas verlegen. „Ich hoffe es."

* * *

Alfreds wöchentliche Turnstunde unter der Leitung Willi Beyers wurde ein großer Erfolg und immer mehr Jugendliche nahmen daran teil, um ihren Körper in Form zu bringen. Beyers Trainingsprogramm war streng, aber es machte Spaß.

Eines Tages, als Alfred wieder einmal Beyers Straßenschuhe schnürte, fragte dieser ihn: „Ein paar Erwachsene haben mich gefragt, ob du nicht auch ihre Klasse unterrichten willst. Was meinst du?"

„Ich würde mich nicht wohlfühlen dabei", entgegnete Alfred, ohne zu zögern.

„Warum denn?", fragte Beyer und sah ihn fragend an.

„Die Männer sind doch alle älter als ich. Viele von ihnen sind außerdem stärker, können schneller laufen, höher springen und mehr

Turnerpass, TV Selbitz
1957

Liegestützen machen. Ich glaube nicht, dass sie mich respektieren würden. Und dann würden sie vielleicht auch ihre Kinder nicht mehr zu mir lassen."

Beyer schüttelte den Kopf. „Das siehst du falsch. Mehrere Eltern haben deine Arbeit gesehen und wissen, dass du weißt, was du tust. Außerdem werde ich dir ja helfen." Alfred zögerte immer noch und Beyer fuhr fort. „Sie alle wollen in der bestmöglichen Form sein. Deswegen sind sie hier, nicht, weil sie für die nächsten Olympischen Spiele trainieren wollen."

Und so unterrichtete Alfred bald darauf nicht nur Kinder, sondern auch Erwachsene.

* * *

Gerti und Erwins Hochzeit war eine unvergessliche Feier, die traditionell mit einem Polterabend begann. Freunde, Nachbarn und Familienangehörige versammelten sich vor dem Haus der Braut und warfen Porzellan, dass es nur so krachte.

Braut und Bräutigam mussten anschließend alles aufkehren, während die Menge sie neckte und weiterhin vereinzelt Tassen und Teller warf.

Als alles zusammengekehrt war, gab es Champagner, Schnaps und Jägermeister und alle Gäste wünschten dem jungen Paar ein langes und gesegnetes Eheleben. Mit Unterstützung der vielen Gäste wurde die Hochzeit für Gerti und Erwin ein einmaliges Erlebnis.

* * *

Irgendwann erkannte Alfred, dass er praktisch kein eigenes Leben hatte. Neben seiner Arbeit bei Bodenschatz und der Berufsschule leitete er die Turnstunden in Selbitz und war seit kurzem auch noch Mitglied des Leichtathletik-Vereins Naila.

Alfred trainierte Hundertmeterlauf und Weitsprung, nachdem sich Leichtathletik zu einem beliebten Sport in Deutschland entwickelt hatte.

Die LAV reiste oft in andere Städte und trug Wettkämpfe gegen andere Vereine aus. Sie waren so erfolgreich, dass sie sich schließlich für die Quer-durch-Hof-Meisterschaften qualifizierten.

Jeder Verein ging mit zehn Staffelläufern an den Start. Edgar Rauh, Alfred Langer, Günther Übelhack, Herbert Bayreuther, Georg Manig, Siegfried Geißner, Karlheinz Richter, Heinrich Kaiser, Gerhard Wuschek und Hans Schnabel. Betreuer war Baderschneider.

Staffelläufer, LAV Naila, 1961

Tatsächlich gewann Alfreds Mannschaft, die gegenüber dem Verein von Hof praktisch als chancenlos gewertet war.

Der Sieg war einer dieser Triumphe, über die man noch in fünfzig Jahren sprechen würde.

* * *

Alfreds Lehre neigte sich dem Ende zu und Alfred musste sich langsam aber sicher gewissenhaft auf die praktische und die theoretische Prüfung vorbereiten. Durchfallen gab es nicht. Das hätte Thieroff nie zugelassen.

Hans Schrepfer hatte damals absolut richtig gelegen, als er Thieroff als einen guten Lehrmeister beschrieben hatte. Sein Streben nach Perfektion war nahezu legendär und er brachte Alfred immer wieder neue Dinge bei und kaute mit ihm selbst Einzelheiten wiederholt durch.

Im Jahre 1957 absolvierte Alfred schließlich beide Prüfungen erfolgreich und wurde anschließend vollwertiger Geselle.

Mit dem neuen Status bekam er auch eine kleine Lohnerhöhung und zusätzliche Verantwortung, nämlich morgens die Dampfmaschine zu starten.

Da die erste Schicht schon um fünf Uhr morgens begann, musste Alfred um vier aufstehen, um gegen halb fünf an seinem Arbeitsplatz zu sein. Dort angekommen unterstützte er den Techniker, der für den Heizraum und die Dampfmaschine, ein fast 30 Meter großes Gerät, verantwortlich war.

Als Erstes musste ein riesiges Schwungrad in Bewegung gesetzt werden. Das Schwungrad hatte einen langen Hebel, der hin und her geschoben wurde und mit einer Ratsche wurde das Rad immer weiter gedreht. Sobald das Schwungrad in Bewegung war, musste Alfred ein Ventil öffnen, damit Dampf eine Kolbenstange auf die

Dampfmaschine im Kesselhaus der Firma Bodenschatz

andere Seite schieben konnte, wo sich ein weiteres Ventil öffnete. Durch diese Aktion wurde der Kolben immer wieder hin- und hergeschickt und das Schwungrad drehte sich schneller. Ein Generator war mit dem Rad verbunden und produzierte den Strom für die gesamte Fabrik. Obwohl es keine schwere Arbeit war, war es dennoch eine sehr wichtige und Alfred war stolz, dass man ihn dafür auserwählt hatte. Der Kesselraum war ohne Frage das Herzstück der Fabrik. Jeder noch so kleine Bestandteil der Maschine musste gut in Schuss gehalten werden, denn sonst würde die ganze Anlage abgeschaltet, und 300 Arbeiter ständen ohne Arbeit vor der Tür. Ganz davon zu schweigen, dass dies für Thieroff sehr unerfreulich wäre.

Kurze Zeit nach der Gesellenprüfung machte Alfred einen Schweißer-Kurs in der Stadt Hof. Nach Bestehen der Prüfung war er zertifizierter Schweißer und fertigte nun Hochdruckdampf-Rohre an. Sein

Selbstvertrauen wuchs, als er mehr und mehr Verantwortung in der Fabrik übernahm.

Obwohl Hans Schrepfer und er keine engen Freunde waren, sprachen sie oft über die Arbeit und ihre Zukunft. Hans' Schwester Inge jedoch wurde dabei nie erwähnt.

In der Fabrik nahm Hans häufig die Schweizer Präzisionsmaschinen auseinander, reparierte und reinigte sie und baute sie dann wieder zusammen. Die Maschinen wickelten das Garn auf Spulen und sie wurden von Frauen bedient. Diese waren auf das schnelle und präzise Arbeiten der Maschinen angewiesen und somit auch auf Hans. Je schneller er sie reparieren konnte, falls mal eine ausfiel, desto schneller konnten sie weiterarbeiten.

Manchmal unterstützte Alfred Hans bei dieser Arbeit. Dieses zusätzliche Wissen würde ihm eine gute Zukunft in der Fabrik garantieren. Und es ergab sich tatsächlich, dass Reparaturarbeiten bald nur noch von Hans und Alfred erledigt wurden.

Bodenschatz-Zwirnerei, 1960

Eines Tages sagte Hans plötzlich aus heiterem Himmel: „Ich werde Bodenschatz verlassen."

Alfred starrte ihn an. „Wieso das denn?"

„Ich gehe nach Amerika. Ich habe Verwandte, die in New York leben, in Queens", erklärte er.

„Aber was willst du denn da machen?", fragte Alfred ungläubig.

„Meine Verwandten werden für mich bürgen. Ich kann bei ihnen leben und sie werden mir sicher helfen, einen guten Job zu finden."

„Und wann fährst du?", fragte Alfred.

„Nächste Woche."

Verständlicherweise wurde Alfred immer neugieriger über Hans' neues Leben in Amerika und er bat ihn, ihm zu schreiben, über das Leben dort in Amerika. Als er später nach Hause radelte, merkte Alfred, dass er ziemlich aufgeregt war, weil Hans ein neues Leben in Amerika beginnen wollte.

Nachdem Hans die Fabrik verlassen hatte, wurde Alfred befördert und er übernahm Hans' alte Position. Zusätzlich bekam er eine weitere Lohnerhöhung und er war sich sicher, dass er nun nichts mehr befürchten musste. Seine Zukunft in der Firma Bodenschatz sah rosig aus.

Im Laufe des nächsten Jahres schrieb Hans ihm immer wieder Briefe und erzählte, dass Amerika tatsächlich ein Paradies war. Hans' ältere Schwester Helene war schon vor ein paar Jahren ausgewandert und arbeitete in Manhattan als Kindermädchen bei einer reichen Familie. Sie zeigte Hans New York und er erzählte Alfred von Dingen, die er sich nicht einmal vorstellen konnte. Er schrieb von dem Atlantischen Ozean, über ein riesiges Gebäude namens Empire State Building, das schnelle Leben in New York und die freundlichen Amerikaner. Seinen ersten Job dort hatte er bei einem Kaffee-Unternehmen gefunden, wo er als Wartungsmechaniker angestellt wurde. Die Bezahlung war zwar ganz passabel, aber glücklich wurde er dort nicht. Also war er auf der Suche nach einem neuen Job. Aber auch in Amerika stellte sich das in den Jahren nach dem Krieg schwieriger dar als gedacht.

* * *

Bei der Familie Langer nahmen die Veränderungen kein Ende. Rudi zog aus und Willi musste achtzehn Monate bei der deutschen Luftwaffe dienen. Zuhause lebten jetzt nur noch Rudolf, Elsa, Alfred und die beiden Kleinen. Alfred war jedoch meist nur zum Schlafen daheim.

Eines Tages jedoch kam es zu einer weiteren Veränderung. Die Betriebsleitung in der Firma Bodenschatz hatte beschlossen, einen Angestellten zwei Jahre lang nach Bayreuth zu einer Schulung zu schicken, um Betriebsmeister zu werden. Als Alfred diese Nachricht hörte, war er begeistert. Ich bin schon vier Jahre hier dabei, dachte er. Ich wurde zweimal befördert und habe viel Verantwortung. In seinen Gedanken sah er sich schon nach Bayreuth ziehen. Er wartete mit Spannung darauf, dass Thieroff ihn zu sich ins Büro holte, doch nichts dergleichen geschah.

Wenig später ließ das Unternehmen verlauten, dass ein weitaus jüngerer und unerfahrener Schlosser namens Manfred Böhm für die Meisterschule ausgewählt worden war und Alfred war maßlos enttäuscht. Abermals konnte er den Gedanken nicht abschütteln, dass dieser Rückschlag irgendwie mit seinem Status als Flüchtling zusammenhängen musste.

Er zeigte seine Enttäuschung jedoch nicht offen und arbeitete weiter wie gewohnt. Jetzt aber führte er seine Arbeit meist ohne Enthusiasmus durch. Viele der Kollegen fanden es schade, dass Alfred die Chance nicht bekommen hatte, jedoch offen sprach niemand darüber.

Kurz darauf erhielt Alfred einen weiteren Brief von Hans. Er hatte in New York in einer Formenbau-Werkstatt eine Anstellung gefunden und mochte die Arbeit sehr. Das Unternehmen hieß Manhattan Die Company und einer der drei Inhaber hatte beschlossen, auch in Los Angeles eine Werkstatt zu eröffnen. Hans sollte dorthin versetzt werden. Obwohl Alfred Hans' Begeisterung spüren konnte, hatte er keine Ahnung, wo Los Angeles lag. Seine einzige Berührung mit den Amerikanern war damals nach dem Krieg, als er am Straßenrand stand und ihm die Amerikaner Bonbons und Schokolade schenkten. Oder die amerikanische Musik, die er so mochte. In einem anderen Land als Deutschland zu leben war ihm jedoch noch nie in den Sinn gekommen. Dennoch, als er Hans' glückliche Schilderungen so las, verspürte er ein kleines bisschen Neid.

Er wusste, dass er hier einen guten Job hatte, der gut bezahlt wurde und ihm eine gewisse Sicherheit bot. Auf der anderen Seite würde er dort wohl kaum mehr Aufstiegschancen bekommen. Irgendwie hatte er den Höhepunkt seiner Karriere bei Bodenschatz schon erreicht.

Dann, eines Tages, traf ein Brief ein, der sein Leben grundlegend veränderte.

SECHZEHN

Hans beschrieb Los Angeles, als wäre es ein Stück vom Himmel. Das Wetter war immer perfekt, die Leute freundlich und das Meer und die Berge unbeschreiblich. Als Alfred seinen Brief öffnete, las er:

Hallo Alfred,

die neue Firma, bei der ich arbeite, ist sehr erfolgreich, aber wir haben ein kleines Problem – wir können keinen geeigneten Werkzeugmacher finden. Ich habe mal deinen Namen und deine Qualifikationen im Gespräch mit meinem Arbeitgeber, Herrn Gannon, erwähnt. Er meinte, wenn du bereit wärst, nach Amerika zu kommen, würde er dich sofort einstellen. Ich würde für dich bürgen und wir könnten uns eine Wohnung teilen, bis du dich eingewöhnt hast. Wenn du Interesse hast, lass es mich wissen und ich kümmere mich um den Papierkram.
Ich hoffe, dir geht es gut und ich freue mich schon darauf, bald von dir zu hören!

Dein Freund
Hans

Alfred musste den Brief mehrmals lesen. Er konnte nicht glauben, dass er einfach so nach Amerika gehen sollte. Aber der Vorschlag von Hans klang ehrlich und aufrichtig. Die Idee, sein Leben so dermaßen umzukrempeln, schien aufregend, aber auch irgendwie erschreckend. Der Gedanke, seine Eltern und Geschwister in Deutschland zurückzulassen und wer weiß wie lange nicht sehen zu können, fiel ihm schwer. Immer wieder dachte er über Hans' Vorschlag nach, behielt den Brief aber erst einmal für sich. Und immer wieder wog er die beiden Möglichkeiten gegeneinander ab – Sicherheit bei Bodenschatz oder Abenteuer in Amerika?

Es war eine der größten Entscheidungen, die er in seinem Leben zu treffen hatte. Er musste wieder an Sir Edmund Hillary denken. Wie schwer hatte der Aufstieg auf das Dach der Welt für ihn sein müssen! Und wie schrecklich allein er sich bestimmt gefühlt hatte. Aber er wollte nie Zweitbester sein und überwand alle Widrigkeiten, um etwas zu erreichen, was nie jemand vor ihm erreicht hatte. Und diese Gedanken gaben Alfred schließlich den Mut, Hans nach dem Papierkram zu fragen.

Hans' Antwort kam postwendend und er schrieb Alfred die Adresse der US-Botschaft in München, wo Alfred sich um ein Visum bemühen sollte. Innerhalb weniger Tage bekam er einen Termin und sollte persönlich nach München kommen, um die notwendigen Unterlagen vorzulegen.

Nun war der Zeitpunkt gekommen, seine Eltern in seine Pläne einzuweihen. Um sie nicht allzu sehr zu schockieren, sagte er zunächst nur, er würde mehrere Pläne ausloten und sich dann entscheiden.

Im Februar 1961 saß Alfred mit klopfendem Herzen im Zug nach München. Zum hundertsten Mal überprüfte er all seine Taschen und versicherte sich, dass er nichts vergessen hatte. Er hatte seinen Reisepass dabei und ein offizielles Schreiben, das den Verlust seiner Geburtsurkunde bestätigte. Er dachte zurück an die vielen Nächte, die die Familie im Stroh geschlafen hatte und daran, wie er im Prager Bahnhof von seiner Familie getrennt worden war. Damals hatte er keine Ahnung gehabt, was die Zukunft für ihn alles so bringen würde.

Als Alfred an der US-Botschaft in München ankam, fühlte er sich wie auf einem anderen Planeten. Überall liefen Soldaten in makellosen Uniformen herum und sprachen Deutsch mit einem angenehmen amerikanischen Akzent. Zum festgesetzten Termin wurde er in ein Büro geführt, wo er seine Papiere präsentierte. Die körperliche Untersuchung bestand er ohne Probleme.

Dann folgte die lange Zugfahrt zurück nach Hause und auch die Zeit der zunehmenden Erwartung und Zweifel. Alfred behielt alles für sich, denn seine Eltern unnötig beunruhigen wollte er auch nicht. Er wollte sich erst hundertprozentig sicher sein, dass seine Entscheidung die richtige war.

Am 11. Juli wurde Alfred 21 Jahre alt. Geburtstage wurden bei den Langers nicht gefeiert, wie auch bei vielen Familien im Umkreis nicht. Drei Tage später flatterten als verspätetes Geschenk seine Auswanderungspapiere in den Briefkasten und in diesem Augenblick stand seine Welt Kopf.

Als er seiner Familie von seinen Plänen erzählte, war sein Tonfall ruhig und beiläufig, so, als würde er über eine Radtour plaudern. Seine Geschwister konnten nicht glauben, dass er etwas so Närrisches wie Auswandern machen würde.

Rudolf und Elsa jedoch glaubten ihrem Sohn. Beide waren sehr besorgt. „Wo wirst du denn leben? Und arbeiten? Und wie findest du dich dort zurecht? Du kannst doch die Sprache gar nicht! Weißt du überhaupt, wo Los Angeles liegt?" Aber die schlimmste aller Fragen stellte seine Mutter mit Tränen in den Augen. „Und wann sehen wir dich wieder?"

Alfred erklärte alles ganz geduldig. „Hans wird mich vom Flughafen abholen. Wir teilen uns eine Wohnung, bis ich eine eigene gefunden habe. Sein Chef hat mir einen guten Job versprochen, als Werkzeugmacher. Und die Sprache werde ich schon lernen." Jetzt erzählte er ihnen auch von seiner Arbeit bei Bodenschatz und dem Gefühl, dort nicht weiter aufsteigen zu können. Aber auf die Frage seiner Mutter, wann er seine Familie wiedersehen würde, hatte er keine Antwort.

Alfred hatte fünf Monate Zeit, bis er sein Visum schließlich bekam, und er fackelte nicht lange: Was er verkaufen konnte, wurde verkauft. Sein italienisches Rennrad, seine Skier, Schlittschuhe, Bücher. Dinge, die sich nicht verkaufen ließen, gab er weg. Mit dem Geld, das er eingenommen hatte, bezahlte er schließlich sein Flugticket für stolze 1.350 Mark. Zusätzlich hatte er noch fünfzig Mark in der Tasche stecken. Rudolf und Elsa wollten ihm noch mehr geben, doch Alfred lehnte dankend ab. Er überzeugte die beiden, dass er selbst genug hatte und sie sich keine Sorgen machen sollten.

Während all dieser Ereignisse traf ein weiterer Brief im Hause Langer ein, diesmal ein offizieller Brief von der deutschen Regierung. Er wurde zur Musterung einberufen. Und obwohl Alfred das Land in zwei Wochen verlassen wollte, hatte er keine Wahl. Wenn er nicht zur Musterung erschien, würde man ihn sicher suchen und abholen. Und das war wohl unangenehmer, als einfach hinzugehen.

Mit verständlicher Sorge ging er schließlich zur Musterung ins Kino in Selbitz. Ein Militärarzt und sein Mitarbeiter untersuchten die Männer aus der Umgebung und Alfred bestand alle Tests problemlos. Ihm wurde mitgeteilt, dass er in kürzester Zeit eine Nachricht bekommen würde, wo er sich zum Wehrdienst melden sollte. Alfred hoffte inständig, dann schon in Amerika zu sein. Käme der Befehl vorher, müsste er achtzehn Monate in der deutschen Bundeswehr dienen und seine Auswanderungspläne wären gestorben.

Und so stocherte Alfred fünf Wochen nach Erhalt des Visums an einem warmen Augustmorgen in seinem Frühstück herum.

Elsa saß neben ihm. „Ich habe dir packen geholfen."

„Ich weiß, Mama. Vielen Dank."

Elsa starrte auf ihren Sohn und fragte mit leicht bebender Stimme: „Bist du wirklich sicher, dass du das tun willst?"

Alfred nickte. „Ich habe da dieses Gefühl in mir, dass Gott etwas Wunderbares für mich geplant hat."

„Man sollte immer tun, was am besten für einen ist und auf Gott vertrauen", sagte Elsa nur. Dann sagte sie: „Du musst etwas essen. Du brauchst Kraft."

Trotzdem schaffte er es kaum, einen Bissen hinunterzukriegen. Als es Zeit war, zum Bahnhof zu gehen, wollte Elsa unbedingt seinen Koffer tragen. Als sie den Bahnhof schließlich erreichten, stellte Elsa den Koffer behutsam auf den Boden und Alfred schaute noch einmal nach, ob er wirklich alle Papiere dabei hatte.

Dann rief der Schaffner: „Alle einsteigen!" Vor diesen Worten hatten sich Mutter und Sohn gefürchtet. Schnell zog Elsa ihren Sohn an sich und beide begannen zu schluchzen. Alfred umarmte seine Mutter fest. „Ich liebe dich, Mama!" Unter Tränen antwortete sie: „Gott sei mit dir."

Als der Zug schließlich losrollte, sprang Alfred in letzter Sekunde ins Abteil. Von der Tür aus sah er, wie seine Mutter, seine Familie, sein ganzes altes Leben, langsam in der Ferne verschwanden.

Er war allein. Sein altes Leben lag hinter ihm und das neue war erst in weiter Ferne zu erahnen. Seine Mutter stand noch immer auf dem Bahnsteig und wurde mit jedem Meter, den der Zug zurücklegte, kleiner. Sie wischte sich die Tränen mit einem kleinen weißen Taschentuch aus den Augen, das sie einst von Alfred zu Weihnachten geschenkt bekommen hatte. Alfred drehte sich um, als er sich die eigenen Tränen mit dem Jackenärmel aus dem Gesicht wischte. Als er sich wieder in Richtung Tür wandte, war der Bahnhof bereits aus seinem Blickwinkel verschwunden.

* * *

Alfred betrat den Eisenbahnwagen, stellte seinen Koffer hinter eine der Sitzreihen und setzte sich dann neben eine Frau mittleren Alters. Ihr Name war Frau Herpich und er hatte sie schon öfters in Selbitz gesehen, aber nie mit ihr geredet. Aus den Augenwinkeln sah sie seine geröteten Augen und fragte voller Mitgefühl:

„Ich habe dich auf dem Bahnsteig gesehen. Ist jemand gestorben?"

„Nein, Frau Herpich", sagte Alfred und war etwas verwundert über diese direkte Frage. „Ich gehe nur nach Amerika."

Sie sah ihn streng an und schien etwas beleidigt zu sein. „Über so etwas scherzt man doch nicht!"

„Ich meine es ernst! Ich gehe nach Los Angeles. Ein Freund hat dort einen Job für mich und jetzt mache ich mich auf den Weg dorthin."

Sie blickte ihn wieder an. „Bist du nicht einer der Langerjungen?", fragte sie dann.

„Ja, ich bin Alfred."

Plötzlich veränderte sich Frau Herpichs Gesichtsausdruck und sie lächelte. „Ich habe schon viel von dir gehört."

„Wirklich?", fragte Alfred überrascht.

„Mein Sohn war mal bei dir in einem Turnkurs und er hält große Stücke auf dich. Er hat nur Positives über dich erzählt."

Alfred wurde etwas verlegen. „Das freut mich zu hören. Ich habe mein Bestes bei den Kursen gegeben. Wir hatten alle viel Spaß."

„Nun, meinem Sohn hast du gutgetan. Ich danke dir dafür."

„Glauben Sie mir, Frau Herpich, die Freude war ganz auf meiner Seite."

Sie unterhielten sich weiter, bis der Zug in Hof ankam. Als die beiden den Zug verließen, wünschte die Frau ihm viel Glück und gab ihm Gottes Segen mit auf den Weg. Alfred verbrachte den Rest der Reise schweigend und dachte an die Worte seiner Mutter und die von Frau Herpich: Gott sei mit dir.

Während der Zugfahrt rauschten die Gedanken nur so durch seinen Kopf. Am Abend kam er endlich am Frankfurter Flughafen an und er nahm seinen Flugschein nach Los Angeles in Empfang. Er

würde mit einer Pan Am Boeing 707 fliegen, einem wirklich un-
glaublichen Verkehrsflugzeug, dachte Alfred. Mit einen leicht un-
wohlen Gefühl betrat er die Kabine und wurde zu seinem Platz am
Fenster gewiesen. Als alle Passagiere anwesend waren und sich an-
geschnallt hatten, wurde das Flugzeug auf die Startbahn gezogen
und fuhr los, schneller und immer schneller. Die Motoren schrien
auf und das Flugzeug begann, heftig zu vibrieren. Alfreds Angst
ließ etwas nach, als er sah, dass alle anderen Passagiere ganz ruhig
blieben. Trotzdem umklammerte er seine Armlehnen, bis die Knö-
chel an den Fingern weiß hervortraten und dann war das Flugzeug
plötzlich in der Luft. Es wurde ihm bewusst, dass der Ort, in dem er
aufwuchs, ihn wenig darauf vorbereitete, was nun vor ihm lag. Seine
Reise hatte begonnen.

* * *

In einer kleinen Tasche vor ihm am Vordersitz steckten deutsche
und englische Zeitungen, doch Alfred wollte nichts lesen. Er drückte
seine Nase am Flugzeugfenster platt und blickte hinunter, als die
blinkenden Lichter Frankfurts unter ihm immer kleiner wurden und
schließlich verschwanden. Das Flugzeug stieg hinauf in die Wolken und plötzlich konnte er Millionen von Sternen sehen, von denen manche zum Greifen nahe zu sein schienen. Der Anblick hatte
etwas von einer Erleuchtung und er dachte sogleich an das Kruzifix
zuhause. Hatte es eigentlich an der Wand gehangen, als er gegangen
war? Er konnte sich gar nicht mehr erinnern.

Nachdem sie etwa eine halbe Stunde geflogen waren, tippte ihm
eine attraktive junge Frau in einer Uniform auf die Schulter. Als
Alfred sich zu ihr umdrehte, lächelte sie und fragte: „What would
you like to eat, steak or chicken?" Alfred verstand nicht, was sie
wollte und schüttelte nur lächelnd den Kopf. Wenig später schob die

Frau einen Metallwagen durch die Reihen und verteilte Essen an die Mitreisenden – außer an Alfred. Als sein Magen zu knurren begann, dachte er: Die Wörter fürs Essen sollte ich zuerst lernen.

Der Vollmond leuchtete hell am Nachthimmel, umrahmt von Millionen blinkender Sterne. Aus dem Fenster konnte Alfred jetzt ganz tief unter ihnen das Meer sehen, in dem sich der Mondschein spiegelte. Niemand aus seiner Familie war jemals geflogen, die meisten waren noch nicht einmal in der Nähe eines Flugzeuges gewesen. Und hier war er, meilenweit über der Erde. Ich bin wahrhaftig ein gesegneter Mensch, dachte er und seine Gedanken schweiften zu seiner Familie ab.

Sie landeten in Winnipeg, Manitoba, wo einige Reisende bereits durch den Zoll gingen. Für Alfred aber begann eine weitere Etappe des Reisens. Ein paar Reihen vor ihm begann jemand zu singen: „California, here I come!" Alfred mochte die Melodie, hatte aber keine Ahnung, was die Person da sang. Seufzend fing er wieder an zu grübeln. Was, wenn Hans nicht am Flughafen wäre? Er hatte ja kein Telefon, wie sollte man ihn also finden? Die größte Frage, die er sich jedoch stellte, war: Wie soll ich mich nur in meiner neuen Umgebung zurechtfinden? Eine andere Stewardess kam zu seinem Platz und fragte ihn etwas. Er verstand wieder nicht, was sie sagte. Diesmal hatte er jedoch gelernt und nickte nur. Wenig später bekam auch er eine dampfende Mahlzeit vor sich auf den kleinen Klapptisch gestellt.

* * *

Alfred wurde von der Stimme des Piloten aus seinem kleinen Nickerchen gerissen. Der Pilot würde jetzt alles für die Landung vorbereiten. Als Alfred aus dem Fenster schaute, sah er die funkelnden Lichter von Los Angeles, die sich scheinbar meilenweit ausdehnten.

Der Anblick war atemberaubend, doch allmählich bekam er es mit der Angst zu tun. Er hatte sein ganzes Leben in einer Stadt mit nur viertausend Einwohnern verbracht, wo jeder jeden kannte. Und jetzt lag eine Stadt mit mehreren Millionen Einwohnern unter ihm. Der Gedanke war ihm nicht wirklich geheuer.

Als die Räder sicher die Landebahn des LA International Airports berührten, klatschten die Passagiere und riefen Bravo.

Alfred betrat kurz darauf das Flughafengebäude und wurde durch den Zoll gewinkt. Er zeigte seinen Reisepass und all seine Formulare vor und der Mann an der Passkontrolle sagte: „Willkommen in Amerika." Vielleicht meint er es ja wirklich ernst, dachte Alfred. Vielleicht bin ich hier ja wirklich willkommen. Im ganzen Flughafen hingen amerikanische Flaggen und Bilder von Präsident Kennedy schmückten die Wände. Reisende eilten durch die riesige Flughalle, aber in Alfred breitete sich ein warmes und angenehmes Gefühl aus, als er schließlich Hans entdeckte. Sie schüttelten sich kräftig die Hände und eine lebenslange Freundschaft war geboren. Alfred fand seinen Koffer auf dem Fließband und dann folgte er Hans zum Parkhaus. Er lächelte breit, als er Hans' Auto sah: Ein Volkswagen-Käfer, genau das Modell, auf dem Alfred in Deutschland seinen Führerschein gemacht hatte.

Die knapp achtzig Kilometer lange Fahrt zu Hans' Wohnung verging wie im Flug. Es gab so viel zu erzählen, aber die Zeit schien nur so zu rasen. Alles war anders hier: die Sprache, die hellen Lichter überall, die breiten Highways, die vielen Menschen, die großen Autos mit den riesigen Kotflügeln, die Gerüche, die großen Werbetafeln … Alles schien hier irgendwie größer zu sein. Jedes Mal, wenn Alfred eine Frage stellte, antwortete Hans so kurz wie möglich und stellte dann wieder jede Menge Gegenfragen. „Was war denn bei Bodenschatz los? Geht es Thieroff gut? Was haben die anderen gesagt, als du ihnen erzählt hast, dass du hierher kommst?"

Der Apartmentkomplex, in dem Hans lebte, lag in der 232 South Avenue, in einem Gebiet namens Highland Park, am Ende einer Sackgasse und umgeben von großen, grünen Eukalyptusbäumen. Die Anlage hatte einen beheizten Pool, der auch nachts noch beleuchtet war. Alfred kam aus dem Staunen nicht mehr heraus und Hans lachte. „Warte, bis am Wochenende die ganzen Mädchen am Pool liegen!" Der Apartmentkomplex war früher einmal eine Kaserne gewesen, jetzt gab es hier acht Wohnungen in vier Gebäuden. „Die meisten Mieter hier sind Junggesellen, alleinstehende Frauen oder Paare ohne Kinder", sagte Hans. „Unter der Woche ist hier alles wie ausgestorben, aber am Wochenende ist hier immer Trubel."

Die Wohnung war ordentlich und gepflegt. Sie hatten eine komplette Küche mit einer Theke, die das Wohnzimmer von der Küche trennte. Eine Tür führte ins Schlafzimmer mit angrenzendem Badezimmer. Als Alfred seinen Koffer auspacken wollte, hielt ihn Hans zurück. „Eins nach dem anderen!", sagte er und schenkte sich und Alfred je eine Flasche Blue Ribbon Bier ein. Sie hoben die Gläser und Hans sagte: „Auf dass du in deiner neuen Heimat Erfolg hast!" Das Klirren der Gläser läutete eine Zukunft ein, die sich beide jetzt noch nicht vorstellen konnten.

Sie leerten ihr Bier und während sie weiter plauderten, räumte Alfred seinen Koffer aus. Als er schließlich alles ausgepackt hatte, starrte er auf den Boden des Koffers und bewegte sich nicht.

„Was ist los?", fragte Hans besorgt. „Stimmt etwas nicht?"

Alfred hob langsam das Kruzifix hoch, das seit Kindertagen in seinem Zuhause gehangen hatte.

* * *

Los Angeles – oder auch LA, wie Alfred bald lernte – tagsüber zu sehen, war eine ganz andere Erfahrung als des Nachts durch die Stadt zu fahren. Anders als in Selbitz sah man hier fast niemanden zu Fuß gehen. Alle fuhren mit dem Bus oder im Auto, von denen manche recht teuer aussahen. Hans bombardierte Alfred auch weiterhin mit Fragen über die alte Heimat, als sie sich zur Manhattan Die Company an der West Seventh Street aufmachten.

Gewöhnt an die Größe der Fabrik Bodenschatz, war Alfred erstaunt, als er seinen neuen Arbeitsplatz zum ersten Mal sah. Die Werkstatt bestand nur aus einem einzigen Gebäude, das zwischen einer Taverne und einem Pfandbüro stand. Hans bemerkte die Sorge in Alfred Gesicht und beruhigte ihn grinsend. „Ich weiß, was du denkst. Aber die Arbeit ist gut, die Kunden sind treu und die Qualität unserer Produkte ist hoch." Als sie durch die Tür traten, wurden sie bereits von einem stattlichen Mann begrüßt. „Johnny, das ist Alfred Langer", begann Hans. „Alfred, das ist dein neuer Chef, Mr. John Gannon."

Gannon streckte eine Pranke aus und drückte Alfreds Hand. Seine Stimme klang einladend und warm und Hans übersetzte für Alfred. „Freut mich, dich mit an Bord zu haben, mein Sohn. Nenn mich bitte Johnny."

„Ja, Sir!", antwortete Alfred in seinem besten Englisch.

„Lass den Sir-Kram weg, Johnny reicht. Halte deine Nase immer sauber, mach einen guten Job und du wirst es hier gut haben."

Alfred nickte. Dann stellte Hans ihm einen anderen Mann vor, den er „kleinen Hans" nannte.

Johnny wandte sich an Hans. „Zeig ihm, was hier hergestellt wird und hilf ihm dabei, alles zu verstehen."

Und so führte ihn Hans durch den Rest der Werkstatt. Irgendwie begann Alfred, seine Entscheidung in Frage zu stellen. Hatte er wirklich ein stattliches Unternehmen mit 300 Angestellten verlassen, um hier mit drei Mann in einer winzigen Werkstatt zu arbeiten?

„Du verdienst hier mehr als in Deutschland. Glaub mir", sagte Hans, als hätte er seine Gedanken gelesen.

Als Alfred zu seinem Arbeitsplatz geführt wurde, glaubte er in die Steinzeit zurückversetzt geworden zu sein. In einer Ecke des Gebäudes standen eine alte Fräsmaschine, eine Drehbank, zwei Bohrmaschinen, eine Biegemaschine für Messing und Stahl, eine Kreissäge für Holz und eine Bandsäge für Metall und ein paar Schweißgeräte. Alfred dachte, dass der Platz hier nie und nimmer für so viele Menschen und Maschinen ausreichen würde. Im Eifer des Gefechts würden sie doch übereinander stolpern! Außerdem war der Boden hier mit Sägespänen bedeckt und gut riechen tat es auch nicht.

Als neuester Mitarbeiter wurde Alfred dazu verdonnert, erst einmal die Maschinen zu reinigen und den Boden zu fegen. Ich bin ausgebildeter, kompetenter Betriebsschlosser, dachte Alfred. Und jetzt wische ich hier in dieser Müllhalde den Boden. Trotzdem tat er wie ihm geheißen und dank seiner Bemühung verschwand der ungute Geruch langsam aber sicher aus dem Gebäude. Als unterster Mann in der Hierarchie dachte er an die Worte des Plato: Der Beginn ist der wichtigste Teil der Arbeit.

Seine nächste Aufgabe bestand darin, sich erst einmal mit den neuen Maßeinheiten vertraut zu machen. Hier waren die Maßeinheiten allesamt ziemlich verwirrend. Ein Zoll wurde eingeteilt in Achtel oder Sechzehntel, ein Fuß hatte zwölf Zoll. Und ein Pfund hatte sechzehn Unzen? Alfred war leicht verzweifelt.

Die meiste Zeit wurden bei Manhattan die Metallformen zur Plastikausstanzung hergestellt. Außerdem wurden messerscharfe Schneideformen hergestellt, wie die in der Klicker Maschine in der Selbitzer Schuhfabrik.

Johnny arbeitete selten bei der Herstellung dieser Formen mit, aber wenn es etwas zu schweißen gab, tat er dies gerne selber. Johnny legte großen Wert auf eine saubere Arbeit beim Schweißen. Mit Hans' Anweisungen gewöhnte sich Alfred langsam an die neue Arbeit und an die veralteten Maschinen. Früher hatte er immer strammstehen müssen, wenn sein Chef vorbeikam. Hier war alles viel freundlicher, lockerer. Trotzdem hatte Alfred noch eine ganze Weile damit zu kämpfen, seinen Arbeitgeber beim Vornamen zu rufen.

Johnny war ein netter Mensch, aber er hatte zwei Schwachpunkte: Er war Kettenraucher und eigentlich sah man ihn nie ohne Zigarette im Mund. Und dann trank er ständig. Für ihn war es normal, in der Mittagspause in einer Kneipe zu verschwinden und bis Feierabend nicht wiederzukommen. Ständig mussten Hans und Alfred ihn suchen, wenn ein wichtiger Telefonanruf nach dem Chef verlangte oder ein Kunde in die Werkstatt kam.

Der kleine Hans war ebenfalls ein interessanter Mensch. Er war ein kleiner Angeber und sprach ein bisschen Deutsch. Er prahlte gerne vor Alfred, wie viele Freundinnen er doch hatte, weil er so viel Geld verdiente und einen 1960er Thunderbird Cabrio fuhr.

Neben Johnnys ständigen Trinkeskapaden und den Angebereien des kleinen Hans gab es noch eine Sache, auf die man sich verlassen konnte: den schlechten Zustand der Maschinen. Nicht eine einzige Maschine war in einem halbwegs annehmbaren Zustand und genau das machte die Arbeit für Alfred schwierig. Johnny sagte stets, er würde bei Gelegenheit die Geräte vom Pfandleiher nebenan kaufen. Aber Hans und Alfred schlugen daraufhin stets vor, dass mit neuen Präzisionsmaschinen viel bessere Produkte hergestellt werden konnten. Ihr Vorschlag wurde ignoriert.

Das Zurechtkommen gelang Alfred leichter als gedacht. Johnny sagte, was zu tun war, Hans übersetzte und Alfred arbeitete. Johnny war zufrieden.

In den ersten Tagen nach seiner Ankunft schrieb Alfred einen Brief nach Hause. Er erzählte von Hans, seinem neuem Job, der Wohnung. Dennoch vermied er es, Details über seinen Chef zu verraten. Stattdessen schrieb er darüber, wie schön Kalifornien war und dass es ihm gut ging. Es sei die richtige Entscheidung gewesen, dass er nach Kalifornien gegangen war und sie sollten sich keine Sorgen machen. Mit einem Dank an seine Mutter für das Kruzifix beendete er den langen Brief.

Eine Woche später erhielt Alfred einen Brief von zuhause, in dem auch der Befehl der Bundeswehr lag, sich zum Militärdienst zu melden. Alfred lächelte. Der Zeitpunkt seiner Ankunft hier hätte nicht punktgenauer sein können. Bevor er aus Deutschland abgereist war, hatte er herausgefunden, dass er, sobald er die ständige Arbeitserlaubnis hier erhalten würde, nicht mehr in der deutschen Armee dienen musste – sondern in der amerikanischen.

* * *

Am 1. September 1961 begann Alfreds Englischunterricht in der Highland Park High School, an der montags bis freitags Abendkurse für Erwachsene stattfanden. Alfred lernte jede Menge neuer Wörter und tat jeden Tag sein Bestes, das Gelernte anzuwenden. Er war überrascht und erfreut, dass ihm auch Fremde immer wieder halfen und verständnisvoll waren, wenn er einmal etwas nicht auf Anhieb verstand und er fühlte sich in seinen Bemühungen voll und ganz unterstützt. In den Mittagspausen lernte er weiter und abends sah er sich manchmal Filme mit deutschen Untertiteln an. Berichte im Radio lehrten ihn die richtige Aussprache. In seinem Streben, die neue Sprache so schnell wie möglich zu lernen, fand er schnell überraschende Verbündete: die Mädchen am Pool.

SIEBZEHN

Bässe dröhnten aus den Wohnungen und am Pool tanzten sonnen-
verwöhnte junge Menschen zu „California Girls" von den Beach
Boys. Andere tanzten auf den Balkonen und sangen aus vollem
Halse mit. Es war ein ganz normaler Sonntagnachmittag Ende September und Alfred konnte sich ein Grinsen kaum verkneifen, wenn
er an zuhause zurückdachte.

In Selbitz fiele jetzt vermutlich Schnee und er würde irgendwo in
Armeekleidung frieren, statt mit gut aussehenden jungen Damen am
Pool zu feiern.

Die Mädchen halfen ihm gerne dabei, besser Englisch zu lernen.
Natürlich half Alfreds gut gebauter Körper und seine zuvorkom-
mende Art, die Mädels bei Laune zu halten. Nichtsdestotrotz sollte
sich ihre Hilfe noch als wertvoll erweisen, denn ohne sie hätte Alfred
die Sprache wohl kaum so schnell gelernt.

Alfred merkte schnell, dass Hans' Beschreibungen von Kalifornien genau richtig gewesen waren. Die beiden machten Ausflüge
in die Berge und in die scheinbar endlose Wüste. Die Zeit verging
wie im Flug und Alfred lebte sich schneller ein, als er es sich je zu
träumen gewagt hätte.

* * *

In der Manhattan Die Company verdiente Alfred 1,50 $ pro Stunde.
Gepaart mit ein paar bezahlten Überstunden kam er so auf den gleichen Verdienst wie bei Bodenschatz. Johnny jedoch versprach ihm
gleich mehrere Lohnerhöhungen, falls Alfred sich als geschickt und
lernfähig erweisen sollte. Und da Johnny bald bemerkte, dass dies
der Fall war, bekam Alfred auch bald mehr Lohn. Und obwohl es
zahlreiche Versuchungen gab, das verdiente Geld gleich wieder auf

den Kopf zu hauen, hielt sich Alfred an die Maxime seines Vaters und Großvaters und sparte sein Geld. Nur was unbedingt notwendig war, wurde gekauft. Er und Hans kochten nur zu Hause und aßen nur zu besonderen Anlässen auswärts. Die größten Ausgaben gingen für Lebensmittel, die Miete und ab und an einen Kinobesuch drauf. Alfred war zudem sehr beschäftigt. Fünfeinhalb Tage die Woche ging er zur Arbeit, fünf Abende in der Woche drückte er die Schulbank und in seiner Freizeit hing er meistens über irgendwelchen Lehrbüchern. Ausnahmen machte er nur für Tagesausflüge und natürlich für die Sonntagnachmittage am Pool.

Hans und Alfred taten ihr Bestes, um die Kunden der Manhattan Die Company zufriedenzustellen und sie waren deshalb ziemlich erstaunt zu erfahren, dass Johnny die meiste Zeit seines Tages in einer Kneipe verbrachte und nur auf der Arbeit erschien, wenn es absolut notwendig war. Eines Tages arbeitete Alfred an einer Drehbank, als Johnny ihm zurief:

„Hey Kleiner!" Alfred drehte sich um und schaute seinen Chef fragend an.

„Ja, du!", rief dieser. „Wie lange brauchst du da noch?"

Mittlerweile konnte Alfred gut genug Englisch, um eine kleine Unterhaltung wie diese ohne Probleme zu führen.

„Etwa fünf Minuten noch", erwiderte er.

„Gut, dann komm mit mir."

Alfred folgte Johnny aus der Tür und zuckte nur mit den Schultern, als Hans ihn fragend ansah.

Johnny führte seinen Angestellten in die nahegelegene Kneipe „Blarney's Castle", aus der Alfred Johnny schon mehrmals abgeholt hatte, wenn sein Typ auf der Arbeit verlangt wurde. Es war dunkel und schmuddelig und in der Luft lag ein miefiger Gestank von schalem Bier, Schweiß und Zigarettenqualm. Johnny begrüßte jeden Anwesenden mit Namen und die Männer grüßten zurück. Man kannte sich. Als die beiden an der Bar ankamen, wies Johnny Alfred an, auf einem der schäbigen Barhocker Platz zu nehmen.

„Hey Johnny. Das Übliche?", fragte der Barkeeper.

Johnny wandte sich an Alfred. „Welchen Cocktail willst du?"

Alfred hatte das Wort Cocktail zwar schon mehrmals auf irgendwelchen Schildern gelesen, hatte aber keinen blassen Schimmer, was es bedeutete. Er zuckte mit den Schultern.

„Bring ihm einen Mai Tai", sagte Johnny. „Und ich krieg das Übliche."

Langsam fragte sich Alfred, was zum Teufel er hier eigentlich machte. Johnny zündete sich unterdessen eine Zigarette an. Als die beiden Cocktails vor ihnen standen, nahm er einen Schluck aus seinem und wies Alfred an, das Gleiche zu tun. Nach einem stillen Seufzer hob Alfred sein Glas und nahm einen vorsichtigen Schluck. Zu seiner Überraschung schmeckte das Zeugs wirklich gut.

Schließlich brach Johnny das Schweigen. „Und, wie findest du deinen neuen Job?"

„Sehr gut", sagte Alfred und erwartete das Schlimmste.

„Du bist ein guter Arbeiter", sinnierte Johnny. „Verstehst deinen Job. Ich bin froh, dass du hierhergekommen bist und für mich arbeitest."

Alfred glaubte, zumindest die Hälfte von dem verstanden zu haben, was Johnny gesagt hatte und nickte. „Vielen Dank für den Job", sagte er.

„Gerne", sagte Johnny und zündete sich den nächsten Glimmstängel an. „Und jetzt trink deinen Mai Tai und geh zurück zur Arbeit. Wir haben viel zu tun."

Alfred kippte den Rest des Cocktails in sich hinein und wandte sich zum Gehen.

Johnny grinste. „Da ist noch eine Sache. Hast du was am Wochenende vor?"

Alfred schüttelte zögernd den Kopf. „Nein."

„Gut. Dann komm mit mir und meiner Familie an den Strand. Wir holen dich um acht ab. Hast du eine Badehose? Gut. Bring sie mit, wir gehen schwimmen." Und mit diesen Worten scheuchte er Alfred davon und bestellte sich noch einen Drink.

Als Alfred zurück an der Drehbank war, fiel ihm der neu gelernte Ausspruch „Go with the flow = Schwimme mit dem Strom" wieder ein. Vielleicht sollte er das tun, dachte er.

* * *

„Was glaubst du, was ihr am Strand alles macht?", fragte Hans neugierig und Alfred zuckte mit den Schultern.

„Ich habe keine Ahnung", sagte er.

Pünktlich um acht wartete er am Samstagmorgen vor ihrer Wohnung. Schließlich sammelten ihn Johnny und dessen Familie auf. Alfred war erleichtert, als er Johnnys Frau Nancy sah. Sie hatte einmal in Deutschland gelebt und konnte für ihn dolmetschen, falls er mal etwas nicht verstand. Ronnie, ihr Sohn, war etwa siebzehn Jahre alt und wollte Polizist werden, wie er Alfred gleich erzählte.

In dichtem Verkehr fuhr die Familie mit Alfred Richtung San Diego und nach circa einer Stunde parkten sie das Auto vor dem Orange Grove Restaurant und frühstückten. Das Essen war fantastisch und die weichen Ledersessel so gemütlich, dass man kaum noch aufstehen wollte. Als Alfred seine Geldbörse zückte, winkte Johnny ab. „Das Wochenende geht auf uns." Nach einem kurzen Zwischenstopp bei der alten Fr. Serra's Chapel und der Besichtigung der historischen Ruinen der Mission San Juan Capistrano, wo alljährlich Schwalben von ihren Winteraufenthalt in Argentinien zurückkommen und dort ihre Nester bauen, ging die Reise weiter Richtung Süden zum Ort San Clemente. Dort hatte die Familie im

Resort Hotel, direkt am Strand, zwei Zimmer reserviert, eines für Johnny und Nancy, und eines für Ronnie und Alfred.

„Zieht die Badehosen an!", rief Johnny. „Wir gehen schwimmen."

Als Alfred sich ins kühle Nass fallen ließ, musste er an die Selbitz denken und daran, dass der Fluss wohl bald wieder zufrieren würde. Jetzt war es schon fast ein Jahr her, dass er mit seinen Brüdern auf der Selbitz Eishockey gespielt hatte! Und nun schwamm er hier im Pazifik. Irgendwie nimmt das Leben doch einen seltsamen Lauf, dachte er und planschte durch die Wellen.

Beim Abendessen erfuhr Alfred, dass die Familie im Sommer öfter hier einen Kurzurlaub verbrachte. Für Johnny war dieses Wochenende jedoch mehr als nur Urlaub. Er wollte die Gelegenheit nutzen, seinen neuen Angestellten näher kennenlernen. Ohne es zu wissen, stand Alfred erneut auf dem Prüfstand. Er bestand.

* * *

Innerhalb kürzester Zeit lernte Alfred, das Beste aus den alten Maschinen herauszuholen. Damit verbesserte er nicht nur sein eigenes Können, sondern auch die Qualität der Schweißformen und schließlich auch die Zufriedenheit der Kunden, sodass diese bald ihre Produkte ausdrücklich von den beiden Deutschen hergestellt haben wollten.

Es dauerte nicht lange, und Alfred und Hans leiteten praktisch das Unternehmen. Sie funktionierten gut als Team und verstanden sich fast blind. In der Regel führten sie die Aufträge günstiger und schneller aus als erwartet. So machte die Firma höhere Einnahmen und Johnny konnte noch mehr Zeit in der Kneipe verbringen.

Alfred freute sich immer, wenn er Post aus Deutschland bekam. Doch eines Tages erhielt er einen Brief, über den er nicht sonderlich erfreut war. Er kam nicht aus Deutschland, sondern vom amerikanischen Militär. Er wurde aufgefordert, seine Pflicht in der US Armee zu leisten. Hans hatte die Aufforderung nicht erhalten. „Wieso wurdest du denn nicht eingezogen?", fragte Alfred. „Mein Vater starb in Afrika an Malaria, als er in der deutschen Armee war", erklärte Hans. „Hier in den USA gibt es die Vorschrift, dass niemand dienen muss, der nur noch einen Elternteil hat – es sei denn, es bricht der Notstand aus."

Am nächsten Tag ging Alfred zu Johnny und zeigte ihm den Einzugsbefehl. „Ich fürchte, ich muss für eine Weile weg", sagte er.

Johnny las den Brief und kratzte sich am Schädel. „Lass mich mal sehen, was ich dagegen machen kann", sagte er schließlich und steckte sich den Brief in die Hosentasche.

Alfred war ein wenig verunsichert. „Aber was …", setzte er an, doch Johnny unterbrach ihn. „Ich sagte doch, ich sehe, was ich dagegen tun kann!" Alfred nickte zögernd und kehrte zu seinem Arbeitsplatz zurück. Ein wenig verunsichert war er immer noch. Wie sollte er sich denn eine gesicherte Zukunft aufbauen, wenn er für die nächsten zwei Jahre in der Armee dienen musste?

In den folgenden zwei Wochen erwähnte Johnny den Brief mit keinem Wort, und Alfred wurde langsam unruhig. Musste er sich nicht in einer Woche melden? Schließlich, aus heiterem Himmel, rief Johnny in zu sich und reichte ihm einen neuen Brief vom Militär. Alfred konnte den Brief nicht so recht entziffern und fragte: „Was ist das?"

„Das ist eine Verschiebung deiner Militärpflicht", entgegnete Johnny mit einem selbstgefälligen Grinsen. „Ich bin zur Militärbehörde gegangen und habe denen gesagt, dass ohne dich die Manhattan Die Company leider nicht bestehen kann. Die Offiziere waren ziemlich verständnisvoll und haben dir ein Jahr Aufschub gewährt."

„Ernsthaft?!", fragte Alfred.

„Ernsthaft", erwiderte Johnny grinsend und steckte sich eine Zigarette an.

* * *

Als Alfred vor Jahren sein erstes Fahrrad bekommen hatte, fühlte er sich so frei wie nie. Endlich konnte er hinfahren, wo er wollte und wann er wollte! Sein italienisches Rennrad erlaubte ihm ein paar Jahre später dann, noch weitere Strecken zurückzulegen. Jetzt aber, hier in Kalifornien, war Alfred völlig von seinem Freund Hans abhängig. Eines Tages beschloss er, dass dies ein Ende haben musste – ein amerikanischer Führerschein musste her! Tagelang brütete Alfred über Vorschriften und Straßenverkehrsregeln und bestand schließlich die schriftliche Prüfung mit Bravour. Den praktischen Teil der Prüfung absolvierte er in einem kleinen Chevrolet Corvair, der eine Automatikschaltung hatte – für einen Deutschen, der Wagen mit Gangschaltung gewöhnt war, natürlich ein Klacks. Nach der Führerscheinprüfung wurde Alfred sparsamer denn je, denn jetzt hatte er zwar einen Führerschein, aber immer noch kein Auto!

Eines Tages kam Hans auf ihn zu. „Ich habe da von einer Gruppe junger Deutscher gehört, die sich jedes Wochenende am Strand in Huntington Beach treffen", erzählte er.

„Was sind das denn für Leute?", fragte Alfred.

„Die meisten sind in unserem Alter und Kinder von deutschen Einwanderern. Die treffen sich, um ihr Deutsch nicht vollständig zu vergessen und um deutsche Traditionen aufrechtzuerhalten", erklärte Hans.

„Und wie viel kostet der Spaß", fragte Alfred skeptisch. Für Freizeitaktivitäten hatte er jetzt noch weniger Geld, sparte er doch immerhin fleißig für seinen ersten eigenen Wagen.

Hans lachte. „Es kostet gar nichts! Lass uns nächstes Wochenende mal da vorbeischauen."

„Klar", entgegnete Alfred, aber wirklich Lust verspürte er keine.

Seine Lustlosigkeit verflog erst, als die beiden Freunde in Huntington Beach ankamen und am Strand auf die Gruppe junger Deutscher trafen. Es war nicht schwer, sie inmitten der anderen Menschen ausfindig zu machen – vergnügt hatten sie deutsche Lieder angestimmt und sangen aus voller Kehle. Alfred hatte mit einem Schlag das Gefühl, wieder zuhause zu sein und er erinnerte sich an glückliche Zeiten. Als das Lied zu Ende war, kam einer der jungen Männer auf sie zu und fragte, ob er ihnen helfen könne.

„Wir haben von euch gehört und wollten nur einmal schauen, was ihr hier so macht", sagte Hans.

Der Mann fing an zu strahlen, als er Hans' makelloses Deutsch hörte und plötzlich waren die beiden von lauter Menschen umringt, die ihnen Hallo sagen wollten. Die Jungen und Mädchen sprachen zwar allesamt gut Deutsch, aber mit einem unüberhörbaren amerikanischen Akzent. Alfred und Hans stellten sich vor und Leo Kerz, scheinbar der Anführer der Truppe, erklärte, dass sie sich hier treffen, um deutsche Traditionen nicht einschlafen zu lassen. Bald darauf tranken sie gemeinsam Limonade und saßen um einen kleinen Lagerfeuerplatz herum. Alfred und Hans wurden mit Fragen bombardiert. „Wo kommt ihr her?" „Seit wann seid ihr schon hier?" „Wo wohnt ihr?" „Was macht ihr hier?" Alle waren freundlich und waren froh, zwei neue Mitglieder in ihrer Gruppe, der Donauschwäbischen Jugendgruppe, aufnehmen zu können. Die meisten Familien waren in den dreißiger Jahren nach Amerika gekommen und hatten versucht, der Zerstörung und der Armut in Deutschland nach dem Ersten Weltkrieg zu entfliehen. Als die Sonne im Meer versank, zündeten sie das Lagerfeuer an und Würstchen wurden gegrillt. Die Gespräche gingen bis in die späten Abendstunden und Alfred und

Hans versprachen, dass sie auch am nächsten Wochenende wieder dort zum Strand kommen würden.

Letztendlich war Alfred froh, Hans' Vorschlag gefolgt zu sein. Sie hatten nette Leute kennengelernt, die nicht nur ihre eigene Sprache sprachen, sondern ihnen noch dazu mit dem Englischen helfen konnten. Bald kamen noch andere deutschsprachige Jugendliche zu der Gruppe und mit der Größe der Truppe wuchs auch deren Auswahl an Aktivitäten. Unter der Leitung von Leo, einem begnadeten Gitarrenspieler, gründeten sie den Donauschwäbischen Gesangsverein und traten auf vielen Festen und Feiern auf. Neben dem gemeinsamen Schwimmen im Meer spielten sie außerdem Volleyball und Badminton am Strand. Abends saßen sie gemeinsam am Lagerfeuer und stimmten deutsche Lieder an. Manchmal unternahm die Gruppe auch Tagesausflüge in die nahegelegenen Berge oder traf sich zum Kanufahren. Und immer, wenn sie durch die Berge streiften oder auf einem tiefblauen See paddelten, musste Alfred zurück an Hermannstadt denken.

Donauschwäbische Jugendgruppe, 1963
Hans mittlere Reihe, zweiter von rechts

ACHTZEHN

Innerhalb eines Jahres beherrschte Alfred die neue Sprache fast fließend, nur das Denken auf Englisch machte ihm noch Probleme, vor allem dann, wenn er einen langen Satz sagen wollte. Am Ende des Semesters in der Abendschule nahm sein Lehrer ihn zur Seite und wünschte ihm viel Glück für die Zukunft. „Wie lange bist du denn in Deutschland zur Schule gegangen?", fragte er Alfred.

„Die Volksschule ging bis zur achten Klasse."

Sein Lehrer nickte und sagte dann: „Um hier wirklich weiterzukommen, musst du Abitur oder Fachabitur haben."

Alfred dankte ihm für den Ratschlag und sein Lehrer gab ihm Tipps, wie er das Ganze neben der Arbeit schaffen konnte. Er war sich ziemlich sicher, dass Alfred ehrgeizig genug war, um seinem Vorschlag zu folgen. Am Ende der Woche hatte sich Alfred für Abendkurse in der Franklin High School in Highland Park angemeldet. Er war begeistert, als er erfuhr, dass er mehr als nur einen Lehrer haben würde.

Ihm wurde vorgeschlagen, gleich mehrere Kurse zu belegen, die in der deutschen Volksschule nicht angeboten worden waren und dass er so sein High School Diplom innerhalb von achtzehn Monaten erhalten könne – vorausgesetzt, er ging fünf Tage in der Woche in die Abendschule. Und so ging Alfred jeden Abend nach der Arbeit in die Franklin High School und drückte noch einmal die Schulbank. Dabei kam er an einem Autohändler vorbei, auf dessen Hof jede Menge gebrauchter Autos standen. Hin und wieder verlangsamte Alfred seine Schritte und schaute nach, ob für ihn schon ein Auto infrage kommen würde. Doch die meisten waren zu teuer oder zu alt. Und auch wenn einige der Wagen eine gewisse Anziehungskraft auf Alfred verübten, schien keiner davon der richtige zu sein.

* * *

Das Geschäftsvolumen hatte sich im Laufe der Zeit so dermaßen erhöht, dass es beinahe unmöglich geworden war, alle Aufträge in der geforderten Zeit zu erledigen. Um das Unternehmen zu vergrößern und die Kunden zufriedenstellen zu können, verlegte Johnny die Manhattan Die Company schließlich auf die West Sixth Street, etwa anderthalb Kilometer entfernt von ihrem alten Standort. Sie arbeiteten nun im Erdgeschoss des Teris Hotels und hatten neben mehr Platz nun auch ein richtig gutes Restaurant gleich nebenan. Alfred ließ es sich dort mehr als nur einmal schmecken und er machte seine Hausaufgaben für die High School.

In Alfreds Klasse saßen 34 Schüler, alle mit verschiedenen Hintergründen. Einige der Schüler hätten gut und gerne Alfreds Großeltern sein können, andere waren in seinem Alter. Einige kamen hier aus der Gegend, andere kamen aus anderen Ländern und hatten Schwierigkeiten mit der Sprache. Sie hatten jedoch alle ein gemeinsames Ziel: Das Abitur zu machen und im Leben voranzukommen.

An einem kühlen, wolkenlosen Abend im Frühjahr 1963 ging Alfred nach der Schule nach Hause und verlangsamte wie so oft vor dem Autohändler seine Schritte. Als er einen hellblauen VW Käfer für 460 Dollar auf dem Hof stehen sah, blieb er stehen. Bei genauerem Hinsehen erkannte er, dass der Wagen ein 57er Jahrgang war, mit Sitzen aus schwarzem Kunstleder und neuen Reifen und noch dazu in einem scheinbar tadellosen Zustand.

Alfred war hin- und hergerissen, schließlich waren 460 Dollar fast die Hälfte seiner Ersparnisse! Aber irgendwie hatte er sich in den Wagen verliebt und so kaufte er den Käfer schließlich nach einem kurzen Moment des Überlegens. Es war endlich an der Zeit, sich von der Abhängigkeit von Hans zu befreien.

Alfred, 1963, VW 1957

* * *

Im Laufe der nächsten Monate fuhr Alfred in seinem VW die Sehenswürdigkeiten der Umgebung ab. Das Benzin kostete etwa acht Cent pro Liter und somit war das Autofahren ein günstiger Spaß. Sein Käfer funktionierte einwandfrei, egal, ob er in der glühenden Hitze des Death Valley oder in der Kälte von Big Bear herumfuhr. Wie sein persönlicher Held, Sir Edmund Hillary, ging Alfred in den Bergen wandern und campieren. Er sah sich alle Wasserfälle des Yosemite Nationalparks an und wanderte quer durch den Sequoia National Park. Das neu gewonnene Gefühl der Freiheit und Unabhängigkeit war berauschend, doch die Verantwortung gegenüber seinem Arbeitsplatz oder der Schule verlor Alfred nie aus den Augen.

Manhattan Die hatte nur einen einzigen ernsthaften Konkurrenten, eine Firma namens Olson Dies. Für einige Zeit war Olson Dies die einzige Firma in ganz Los Angeles und Umgebung gewesen. Doch dann steckten Alfred und Hans die Köpfe zusammen und tüftelten neue Wege zur Herstellung von Werkzeugen aus und innerhalb kürzester Zeit konnte Olson Dies nicht mehr mit der Manhattan Die Company konkurrieren.

* * *

Eines Tages bemerkte Johnny eine gedrückte Stimmung, als er den Laden betrat. Er wandte sich an Alfred. „Was ist los, mein Junge? Alles okay?"

Alfred schüttelte den Kopf und reichte seinem Chef einen weiteren Einzugsbefehl des U.S. Militärs. Der Zeitpunkt hätte ungünstiger nicht sein können – jetzt, wo die Firma richtig gut lief und ihre Einnahmen und Aufträge ständig stiegen! Johnny las den Brief, klopfte Alfred dann auf die Schulter und sagte grinsend: „Na, lass mich mal sehen, ob ich was dagegen unternehmen kann."

Johnnys Einspruch gegen den Einzugsbefehl hatte schon einmal funktioniert, doch Alfred bezweifelte, ob dies auch ein zweites Mal gelingen würde. Er hatte Unrecht. Nach drei Wochen überreichte ihm Jonny wieder einen weiteren Brief, in dem Alfred noch einmal ein einjähriger Aufschub gewährt wurde. Wieder hatte Johnny das Militär davon überzeugen können, dass sein Unternehmen ohne Alfred zugrunde gehen würde.

Der Sommer schien wie im Fluge zu vergehen. Man traf sich am Strand, man tanzte im Phoenix Club, man campierte und wanderte, arbeitete und ging zur Schule.

Nach achtzehn Monaten hielt Alfred, wie versprochen, sein High School Diplom in der Hand und war froh, nun endlich nicht mehr die Schulbank drücken zu müssen. Ein bisschen traurig und wehmütig war er allerdings, da niemand zu seiner Abschlussfeier kam.

Dennoch war der Tag ein einmaliges Erlebnis. Seine Mitschüler und deren Familien klatschten Beifall und Alfred lauschte aufmerksam einem Redner, der ihren Abschluss als Eintrittskarte für eine bessere Zukunft anpries.

Nach dem Schulabschluss im Juli 1964 schrieb sich Alfred für das Herbstsemester des Los Angeles City College ein, doch das Leben in den USA änderte sich bald drastisch. Krieg war ausgebrochen, in einem fernen Land namens Vietnam, und Alfred war sich bewusst, dass er nun jeden Tag eingezogen werden könnte. Der Gedanke, an einem Krieg teilzunehmen, war abscheulich. Als Jugendlicher hatte er die Schrecken des Krieges erlebt und nun wollte er dies mit Sicherheit nicht noch einmal erleben, geschweige denn auf der Seite der Soldaten stehen.

„Johnny", sagte Alfred eines Nachmittags. „Hast du einen Moment Zeit?"

Johnny sah seine sorgenvolle Miene und nahm ihn beiseite. „Was ist denn los, mein Junge?"

„Könntest du mir einen Rat geben?", fragte Alfred.

Ohne ein Wort zu sagen, griff Johnny ihn am Arm und führte ihn in das nahegelegene Restaurant. Als sie Platz genommen hatten, fragte er abermals: „Was ist denn los?"

Alfred seufzte schwer. „Ich habe Angst, dass man mich bald einzieht. Ich kenne ein paar Leute, die auch nicht gleich zur Armee mussten, aber jetzt eingezogen wurden."

Johnny rieb sich das Kinn und nickte. „Was hast du denn für Alternativen?", fragte er.

Alfred zuckte mit den Schultern. „Wenn ich mich freiwillig für die Nationalgarde melde, werde ich nur für sechs Monate nicht anwesend sein."

„Und du bleibst vermutlich hier in den Staaten, nicht wahr?", fragte Johnny und bestellte sich einen Cocktail. Alfred trank Eistee.

„Da unten in Vietnam sterben die Soldaten wie Fliegen", sagte Johnny mit besorgter Miene. „Keine schönen Aussichten, wenn du mich fragst. Wenn ich du wäre, würde ich versuchen, das Sterben zu vermeiden und mich freiwillig bei der Nationalgarde melden." Er nahm einen Schluck seines Cocktails und blickte Alfred aufmunternd an. Dieser nickte nur.

Im November 1964 meldete sich Alfred dann freiwillig, füllte einen Stapel offizieller Papier aus und wurde dann in eine Kaserne bei San Pedro berufen. Die Stadt lag gleich am Meer am Long Beach Harbor und wuchs zu einem bedeutenden Marinestützpunkt heran. Alfred berichtete seinen Eltern von seiner Entscheidung und verabschiedete sich dann von seinen Freunden.

Der Beitritt zur Nationalgarde beinhaltete eine sechsmonatige Grundausbildung, nach der er wieder nach Hause und zurück zur Manhattan Die Company gehen konnte. In den nächsten sechs Jahren würde er dann jeweils einmal im Monat zurück nach San Pedro gehen müssen, um an Übungen teilzunehmen. Im Sommer würde er zudem zu einem zweiwöchigen Manöver aufbrechen müssen. All dies schien ihm aber eine bessere Aussicht zu sein als der Wehrdienst. Dort hätte er die nächsten zwei Jahre im aktiven Dienst verbringen müssen, im Falle einer nationalen Krise sogar vier. Die Entscheidung lag also klar auf der Hand, denn wäre er jetzt eingezogen worden, hätte man ihn aller Wahrscheinlichkeit nach in Vietnam eingesetzt.

Die Grundausbildung für die Nationalgarde wurde normalerweise in Fort Ord ausgeführt, einem Stützpunkt in der Nähe von Monterrey im Norden Kaliforniens – einer der schönsten und malerischsten Gegenden der USA. Nachdem dort aber die ansteckende Meningitis ausgebrochen war, wurde am Stützpunkt der Quarantänestatus ausgerufen und niemand, außer Ärzten und medizinischem Personal, durfte das Gelände betreten oder verlassen.

Nachdem Alfred und fünf weitere Rekruten dies berichtet bekommen hatten, wurden sie per Bus zum Flughafen von Los Angeles gebracht und sie flogen von dort aus nach Fort Polk, einem Stützpunkt im Bundesstaat Louisiana. Alfred durfte am Fenster sitzen und war begeistert, wie groß und weitläufig alles von oben aussah. Bald darauf setzte der Jet sanft in Shreveport auf und als er und die anderen Rekruten zum Ausgang gingen, war Alfred ganz verwirrt. Irgendwie klang das Englisch hier unten seltsam.

„Die Menschen reden ja hier ganz anders!", sagte er.

Ein Rekrut grinste ihn an und sagte: „Warts ab, in ein paar Wochen redest du genauso wie die!"

Alfred grinste zurück und dachte sich im Stillen, dass dies bestimmt nicht der Fall sein würde. Englisch lernen war schwierig genug gewesen, wie sollte er denn jetzt noch einen komplett anderen Dialekt sprechen lernen? Die jungen Männer stiegen eine Treppe hinauf und standen schließlich vor einer kleinen Propellermaschine mit Militärlogo. Alfred war nur zweimal in seinem Leben geflogen, beide Male in großen Jets, sodass er eine gewisse Abneigung dagegen verspürte, in diese kleine Maschine einzusteigen. Ein streng dreinblickender Mann in brauner Uniform ließ jedoch kein Zögern zu und drängte die Männer zum Einsteigen.

Es war ein Katzensprung nach Alexandria, einer Stadt nahe Fort Polk, doch der Pilot war anscheinend darauf bedacht, ihnen ein paar Stunts zu bieten. Er kippte das Flugzeug erst auf die eine, dann auf die andere Seite und schließlich ging er in den Sturzflug über. Kurz vor der Landung flogen sie dann so dicht über Häuser und Bäume hinweg, dass Alfred fürchtete, sie würden an irgendwelchen Schornsteinen hängen bleiben. Zur allgemeinen Erleichterung landeten sie dann aber doch sicher in Alexandria und wurden angewiesen, sich vor einem Bus in Reih und Glied aufzustellen. Ein großer, schlanker, uniformierter Mann musterte sie mit strengem Blick und einem leichten Stirnrunzeln. Er marschierte vor ihnen auf und ab und sagte schließlich mit einer monotonen, autoritären Stimme: „Mein Name ist Sergeant Chavéz. Ihr werdet mich jederzeit mit Sergeant oder Sir ansprechen." Er blieb kurz stehen und sah jedem Einzelnen direkt in die Augen, bevor er weitersprach. „Ich weiß, dass die meisten von euch geradewegs aus Mamas schützenden Armen hierhergekommen sind. Damit ihr dem bösen, gefährlichen Krieg da draußen entkommen könnt. Ihr denkt sicher, dass diese Grundausbildung leicht sein wird. Dass das Trainieren leichter sein wird und dass ihr nicht allzu viele Pflichten haben werdet." Chavéz blieb direkt vor einem jungen Mann stehen und brüllte: „Da irrt Ihr euch aber! Ihr gehört jetzt zur amerikanischen Armee!" Wieder marschierte er auf und ab. „In den nächsten sechs Monaten bin ich Mama und Papa und euer schlimmster Feind zugleich. Haben wir uns verstanden?"

„Ja, Sir …", schallte es ihm verhalten entgegen.

„Ich kann euch nicht hören!", schrie Chavéz.

„Ja, Sir!" Mittlerweile war es den meisten der zehn jungen Männer recht unbehaglich geworden. „Ihr seid als Jungen hierhergekommen, aber, und das schwöre ich bei Gott – wenn ihr diesen Ort verlasst, werdet ihr stolze Mitglieder der kalifornischen Nationalgrade sein! Ich werde euer Leben so verändern, das könnt ihr euch gar nicht vorstellen. Von jetzt an seid ihr alle Gras und ich bin der gottverdammte Rasenmäher! Und jetzt alle Mann in den Bus, die Party hat begonnen!"

NEUNZEHN

Die schrille Sirene auf dem Marktplatz begann zu heulen. Sie mussten sich alle in Sicherheit bringen! Rudolf arbeitete auf den nahegelegenen Feldern und brachte die Ochsen so schnell wie möglich wieder in den Stall. Elsa und Frieda packten die Kinder und steckten sie in wärmere Kleidung. Der Korb an der Haustür war bereits mit Nahrungsmitteln und Decken gepackt. Die Luftangriffe kamen und gingen und waren fast zur Normalität geworden, aber sie zermürbten die Bevölkerung und ließ sie in ständiger Angst leben. Rudolf eilte durch die Hintertür ins Haus und verließ mit dem Rest der Familie das Haus, sie eilten über die Straße und in das nahegelegene Waldstück. Die Familie drängte sich eng zusammen und sie alle hörten, wie die Bomben in der Ferne einschlugen und explodierten. Manche von ihnen ließen die ganze Erde beben und der Terror schien immer näher zu rücken. Selbst unter den warmen Decken und der warmen Kleidung lief den Kindern der kalte Angstschweiß den Rücken hinunter.

Alfred wachte mit einem Ruck auf. Kalter Schweiß lief seinen Rücken hinunter.

Was er jedoch hörte, war nicht das Einschlagen von tödlichen Bomben, sondern das Zusammenschlagen zweier metallener Mülleimerdeckel und die tiefe, raue Stimme von Sergeant Chavéz, der schrie: „Aufstehen, ihr Faulpelze! Ihr verwöhnten, wertlosen Ratten! Am Ende der Betten aufstellen, sofort!" Die neuen Rekruten stolperten aus ihren Betten und waren völlig verwirrt. Chavéz schrie unterdessen weiter und marschierte in die Mitte des Raumes. „Schneller! Schneller! Hier gibt's keine Zeit für Träumereien!" Noch immer völlig desorientiert und mit verschlafenem Gesicht taten die vierzig Rekruten ihr Bestes, den Anweisungen zu folgen. Draußen war es stockdunkel.

Chavéz blieb vor einem schmächtigen jungen Mann stehen, der sich ein Gähnen nicht verkneifen konnte und ein wenig zitterte. „Hast du Angst vor mir?", brüllte er. „Nein ... Sir ...", kam die schüchterne Antwort.

Es schien, als wollte Chavéz lächeln, doch dann besann er sich eines Besseren und schrie munter weiter. „Nun, das ist auch besser so! Auf den Boden mit dir, du Grünschnabel! Zwanzig Liegestützen!"

Der arme Kerl ließ sich so schnell er konnte auf den Boden fallen und machte hektisch Liegestützen. Scheinbar wollte er jeden weiteren Kontakt mit Chavéz, so gut es ging, vermeiden.

„Ihr Mädchen reißt euch jetzt mal zusammen, und zwar sofort!" Chavéz ging auf einen anderen Rekrut zu, der ihn nahezu entsetzt ansah. „Brust raus, Kinn zurück, Arme gerade, Soldat!"

Alfred tat, wie ihm befohlen. Wie alle anderen trug er ein olivgrünes T-Shirt und passende Boxershorts. Er starrte müde vor sich hin, als Chavéz weiterbrüllte. Einige Worte kannte er nicht, was aber vermutlich auch nicht schlimm war, dachte er. Flüche würde er wahrscheinlich schneller lernen, als ihm lieb war. Die Männer wurden angewiesen, sich innerhalb von zwanzig Minuten fertigzumachen – inklusive Duschen, Rasieren, Ankleiden und Bettenmachen. Tumult brach aus und die Männer drängelten und hetzten sich gegenseitig, um rechtzeitig fertig zu werden. Wären sie eine Einheit gewesen, hätten sie die Aufgabe wohl ohne Probleme geschafft, doch noch waren sie ein Haufen Einzelkämpfer und so brach das totale Chaos aus. Einer nach dem anderen stellte sich schließlich vor dem zweistöckigen Gebäude auf, was Chavéz natürlich nicht sonderlich gefiel. Ungeduldig starrte er auf seine Armbanduhr. Sein Assistent stellte die Rekruten in vier Reihen auf und Chavéz klopfte auf seine Uhr und hielt sie an sein Ohr. „Nach meiner Uhr", begann er, „sind schon fünfundzwanzig Minuten vergangen und ich sagte

ZWANZIG Minuten." Er starrte einen Rekruten in der ersten Reihe an. „Kannst du Trottel mir vielleicht einmal erklären, warum meine Anweisung nicht befolgt wurde?"

Der Mann blickte kleinlaut zu Boden. „Nun ja, Sir, wir waren so viele und, naja ... Wir ..."

„Schnauze!", schrie Chavéz. „Zwanzig Liegestütze!"

Der Mann ließ sich eiligst zu Boden fallen und machte seine Liegestütze, während Chavéz fortfuhr. „Wenn ich mit euch spreche, dann schaut ihr mir verdammt noch mal in die Augen! Und wenn ich euch einen Befehl gebe, dann wird sich daran gehalten! Wir sind hier in meiner Armee, meine Damen, und in meiner Armee gibt es keine Ausreden! Verstanden?!"

„Ja, Sir ...", entgegneten die Rekruten verhalten.

„Ich kann euch nicht hören!!", schrie Chavéz wieder.

„Ja, Sir!", schrien die Männer zurück.

Der Rekrut von eben beendete seine Liegestützen und erhob sich schwer atmend. In einem fast freundlichen Ton fragte Chavéz: „Möchte irgendwer von euch verwöhnten Ratten Frühstück haben?"

„Ja, Sir!", riefen die Männer einstimmig.

Chavéz sah zu seinem Assistenten hinüber. „Hört, hört", sagte er. „Und plötzlich können sie hören." Grinsend fuhr er fort: „Dann machen wir doch jetzt einmal ein paar Übungen vor dem Frühstück."

In den folgenden zwanzig Minuten wurden die Rekruten mit Liegestützen, Hampelmännern und Kniebeugen gequält. Für die, die nicht so gut in Form waren, war dies eine einzige Quälerei. Fast alle hatten Schmerzen, Krämpfe, brennende Muskeln oder pochende Schmerzen an den Schläfen. Einer der Rekruten kippte irgendwann einfach um und blieb regungslos am Boden liegen.

Chavéz ging zu ihm hinüber. „Bist du tot?", fragte er ohne jegliche Emotionen in der Stimme.

„Nein, Sir", kam die schwache Antwort vom Boden.

„Bist du müde?"

„Ja, Sir."

„Möchtest du ein bisschen Ruhe?"

„Ja, Sir …" Chavéz lachte und schrie dann: „Ich geb dir Ruhe, du Schleimscheißer! Für dich gibt es drei Tage Wasser und Brot, wie klingt das, hm?"

„Nicht gut, Sir", sagte der Mann und rappelte sich mühsam vom Boden auf.

Chavéz sah ihn mit eisiger Miene an. „Ich würde meine Hand ja gerne in dein Maul stopfen, aber ich habe da eine bessere Idee. Alle auf den Boden!" Alle folgten ängstlich seiner Anweisung. „Ich habe einen Vorschlag zu machen, du Versager. Deine Freunde machen jetzt 25 Liegestützen nur für dich, und du schaust zu." Der Rekrut wollte etwas sagen, doch Chavéz unterbrach ihn. „Und damit es noch besser wird, zählst du jeden Liegestütz, damit das hier auch alles seine Richtigkeit hat."

„Ich mache mit bei den Liegestützen, Sir", sagte der Mann schwach.

Chavéz grinste höhnisch. „Nichts da, du Null. Du bleibst hier stehen und zählst, was das Zeug hält. Wollen wir doch mal sehen, ob das deinen neuen Freunden gefällt. Und jetzt fang an!"

Der Mann holte tief Luft und begann mit zitternder Stimme zu zählen. Und als er zählte, starrten ihn neununddreißig Augenpaare wütend an. Als die Strafe erledigt war, standen sie auf und der Sergeant schritt wieder vor ihnen auf und ab. „Die nächsten vier Wochen braucht ihr nicht denken. Die Armee denkt für euch. Die meisten von euch sind doch Schwächlinge, Mamas Lieblinge. Aber wenn ich mit euch fertig bin, seid ihr Kampfmaschinen! Meine Befehle sind hier Gesetz. Meine Worte sind Gottes Worte. Ihr befolgt sie, ohne zu zögern, sonst werdet ihr es bitter bereuen."

Die Rekruten standen vor lauter Schreck erstarrt in Reih und Glied und Chavéz schickte sie schließlich zurück in die Baracke.

* * *

Verständlicherweise erreichten die Männer in den nächsten Tagen nicht annähernd die Perfektion, die Chavéz von ihnen verlangte. Jeder von ihnen machte ab und an Fehler, aber bei Alfred kamen noch erschwerte Bedingungen hinzu – die Sprache. Den kalifornischen Akzent konnte er zwar mittlerweile recht gut verstehen, aber Chavéz sprach in tiefstem Südstaatengenuschel und Alfred verstand meistens nur die Hälfte seiner Befehle, was zu zahlreichen Extraliegestützen führte. Weil er jedoch in einer guten körperlichen Verfassung war, machten ihm die zusätzlichen Übungen nicht viel aus. Auch Chavéz merkte, dass Alfred etwas mehr durchtrainiert war als einige andere Rekruten.

„Du bist ziemlich fit, was?", fragte er eines Tages beiläufig.

Alfred starrte geradeaus. „Ja, Sir."

Chavéz hörte seinen Akzent. „Woher kommst du?"

„Kalifornien, Sir."

„Das klingt aber nicht so! Gerade stehen! Woher kommst du wirklich?"

Alfred streckte sein Kreuz durch. „Ich wurde in Deutschland geboren, Sir."

Chavéz versteifte sich und starrte ihn durchdringend an. „Du bist aber nicht eines dieser Nazischweine, oder?"

Alfred blickte ihm in die Augen. „Nein, Sir. Ich bin Amerikaner und erfülle meine Pflicht für die kalifornische Nationalgarde."

Chavéz Gesichtsausdruck wurde ein bisschen freundlicher. Er nickte. „Richtige Antwort. Und jetzt noch einmal 5 Liegestütze."

Alfred machte sich nichts aus Chavéz Nazi-Beleidigung. Zwar

war er noch nicht lange hier, aber er hatte schnell gemerkt, dass Chavéz jede kleine Macke an ihnen nutzte, um sie gefügig und zu starken Kämpfern zu machen.

Während seiner Zeit in Fort Polk wurde den jungen Rekruten allerhand beigebracht: Schießen, Granaten werfen, Wache stehen, Überlebenstraining und theoretischer Unterricht. Häufig mussten sie im strömenden Regen Übungen im Gelände durchführen, gegeneinander ringen oder sich in Erste-Hilfe-Kursen bewähren. Dann mussten sie noch Unmengen Geschirr spülen und Kartoffeln schälen. Während dieser Zeit lernte Alfred auch noch einen weiteren amerikanischen Grundsatz: Eine Kette ist nur so stark wie ihr schwächstes Glied. Von jedem von ihnen wurde das Beste gefordert, denn sonst könnten die anderen Rekruten in lebensgefährliche Situationen geraten. Apropos lebensgefährliche Situationen: Eine Übung jedoch löste bei den meisten Rekruten tiefstes Unbehagen aus. Da die Gefahr von chemischen Waffen in Kriegen immer mehr wuchs, mussten die Männer lernen, mit einer Gasmaske umzugehen, und in solchen Situationen einen kühlen Kopf zu bewahren. Alle 40 Rekruten wurden in einen fensterlosen Raum eingesperrt und Chavéz warf einen Kanister mit Tränengas auf den Boden. Nun mussten sie ihre Gasmasken vom Gürtel ziehen und fest umschnallen. Nach etwa fünf Minuten durften sie die Masken wieder ausziehen und mussten einer nach dem anderen Namen, Rang, Nummer und Geburtsdatum nennen und konnten erst dann den Raum verlassen.

* * *

Der Winter endete früh in Louisiana. Die Abende waren zwar noch kühl, aber tagsüber kletterten die Temperaturen wieder fleißig nach oben und es wurde heiß, schwül und unangenehm. In den Monaten der Ausbildung zeigte Chavéz nicht einmal eine Gefühlregung,

California National Guard, 1965

sondern blieb stets zurückhaltend und unerbittlich. Er hatte sich für den Rest seines Lebens der US-Armee verschrieben und hatte sich zum Ziel gesetzt, all seine Rekruten auf alle erdenklichen Situationen vorzubereiten. Er war zwar nicht beliebt, aber zumindest sehr erfolgreich.

Für Alfred vergingen die Monate der Grundausbildung wie im Flug und er fand es erstaunlich, wie sehr sie alle doch zu einer Einheit geworden waren. Nach einer kurzen Abschlussfeier, zu der sie alle geschniegelt und in feinster Uniform kamen, wurden sie einzeln und mit dem Rest der Kompanie fotografiert. Dann wurden sie entlassen und bekamen die Befehle ausgehändigt, wo und wann sie sich innerhalb der nächsten monatlichen Übungen zu melden hatten.

Während der Busfahrt zurück nach Alexandria dachte Alfred an Chavéz zurück und stellte fest, dass er nicht einmal seinen Vornamen kannte. Er lehnte sich in seinem Sitz zurück und dachte daran, wie dankbar er für alles war, was ihm hier widerfahren war. Er hatte definitiv die richtige Entscheidung getroffen.

ZWANZIG

Hans holte Alfred vom Flughafen ab. Und obwohl er sich augenscheinlich freute, Alfred wiederzusehen, schien eine gewisse Betrübnis in seinen Augen zu liegen. Als die beiden Freunde durch das Terminal gingen, berichtete Alfred über die vergangenen sechs Monate und wie er sich darauf freute, endlich wieder zu arbeiten. Er fragte, wie das Geschäft liefe und was die Kunden sagten und wie es Johnny überhaupt ginge. Da blieb Hans stehen, atmete tief durch und sagte: „Lass uns mal da drüben in die Flughafenlounge gehen." Die beiden bestellten ein kühles Getränk und Alfred merkte, dass etwas nicht stimmte. Schließlich sagte Hans mit düsterer Miene: „Johnny ist tot."

„Was?!", fragte Alfred entsetzt.

Hans nickte. „Er hatte einen Herzinfarkt."

„Du machst Witze."

„Nee."

„Wann ist es denn passiert?", fragte Alfred nach einem großen Schluck Bier.

„Vor etwa drei Wochen." Alfred starrte Hans ungläubig an.

„Warum hast du denn nichts gesagt? Mir geschrieben? Mich angerufen?"

„Alles ging so schnell", erwiderte Hans und zuckte mit den Schultern. „Ich hatte alle Hände voll zu tun, das Geschäft weiterzuführen."

Alfred schüttelte den Kopf und versuchte, das Gesagte erst einmal zu begreifen. „Und wie geht es Nancy?", fragte er dann.

„Naja, so wie es einem eben geht", sagte Hans. „Manche Tage sind besser, manche schlechter. Sie will mit uns reden."

„Mit uns beiden? Worüber denn?"

„Über das Unternehmen des Geschäftes. Wir sollen es kaufen."

Alfred starrte Hans an. „Wir haben doch gar kein Geld", sagte er dann langsam.

„Das weiß sie doch." Hans zuckte wieder mit den Schultern. „Sie will trotzdem mit uns reden."

Während der Fahrt zurück zu ihrer Wohnung erzählte Hans, dass viele ihrer Kunden zu Johnnys Beerdigung gekommen waren. Es war eine schöne Zeremonie, falls man dies den Umständen entsprechend so nennen konnte. Zudem erwähnte er, dass die meisten der anwesenden Kunden, wie auch Nancy, darauf hofften, dass sie nun die Leitung des Geschäfts übernehmen würden.

„Wir?!", fragte Alfred.

„Wie ich schon sagte", erwiderte Hans. „Nancy will mit uns reden."

An diesem Abend diskutierten Hans und Alfred wieder und wieder über die mögliche Übernahme des Geschäfts. Doch egal wie sie es drehten und wendeten – sie würden es sich einfach nicht leisten können. Vielleicht, schlug Hans vor, könne ja jemand anderes das Unternehmen kaufen und sie es dann leiten lassen. Alfred seufzte nur. Er hatte sich darauf gefreut, endlich wieder in seinem eigenen Bett zu schlafen und nicht in aller Herrgottsfrühe von dem Zusammenschlagen blecherner Mülleimerdeckel geweckt zu werden, doch jetzt konnte er bei bestem Willen nicht mehr einschlafen.

Am nächsten Tag trafen sie sich mit Nancy. „Es tut mir so leid, dass ich nicht an Johnnys Beerdigung teilnehmen konnte", begann Alfred.

Nancy nickte und rang sich zu einem Lächeln durch. „Das verstehe ich schon", sagte sie. „Du sollst wissen, dass Johnny sehr stolz auf dich war, daß du der Nationalgarde beigetreten bist." Nach einer Weile kam Nancy auf das eigentliche Thema ihres Treffens zu sprechen. „Johnny war es immer klar, dass ihr beide einmal den Betrieb übernehmen solltet. Ihr seid schließlich hauptsächlich für den Erfolg der Manhattan Die Company verantwortlich."

„Wir wollen natürlich sehr gerne weiterhin für die Manhattan Die Company arbeiten", sagte Hans vorsichtig. „Aber wir haben leider nicht genug Geld, um das Geschäft zu übernehmen."

Nancy lächelte. „Dessen bin ich mir bewusst. Aber was ihr beide nicht wisst, ist Folgendes: In den letzten Jahren hat Johnny immer wieder gesagt, wenn ihm etwas passieren sollte, dann sollt ihr beide das Geschäft weiterführen."

Hans nickte. „Das löst aber immer noch nicht unser Geldproblem."

Schließlich zogen die drei einen Rechtsanwalt zu Hilfe und nach langen Verhandlungen kamen sie schließlich zu einem fairen Preis für die Übernahme des Geschäfts: Jeden Monat würden sie eine Rate aus dem Profit des Geschäfts zahlen, bis sie den Kaufpreis beglichen hatten. Und so kam es, dass Hans und Alfred am Ende eines langen Tages als Inhaber der Manhattan Die Company aus dem Laden schritten.

Im Laufe der nächsten Woche stellten sie einige zusätzliche Werkzeugmacher ein, die einigermaßen kompetent waren und Anweisungen korrekt ausführen konnten. Zudem verschickten sie Briefe an all ihre Kunden, in denen die rechtzeitige und korrekte Ausführung aller Aufträge zugesichert wurde. Kurz darauf musste Alfred seine monatliche Pflicht in der Nationalgarde absolvieren. Samstagmorgens ging es mit Sportübungen auf dem Parkplatz des Armeepostens in der Hope Street in Los Angeles los, danach wurden den Männern verschiedene Arbeiten zugeteilt. Da Alfred fließend Deutsch sprach, wurde er dem G-2 Geheimdienst zugewiesen und musste fortan Landkarten aus dem Zweiten Weltkrieg übersetzen. Er bekam einen Schreibtisch auf der zweiten Etage und eine alte Schreibmaschine zugewiesen und begann, seine Berichte zu schreiben. Der Dienst endete Sonntagabend um 18 Uhr. Jeden Monat in den kommenden sechs Jahren würde Alfred hier nun zum Appell antreten müssen. Es hätte ihn schlechter treffen können, dachte er.

Das Ergebnis der Rundschreiben war ein Haufen neuer Kunden und demzufolge auch jede Menge neuer Aufträge. Alfred freute sich, dass sich mehr Kunden als erwartet bei ihnen gemeldet hatten und war voller Euphorie über die zukünftigen gewinnbringenden Aufträge. Dann aber erreichte ihn ein dringender Anruf eines Unteroffiziers, der ihn anwies, so schnell wie möglich zum Stützpunkt in Los Angeles zu kommen.

Der Anruf, wenn auch etwas erschreckend, kam nicht unerwartet. Es war Mitte August und die Santa Ana Winde trieben die Temperaturen auf 40 Grad und heißer. Die gnadenlose Hitze, das Fehlen von funktionstüchtigen Klimaanlagen, die hohe Arbeitslosigkeit und die Rassendiskriminierung schürten eine der verheerendsten Unruhen in der Geschichte des Landes. Die Unruhen begannen in Watts, ein Gebiet von Los Angeles, das hauptsächlich von Afro-Amerikanern bewohnt war. Die Nationalgarde musste einschreiten, da die Polizei mit der Menge an Ausschreitungen, Plünderungen, Zerstörungen und Schlägereien völlig überfordert war. Die Feuerwehr konnte auch nicht wirklich eingreifen, da Bandenmitglieder und Mobs immer wieder auf Löschzüge und Feuerwehrmänner schossen. Somit bestand die verständliche Sorge, dass die Randalierer bald auch den Armeeposten angreifen und die Waffenlager plündern würden – und dies galt es um jeden Preis zu vermeiden. Sobald Alfred am Stützpunkt eintraf, wurde er in den Hauptraum des Gebäudes geführt und mit einem M-1-Gewehr und scharfer Munition ausgestattet. Er sollte auf dem Dach des Gebäudes Wache stehen und, wenn notwendig, auf Angreifer schießen.

Überall waren Rauchschwaden zu sehen, die den smogbedeckten Himmel der Stadt noch weiter trübten. Alfred wurde jäh an seinen letzten Tag in Hermannstadt zurückerinnert, als Häuser und Scheunen lichterloh brannten. Das Heulen der Polizeisirenen und das Hupen der Löschzüge schien aus allen Richtungen zu kommen.

Los Angeles Times

Looting and Fires Ravage L.A.
25 Dead, 572 Injured; 1,000 Blazes Reported

Watts Riot, 1965

Ein Sergeant sprach in ein Funkgerät und Alfred lauschte mit ihm Berichten aus nahegelegenen Krankenhäusern, wo Dutzende von Menschen mit Schussverletzungen eingeliefert wurden. Alfred packte sein Gewehr etwas fester und war bereit zu schießen, sollte es ihm jemand befehlen. Er dachte zurück an all die Stunden in Fort Polk, als er seine Schießfähigkeit perfektioniert hatte. Ob heute der

Tag gekommen war, an dem er diese Fähigkeit würde einsetzen müssen?

Randalierer schossen auf Polizeiwagen und sogar auf Hubschrauber, die versuchten, die Bewegungen der Mobs zu kontrollieren. Eine Ausgangssperre wurde ausgerufen, doch daran schien sich niemand zu halten. Bei Anbruch der Nacht sah es so aus, als würde die gesamte Stadt brennen. Mehr und mehr Gardisten trafen im Stützpunkt ein und wurden mit Waffen ausgestattet. Dort, wo sie standen, konnten sie den glühenden Nachthimmel sehen und einzelne Schüsse hören. Ihre Nerven waren angespannt und Finger, die vermutlich nur selten eine Waffe berührten, zuckten am Abzug. Weil der Stützpunkt nicht für so viele Soldaten ausgelegt war, bekamen sie Essensgutscheine für nahegelegene Restaurants und durften in Schichten dort essen gehen. Alfred fühlte sich an die Zeit in Naila zurückversetzt, wo sie als Kinder in langen Schlangen mit ihren Essensmarken vor den Geschäften gewartet hatten.

In der Nacht musste Alfred mit einem Schützenpanzer die Gegend abfahren, offene Jeeps waren viel zu gefährlich. Ihr Ziel war es, die Menge zu zerstreuen und so hoffentlich etwas Ordnung in das Chaos zu bringen. Er sah, wie immer wieder kleine Gangs aus Geschäften liefen und Molotowcocktails warfen. Immer wieder explodierten Fensterscheiben und Häuser und Geschäfte brannten lichterloh. Den Soldaten wurde ausdrücklich befohlen, dass nur auf Anordnung geschossen wurde.

Als die Sonne schließlich aufging, war die Verwüstung in der Stadt schier unermesslich. Die Straßen glichen einem Kriegsgebiet und noch mehr Soldaten wurden eingezogen, um Ordnung in dieses Chaos zu bringen. Es dauerte drei Tage, bis der Aufstand schließlich eingedämmt war und alles zum Stillstand kam. Das Resultat der Aufstände waren 25 Tote, über tausend Verwundete und 40 Millionen Dollar Sachschaden.

Alfred war nach diesen drei Tagen völlig erschöpft, physisch wie psychisch. Immer wieder hörte er die Zahl der Toten und Verletzten im Radio und dachte, wie traurig dies alles doch war. Erinnerungen an den Krieg und dessen Sinnlosigkeit kamen in ihm hoch.

Als er endlich wieder zuhause war, duschte er und fuhr dann schnurstracks wieder ins Geschäft. Gab es eine bessere Methode, um die Geschehnisse der letzten Tage zu vergessen, als einen Haufen von Arbeit? Wohl kaum.

EINUNDZWANZIG

Die Arbeit hatte Alfred wieder voll im Griff. Er und Hans sprachen über die neuen Aufträge und die neuen Kunden, die während Alfreds Abwesenheit der Manhattan Die Company zu einem regelrechten Aufschwung verholfen hatten. Die Werbebriefe, die sie verschickt hatten, erwiesen sich als äußerst effektiv und es gab viel zu tun. Alfred und Hans beschlossen, einen neuen Standort für ihre Firma zu finden und die alten Maschinen durch Präzisionsmaschinen zu ersetzen. Sie erstellten einen detaillierten Geschäftsplan und stellten mit Erstaunen fest, dass sie ihren Plan dank der neuen Kunden innerhalb weniger Monate verwirklichen konnten. In der Zeitung suchten sie nach einem neuen Geschäftsraum, doch es schien, als seien alle Mieten für mögliche Standorte geradezu astronomisch hoch.

* * *

An einem seiner monatlichen Wochenenden in der Nationalgarde wurde Alfred in das Büro des Captains befohlen. Leicht verunsichert klopfte er an und eine tiefe Stimme befahl ihm das Eintreten. „Herein!" Der Captain war mittleren Alters und hatte bereits graue Schläfen. Alfred trat vor seinen Schreibtisch und nahm Haltung an. „Stellen Sie sich bequem hin, Soldat Langer!", sagte der Captain und Alfred entspannte sich ein wenig. „Die Armee hat beschlossen, Ihnen eine Security Clearance zu erteilen. Sie werden jetzt in einem speziellen Kartenraum Dokumente übersetzen und Landkarten und andere Papiere dokumentieren. Es ist absolut wichtig, dass Sie ihre Tätigkeit mit niemandem besprechen. Haben wir uns verstanden?"

„Ja, Sir", erwiderte Alfred.

Der Captain nickte und sagte dann. „Oh ja, und dann ist da noch eine andere Sache." Er reichte Alfred einen Streifen. „Die Security

Clearance und diese Beförderung machen Sie jetzt offiziell zum Mitglied des G-2. Herzlichen Glückwunsch. Entlassen."

Alfred salutierte, verließ das Büro und ging zurück zu seinem Arbeitsplatz. Nachdem er sich dem Oberleutnant vorstellte, wurde er
in ein anderes Zimmer geführt, das deutlich gekennzeichnet war:
„Geheimer Bereich. Kein Zutritt." Alfred stellte sich den anwesenden Männern vor, allesamt Offiziere – außer ihm selbst. Seine
Aufgabe war es nun, deutsche Texte auf einer Reihe von Karten zu
übersetzen. Die Security Clearance war deshalb so wichtig, weil er
mit Offizieren zusammenarbeitete, die weitreichende Strategien im
Falle einer möglichen Bedrohung planten. Allerdings nicht vonseiten
der Deutschen, sondern im Falle einer möglichen Aktivität der Russen. Alfred erklärte also, welche Teile der Karte Wege, Autobahnen,
Landstraßen, Bahnhöfe, Bäche, Flüsse, Seen und so weiter waren
und zeigte den Anwesenden die Grenzen der einzelnen Bundeslän-
der der Bundesrepublik. Auch wenn ihm diese Arbeit zunächst unbedeutend erschien, begriff er allmählich, dass sich die Vereinigten
Staaten im Kalten Krieg mit einem gut bewaffneten und gefährlichen
Gegner befanden, dessen erklärtes Ziel es war, seine neue Heimat zu
zerstören. Er lauschte den Plänen der Offiziere und war stolz darauf,
wenigstens einen kleinen Beitrag zur Verteidigung des Landes leisten
zu können. Die Konsequenzen seiner Security Clearance und seiner
Tätigkeit im Geheimdienst wurden ihm jedoch erst bewusst, als er einen Brief von seinen Eltern erhielt. Sie schrieben ihm, dass Ermittler
der US-Armee seine Familie und Freunde verhört hatten, um etwas
über seine Herkunft, seinen Charakter und seine Loyalität zu erfahren. Die Fragen, die dabei am häufigsten gestellt wurden, waren die,
ob er als Kind in der Hitlerjugend gewesen war oder ob seine Familie
oder Freunde Mitglieder der NSDAP gewesen waren.

* * *

Alfreds Leben bestand hauptsächlich aus Arbeit und nochmals Arbeit. Nach einer Weile des reinen Schuftens erkannte er jedoch, dass er hin und wieder einmal Dinge für sich tun musste, um seine Gedanken in andere Bahnen zu lenken. Er entdeckte ein kleines Restaurant namens St. Stefans Club für sich, das einst von Mitgliedern einer erfolgreichen deutschen Fußballmannschaft gegründet worden war und später an einen privaten Eigentümer verkauft wurde. Viele Deutsche gingen in dem Wirtshaus wegen seiner guten deutschen Küche und der Auswahl an deutschem Bier ein und aus, und auch Amerikaner liebten das Essen und die herzliche Atmosphäre.

Alfred ging oft nach der Arbeit in das Restaurant, um Notizen über anstehende Aufträge zu machen und natürlich, um zu essen. Die Leute, die hier aßen und arbeiteten waren allesamt offen und freundlich und die meisten von ihnen sprachen sowohl Deutsch als auch fließend Englisch. An einem Abend, genauer gesagt am 16. September 1965, näherte sich eine junge Kellnerin Alfred, um seine Bestellung aufzunehmen. Er hatte so oft im St. Stefans Club gegessen, dass er mittlerweile die gesamte Belegschaft kannte. Umso erstaunter war er, als ihm ein unbekanntes Gesicht vor die Augen trat. Sie hatte dunkle Haare und braune Augen und war auffallend attraktiv.

„Haben Sie sich schon entschieden, Sir?", fragte sie leise.

Alfred merkte, dass sein Herz schneller zu klopfen begann und er musste sich räuspern, bevor er überhaupt einen Ton herausbekam. Himmel, war sie hübsch!

„Sir?", wiederholte die Kellnerin und schenkte ihm ein warmes Lächeln.

Alfred gab seine Bestellung auf und ließ sie nicht aus den Augen, als sie sich zurück in die Küche aufmachte. Der Besitzer des Restaurants bemerkte Alfreds Starren und ging hinüber zu seinem Tisch. „Was gibt's?", fragte er beiläufig.

„Wer ist denn die neue Kellnerin?", fragte Alfred.

„Das ist Irene. Christina hat sich die Grippe geholt und Irene ersetzt sie, solange die Arme im Bett liegt. Wieso, hat sie etwas falsch gemacht?"

Alfred schüttelte hastig den Kopf und grinste. „Nein. Überhaupt nicht."

Der Besitzer des Restaurants stutzte einen Moment und grinste dann wissend. Alfred beobachtete Irene weiter, die wieder aus der Küche gekommen war und nun andere Gäste bediente. Er hatte ein seltsames Gefühl in der Magengegend. Herrgott, dachte Alfred, bin ich etwa eifersüchtig, weil sie andere Gäste genauso anlächelt wie mich?! Er dachte an die bohrende Frage seiner Mutter in jedem ihrer Briefe, ob er denn endlich eine Freundin gefunden hätte. Jedes Mal hatte er mit „Nein" antworten müssen. Wie er wohl auf ihre nächste Frage antworten würde? Dann stand Irene auch schon wieder an seinem Tisch und brachte ihm seine Bestellung.

„Ich hoffe, es schmeckt Ihnen!", sagte sie und lächelte wieder.

Alfred lächelte ebenfalls, doch außer einem nervösen Nicken konnte er nichts Gescheites sagen. Sie immer im Blick behaltend, verspeiste er seine Bratwurst und das Sauerkraut fast mechanisch. Ein paar Mal kam es ihm so vor, als blicke sie hinüber zu seinem Tisch, so, als wolle sie sich vergewissern, dass er noch da war. Und auch wenn Alfred sich selbst sagte, dass dies sicher nur Einbildung war, gefiel ihm der Gedanke doch recht gut. Endlich kam sie wieder zu seinem Tisch.

„Möchten Sie noch etwas anderes?", fragte sie.

Eigentlich war er pappsatt, aber damit er noch ein Weilchen bleiben konnte, bestellte er noch ein Bier.

Der Eigentümer des Restaurants setzte sich zu ihm an den Tisch und grinste ihn an. „Du magst sie, hm?"

„Sie ist sehr … attraktiv", sagte Alfred.

„Ich gebe dir mal einen Rat", erwiderte sein Gegenüber und lehnte sich zurück. „Falls du an ihr interessiert bist, solltest du sie das schnell wissen lassen, denn ich weiß nicht, wie lange Christina noch krank ist." Mit diesen Worten klopfte er Alfred auf die Schulter und ging zurück in die Küche.

Als Irene Alfred später die Rechnung brachte, nahm er all seinen Mut zusammen und fragte: „Sehen wir uns morgen wieder?"

Sie bedachte ihn mit ihrem schönsten Lächeln. „Ja!"

Alfred lächelte ebenfalls und sagte: „Gut, dann sehen wir uns morgen!"

Am Abend versuchte Hans mit ihm über einen neuen Kunden zu sprechen, doch Alfred hatte seine liebe Not, sich auf das Gesagte zu konzentrieren. Seine Gedanken drehten sich auch am nächsten Morgen auf der Arbeit nur noch um Irene.

Als sie am nächsten Abend, wie versprochen, seine Bestellung aufnahm, reichte ihr Alfred nervös die Hand und stellte sich vor. „Ich bin Alfred Langer."

Sie nahm seine Hand und drückte sie fest. „Und ich bin Irene Aragon."

Ihre Augen funkelten und Alfred wusste, dass sie eigentlich schon die nächsten Gäste bedienen musste. „Wie lang ... Also, wie lange wollen Sie denn noch ... Ihre Freundin ersetzen?", stammelte er.

„Oh, nur ein paar Tage. Sie fühlt sich schon besser", erwiderte Irene beiläufig und Alfred überlegte fieberhaft, wie er das Gespräch in Gang halten konnte.

„Das freut mich zu hören", sagte er. „Ich meine, dass sich Ihre Freundin besser fühlt! Wissen Sie was", sagte er schließlich. „Ich liebe es, an den Strand zu gehen." Himmel, dachte er im gleichen Moment, etwas Besseres als das konnte mir nicht einfallen? Ich liebe es, an den Strand zu gehen? Zu seiner Überraschung lachte ihn Irene jedoch nicht aus.

„Wirklich?", fragte sie. „Das mache ich auch gerne!"

„Wirklich?", fragte Alfred verdutzt.

Sie nickte und schenkte ihm wieder dieses eine Lächeln, bei dem er gleich dahinschmolz wie heiße Butter.

„Würden Sie denn dann nächsten Samstag mit mir zum Strand gehen?", fragte er, all seinen Mut zusammennehmend.

„Ich muss sehen, ob meine Familie nicht schon andere Pläne hat", sagte Irene prompt und verabschiedete sich dann, um die anderen Gäste zu bedienen.

Immerhin, dachte Alfred, war das kein klares Nein. Er beschloss, zuversichtlich zu bleiben und kehrte gleich am nächsten Abend in das Restaurant zurück. Und an diesem Abend sagte sie tatsächlich ja, als er seine Einladung vom vergangenen Abend wiederholte. Am darauffolgenden Samstag holte Alfred Irene von ihrer Wohnung ab und fuhr mit ihr entlang der Küste zum Strand von Malibu. Als sie barfuß durch den Sand liefen, erfuhr Alfred, dass Irene im Büro von Gaffers and Settlers arbeitete, einem Unternehmen, das Öfen herstellte. Ihre Familie war im Jahr 1956 aus Mexiko eingewandert und Irene war das älteste von fünf Kindern. Die beiden plauderten über ihre Kindheit und Jugend und schnell wurde klar, dass ihre beiden Familien immer mit sehr wenig über die Runden hatten kommen müssen. Alfred hatte sich bei einem Gespräch mit einem Mädchen noch nie so wohl gefühlt und als er Irene am Abend wieder an ihrer Wohnung ablieferte, fragte er gleich, ob sie ihr Treffen am nächsten Wochenende wiederholen wollten. Sie lächelte und sagte zu. Als er sich für den schönen Tag bedankte und ihre Hand drückte, verspürte er wieder dieses seltsame Gefühl in der Magengrube. Als Hans ihn wenig später fragte, wie denn sein Tag war, antwortete Alfred mit nur einem Wort: „Perfekt."

* * *

Nach langem Suchen fanden Hans und Alfred schließlich das genau richtige Gebäude für ihr Unternehmen in South Gate, etwa zehn Kilometer von Los Angeles entfernt. Bevor die Eigentümer des Gebäudes in Rente gegangen waren, hatten sie hier eine Töpferei betrieben.

Das Gebäude hatte große Schaufenster und lag an einer wichtigen Durchgangsstraße in der Nähe von zahlreichen Highways, die eine gute Verbindung zur Stadt garantierten. Bei ihrer ersten Begegnung mochten die Eigentümer, Herbert und Margaret Lippincutt, die beiden jungen Männer sofort. Sie hatten eine Tochter, die nicht in Los Angeles lebte und zu der sie keinen großen Kontakt mehr hatten. Sie schlossen Hans und Alfred gleich ins Herz und behandelten sie wie Großeltern. Sie vermieteten ihnen das Gebäude schließlich sehr günstig und boten gleichzeitig ihre Hilfe an, sofern die beiden sie jemals brauchen sollten.

Am Wochenende zog das Geschäft dann von Los Angeles nach South Gate und die Maschinen und ihre Positionen war nun so, wie es Hans und Alfred noch von Bodenschatz gewohnt waren. Die neuen Maschinen, die sie gekauft hatten, erfüllten die Aufgaben in einem Bruchteil der Zeit, die Johnnys alte Maschinen dafür gebraucht hatten. Allerdings kam trotz des neuen Arbeitsplatzes und der neuen Maschinen auch etwas Wehmut auf: Der kleine Hans hatte sich entschlossen, zurück in seine ursprüngliche Heimat an der Ostküste zurückzugehen und hatte bei der Manhattan Die Company gekündigt. Mit einer Arbeitskraft weniger aber fast doppelt so vielen Aufträgen mussten Hans, Alfred und die anderen Arbeiter noch härter schuften als sonst. Selbst an Wochenenden arbeiteten sie nun bis spät in die Nacht.

Mitte der 60er Jahre war die Kunststoffindustrie groß im Kommen. Die Manhattan Die Company war eines von nur zwei Unternehmen westlich von Chicago, die Werkzeuge mittels Hochfrequenzschweißen herstellen konnten. Wann immer Kunden spezifische Werkzeuge für die Herstellung von Plastikprodukten benötigten, hatten sie nur eine sehr begrenzte Auswahl, was wiederum von Vorteil für Alfred und Hans war. Ihre stetigen Bemühungen, qualitativ hochwertige Werkzeuge in kürzester Zeit herzustellen, führte zu stetigem Wachstum ihres Geschäftes. Der Nachteil war jedoch, dass die beiden kaum mehr Freizeit hatten, auch nicht an den Wochenenden. Alfred verbrachte zudem jeden Monat ein Wochenende bei der Nationalgarde und zwei weitere Wochenenden arbeitete er in der Werkstatt. An seinem freien Wochenende jedoch tourte er durch das Land und genoss die Freiheit und die Schönheit seines neuen Zuhauses. An einem dieser freien Wochenenden fuhren er und Hans zum Grand Canyon, bauten ihr Zelt an einem der Campingplätze auf und planten eine Wanderung zum Colorado River am nächsten Morgen.

Colorado River im Grand Canyon, 1966

Als die Sonne am nächsten Morgen aufging, brachen die beiden auf. Die Wanderung sollte etwa drei Stunden dauern, doch keiner von ihnen wusste, dass nur die wenigsten Wanderer den Fluss tatsächlich erreichten. Denn statt der erwarteten Rastmöglichkeiten und Essensbuden erwartete die beiden nur eine ständige herrliche Aussicht auf die Schlucht und den Fluss. Als sie endlich am Ufer angekommen waren, kühlten sie ihre Füße im kalten Nass ab und traten müde den Rückweg an, der viel länger zu dauern schien als der Hinweg. Tatsächlich hatten die beiden seit acht Stunden nichts mehr im Magen gehabt. Glücklicherweise konnten sie immer wieder an etwas Wasser nippen, das aus kleinen Felsspalten in die Schlucht rieselte.

Viel zu spät bemerkten sie, dass sie auch auf Maultieren zum Fluss hätten reiten können. Als sie schließlich zum Campingplatz zurückgeschlurft kamen, hielt ein Parkwächter sie auf. „Nicht viele Leute schaffen es bis da unten!", sagte er anerkennend und lächelte. Stolz, aber völlig erschöpft fuhren die zwei wieder nach LA zurück und Alfred dachte daran zurück, wie er den Grand Canyon zum ersten Mal aus dem Flugzeug gesehen hatte. Aber noch viel wichtiger war: Was hatte Irene wohl heute gemacht?

* * *

Alfred und Irene trafen sich immer öfter und jedes Mal entdeckten sie eine weitere Gemeinsamkeit. Als ihre Beziehung ernster wurde, schlug Irene schließlich vor, dass Alfred ihre Familie kennenlernen sollte. Lachend erklärte sie ob seines nervösen Gesichtsausdrucks: „Meine Eltern werden dich bestimmt mögen! Hab keine Angst."

Als die beiden kurz darauf das Haus der Familie Aragon in Norwalk betraten, wurde Alfred von Irenes Vater Don, ihrer Mutter Dolores und ihren Geschwistern Manuel, Molly, Rudi und Maria begrüßt. Als er ihnen die Hände schüttelte und mit viel Hallo begrüßt wurde, dachte er an seine eigene Familie zurück. Wie lange er sie schon nicht mehr gesehen hatte! Zum Glück hatte Irene mit ihren beruhigenden Worten recht behalten. Alfred unterhielt sich sogleich angeregt mit ihrem Vater, der ebenfalls Schlosser war. Ihre Mutter arbeitete in der Kantine des Krankenhauses in Norwalk und hatte den Ruf, eine exzellente Köchin zu sein. Alfred war sich ziemlich sicher, dass Irenes Eltern ihn insgeheim genauestens beobachten würden, um zu erkennen, ob er der Richtige für Irene war. Irene bemerkte sein leichtes Unbehagen und rief ihren Eltern zu: „Er hat keine Skelette im Schrank! Zumindest keine, von denen ich weiß." Alle lachten, nur Alfred war etwas ratlos, weil er diese Redewendung noch nie gehört hatte. Warum sollte er Skelette in seinem Schrank versteckt haben?! Erst später wurde ihm klar, dass diese Redewendung nichts anderes als die berühmten „Leichen im Keller" bedeutete, und er konnte über

Irenes Bemerkung ebenso herzhaft lachen wie die anderen. Auch Irenes Geschwister musterten den jungen Mann mit dem militärisch korrekten Haarschnitt von allen Seiten. Gerade, als Alfred sich für eine Weile davonstehlen wollte, erlöste ihn Irenes Vater: „Das Essen ist fertig, alle Mann nach draußen!" Auf einem langen Tisch im Garten wurde typisch mexikanisches Essen serviert. Es gab Menudo, eine würzige mexikanische Suppe, die bereits zwei Tage zuvor gekocht worden war, damit sich alle Gewürze entfalten konnten. Dann gab es Steaks, spanischen Reis, gebackene Bohnen, Maiskolben, Tortillas mit hausgemachter Salsa und jede Menge eiskaltes Bier. Dolores war in der Tat eine hervorragende Köchin.

Zu Alfreds Erleichterung rissen die Gespräche nie ab, man erzählte von Mexiko und Selbitz und das kühle Bier lockerte die Zungen mehr und mehr. Alfred vermied es jedoch, den Krieg zu erwähnen. Die Erinnerungen waren noch immer zu schmerzhaft und sicherlich kein Thema für eine lockere Unterhaltung. Die lustigen Gespräche wurden untermalt von Ranchero- und Mariachi-Musik. „Pedro Enfante und Jorge Negrete!", erklärte ihm Don. „Die werden bei uns verehrt wie Volkshelden." Und obwohl Alfred kein Wort verstand, gefiel ihm, was er da hörte.

Auf dem Weg zurück zu Irenes Wohnung sagte Alfred: „Ich fand es schön, deine Familie kennenzulernen. Sie sind alle sehr nett."

„Ich glaube, du hast einen ziemlich guten Eindruck gemacht", lobte Irene und lächelte.

„Bist du sicher?", fragte Alfred zweifelnd. „Zuerst habe ich mich wie bei einem Verhör gefühlt."

Irene lachte und sah ihn liebevoll an. „Tja, sie haben eben viel über dich gehört. Und heute Abend mussten sie herausfinden, wie viel von dem wahr ist."

* * *

Es dauerte nicht lange bis Alfred und Hans feststellen mussten, dass die Fahrerei von ihrer Wohnung bis zu ihrer Firma reine Zeitverschwendung war. Viel zu viel Zeit ging dabei verloren, die sie genauso gut in die Firma hätten stecken können. Zudem fanden sie, dass es so langsam Zeit für getrennte Wohnungen war. Und so kam es, dass Alfred in eine Drei-Zimmer-Wohnung in der San Juan Street in South Gate zog und Hans in eine Drei-Zimmer-Wohnung in der Elizabeth Street. Beide brauchten jetzt nicht mehr als zehn Minuten zur Manhattan Die Company. Da die Plastikindustrie immer größer wurde, bekamen sie auch mehr und mehr Aufträge. Zusätzliche Fräsmaschinen und andere Geräte wurden angeschafft, um die Nachfrage an Werkzeugen zu decken. Ihr Geschäft lief mittlerweile so gut, waren sie doch die einzigen Hersteller von Schweißwerkzeug für PVC Produkte.

Ein Produkt, das die Kasse der Manhattan Die Company zusätzlich klingeln ließ, war das Wasserbett. Zwar gab es Wasserbetten schon seit langer Zeit, doch Mitte der 60er Jahre schien plötzlich jeder eines haben zu wollen. Die Betten waren gesundheitsfördernd, bequem und machten zudem noch Spaß. Unternehmen, die mit Wasserbetten handelten, entstanden praktisch über Nacht, und alles, was man für den Erfolg dieses Geschäfts brauchte, war qualitativ hochwertiges Schweißwerkzeug für die Herstellung der Plastikbetten.

Eines Morgens betrat Alfred den kleinen Empfangsraum der Manhattan Die Company und fand einen ungepflegt aussehenden Mann auf seinem Schreibtisch sitzen. Er hatte einen ziemlich ungepflegten Bart, trug zerrissene Jeans und Flip-Flops. „Mein Name ist Simmons", stellte er sich mit rauer Stimme vor. „Mir wurde ihr Unternehmen empfohlen, denn scheinbar verkaufen Sie die besten Werkzeuge für die Herstellung von Wasserbetten."

Alfred ließ den Mann kurz warten, besprach sich mit Hans und kehrte dann mit einer groben Zeichnung zu Simmons zurück, welche die Werkzeuge und ihre Kosten aufzeichnete. Simmons griff in die Tasche, holte ein dickes Geldbündel hervor und reichte es Alfred.

„Wie viel als Anzahlung hätten Sie denn gerne?", fragte er ruhig.

Von da an schien das Geld nur so zu fließen. Die Manhattan Die Company war die erste Firma in den USA, die Werkzeuge für die Herstellung von Wasserbetten produzierte. Zunächst entwickelten sie einen einfachen, rechteckigen Plastikkörper in verschiedenen Größen, der mithilfe eines Gartenschlauchs mit Wasser gefüllt werden konnte. Das Wasserbett wurde immer beliebter, als Menschen in Hollywoodfilmen auf Wasserbetten herumtollten und dabei scheinbar riesigen Spaß hatten. Bald wurde es notwendig, Gestelle für die Wasserbetten herzustellen. Dann galten beheizte Wasserbetten als der letzte Schrei und unzählige Menschen waren der Überzeugung, dass damit ihre Rückenprobleme mit einem Schlag beseitigt werden würden. Dann gab es Wasserbetten mit Massagefunktion, die Komfort und Vergnügen verbanden, und dank all dieser Entwicklungen florierte das Geschäft von Hans und Alfred immer stärker. Alfred überkam ein Hochgefühl, als er schließlich das tat, wonach er sich schon so lange gesehnt hatte: Ohne jegliches schlechtes Gewissen konnte er zwei Wochen Urlaub nehmen.

ZWEIUNDZWANZIG

Gekleidet in Uniform und mit einem Seesack über der Schulter meldete sich Alfred zum Dienst am Stützpunkt. Auch andere Soldaten kamen mit ihm dort an und die Männer wurden angewiesen, strammzustehen. In ihrer unmittelbaren Nähe standen mehrere Lkw. Ein Sergeant befahl mehreren Männern, vorzutreten, darunter auch Alfred. Die Ausgewählten sollten nun die sicher durch einen Parcours steuern, ohne dabei die bunten Hütchen zu berühren oder gar umzufahren. Das Gelächter war groß, als einige der Männer die Wagen nicht einmal starten konnten. Andere fuhren geradewegs in die Hütchen hinein. Alfred war einer der wenigen, die den Lkw fehlerfrei durch den Zickzackparcours steuern konnten.

„Schön", schnappte der Sergeant anschließend. „Ihr seid nun qualifiziert, Lastwagen zu fahren."

Alfred stutzte und wartete geduldig, bis der Sergeant auch ihm ein Dokument in die Hand drückte. Es war tatsächlich ein Führerschein für Lastkraftwagen.

Die neuen Fahrer wurden angewiesen, ihre Ausrüstung einzusammeln und in die Lastwagen zu steigen. Die übrigen Männer mussten auf der Ladefläche Platz nehmen und dann ging es los. Nach mehr als drei Stunden Fahrt in der Kolonne fuhren sie vom Highway ab und kamen schließlich in Fort Irwin an. Das Sommercamp hatte hier gerade begonnen. Die Lkws passierten mehrere große Gebäude und fuhren weiter in die Wüste. Schließlich kamen sie an einem absolut abgelegenen Platz an. Die Männer vertraten sich die Beine, bevor sie alle ihre Ausrüstung und jede Menge Proviant ausladen mussten. Den Rest des Tages verbrachten sie in Tarnzelten und sie ordneten Küchenutensilien, bauten Tische auf und falteten Klappbetten auseinander. Schnell wurde klar, dass diese Übung hier kein Vergnügen werden würde, wie einige noch vor wenigen Stunden gehofft hatten.

Sie waren ganz offensichtlich hier, um zu arbeiten – nicht um Spaß zu haben.

Nach dem Abendessen erfuhren die Männer, dass Fort Irwin eine Trainingseinrichtung für Kampftruppen war. Das Gebiet umfasste eine Fläche von rund anderthalbtausend Quadratkilometern, hauptsächlich staubtrockene Wüste. Infanteristen trainierten dort, auch die Artillerieeinheiten und Panzertruppen. In der zweiwöchigen Trainingsperiode sollte eine Reihe von Manövern eingeübt werden, in denen verschiedene Gruppen miteinander konkurrieren würden – natürlich ohne scharfe Munition. Die Ausbildung war hart und nervenaufreibend. Sie alle wussten, dass sie jederzeit wieder in den Dienst einberufen werden konnten, sollten Ausschreitungen, wie die in Watts, wieder vorkommen.

Am nächsten Morgen um 5:30 Uhr sammelten sich die Männer vor den Zelten. Sergeants wiesen sie an, die Latrine und die Duschen zu benutzen und sich zu rasieren und innerhalb von zwanzig Minuten wieder vor den Zelten zu stehen. Der Sergeant, der für Alfreds Gruppe verantwortlich war, ähnelte Sergeant Chavéz nicht im Geringsten. Er sprach mit ruhiger Stimme, statt die Männer anzuschreien, und dennoch zweifelte keiner der Männer an seiner Kompetenz. Er war Veteran und sein guter Ruf eilte ihm voraus, sodass die Männer ihn sogleich akzeptierten. Nach dem Frühstück stellten sich die Männer in Reih und Glied auf und ein Oberleutnant, mit einen Zettel, trat auf sie zu. „Corporal Langer!", rief er.

„Ja, Sir!"

„Front und in die Mitte." Alfred trat vor und grüßte den Lieutenant, der seinen Gruß erwiderte. Auf seinem Namensschild stand „Schulz". Der Lieutenant wies Alfred an, ihm zu einem in der Nähe geparkten Jeep zu folgen. Schulz bemerkte seine Anspannung und sagte ruhig: „Entspannen Sie sich, Soldat. Sie müssen mich hier nicht beeindrucken." Alfred entspannte sich ein wenig und musterte Schulz genauer. Er war etwa im gleichen Alter und hatte kurze braune Haare und braune Augen, die einen so eindringlich anschauten, als hätten sie den Röntgenblick. Schulz blickte auf den Zettel, den er noch immer in der Hand hielt. „Hier steht drauf, dass Sie ein Mitarbeiter des G-2 sind."

„Ja, Sir."

„Wie kommt das?"

„Ich habe eine Security Clearance, Sir."

„Und was machen Sie da?" Alfred zögerte kurz.

„Bei allem Respekt, Sir, aber ich darf nicht darüber sprechen."

Schulz lächelte leicht und nickte. „Gute Antwort. Sie kommen aus Deutschland?"

„Ja, Sir."

„Aus welchem Ort?"

„Ursprünglich aus einem Dorf namens Hermannstadt im Sudetenland, aber aufgewachsen bin ich in Selbitz."

Schulz dachte kurz nach. „Das liegt in Nordbayern, richtig?"

Alfred nicke.

„Ich war dort einige Zeit stationiert. Schöne Gegend, anständige Leute."

„Die meisten von uns waren sehr froh, dass Sie dort waren", erwiderte Alfred.

„Ich nehme an, die tschechischen Bastarde haben jede Menge Ärger gemacht?"

„Falls sie darauf anspielen, dass sie uns alles, wofür meine Eltern ihr Leben lang gearbeitet haben, wegnahmen und uns ausgehungert und in die Obdachlosigkeit getrieben haben – ja, Sir. Ich nehme an, die tschechischen Bastarde haben uns tatsächlich jede Menge Ärger bereitet."

Schulz lächelte für einen Moment und wurde dann ernst. „Wir haben dort verdammt viele gute Männer verloren."

Alfred nickte. „Wir auch, Sir."

„Haben Sie jemals einen Menschen töten müssen, Corporal?", fragte Schulz.

„Gottseidank nein, Sir."

„Dann hoffen wir mal, dass das so bleibt", erwiderte Schulz und schaute wieder auf seinen Zettel. „Hier steht auch, dass Sie ein guter Fahrer sind."

„Ja, Sir."

„Jemals auf den deutschen Autobahnen gefahren?"

„Ja, Sir."

Schulz rieb sich das Kinn und schien einen Moment in Gedanken versunken zu sein. „Wie lautet Ihr Vorname?", fragte er schließlich.

Alfred war etwas verwirrt. Noch nie hatte ihn jemand beim Militär nach seinem Vornamen gefragt. „Alfred", sagte er schließlich.

„Und wie nennen Sie die anderen?" Jetzt war Alfred noch verwirrter. Wie sollten ihn die anderen denn schon nennen? „Alfred, Sir?", sagte er fragend.

„Das hört sich zu formal an. Was dagegen, wenn ich Sie Al nenne?"

Alfred war so perplex, dass er nur sagte: „Kein Problem, Sir!"

Als wäre diese Unterhaltung nicht schon seltsam genug, überraschte ihn Schulz plötzlich mit perfektem Deutsch, als er fragte: „Genießen Sie Ihre Zeit in der Armee, Corporal?"

„Jawohl!", entgegnete Alfred verdattert. „Ich bin stolz darauf, meiner neuen Heimat dienen zu dürfen."

Der Lieutenant nickte, lächelte breit und tätschelte Alfred die Schulter. „Ich sag Ihnen was, Al. Ich mag Sie. Sie haben eine Security Clearance, was bedeutet, dass Sie Ihren Mund halten können. Sie können große Fahrzeuge fahren, Sie haben Ihr eigenes Geschäft und Sie können mir helfen, mein Deutsch zu verbessern."

„Aber Sir, Ihr Deutsch ist doch gut!", erwiderte Alfred.

„Ich mache Ihnen einen Vorschlag. Wie wäre es, wenn Sie mein persönlicher Fahrer in den nächsten zwei Wochen werden würden? Alternativ können Sie natürlich auch Tag und Nacht mit einem Gewehr und einem schweren Rucksack durch die Wüste marschieren. Was klingt besser?"

Alfred unterdrückte ein Grinsen. „Wohin soll ich Sie fahren, Sir?"

Kurz darauf saß er mit Schulz in einem Jeep. „Wenn wir mit anderen Soldaten zusammen sind, müssen wir uns auch wie welche benehmen. Aber solange wir unter uns sind, vergessen wir den ganzen formalen Quatsch. Ich bin William, aber die meisten nennen mich Will. Alles klar?", fragte Schulz.

Alfred nickte. „Ja, Sir."

Schulz grinste. „Schön. Also, ich bin für die Manöver einer Panzergruppe verantwortlich. Ich habe auch noch einen Vorgesetzten, aber in erster Linie bin ich hier derjenige, der sicherstellt, dass alle Befehle befolgt werden. Ich passe also auf, was die Soldaten in den Panzern so alles treiben und dann erstatte ich dem befehlshabenden Offizier täglich einen Bericht. Verstanden soweit?"

„Ja, Sir." Schulz schüttelte den Kopf. „Hör mal zu, Al. Wenn wir unter uns sind, nennst du mich Will, okay?"

Alfred nickte und grinste kurz. „Kein Problem, Will."

„Sehr gut. Dann werden wir gut miteinander auskommen, denke ich", sagte Schulz und lehnte sich zurück.

Als Alfred an diesem Abend zu seiner Einheit zurückkehrte, saßen seine übrigen Kameraden erschöpft auf den Feldbetten. Während er mit Will durch die Wüste gefahren war, hatten sie einen Fußmarsch von 30 Kilometern mit vollem Rucksack machen müssen. Einer der Soldaten erklärte Alfred mit leidvollem Blick, dass der Sergeant sie in den ersten Tagen in Topform bringen wollte. Natürlich löcherten sie Alfred auch zu seiner Tätigkeit. Er aber sagte nur, dass er Panzermanöver beobachten musste und der Rest seiner Tätigkeit geheim war. Diese Antwort stellte seine Kameraden zwar nicht wirklich zufrieden, aber Alfred dachte insgeheim, dass er wieder einmal einen ziemlichen Glücksgriff gemacht hatte.

* * *

Die Panzermanöver wurden entwickelt, um die Fähigkeiten der Soldaten in Bezug auf militärische Strategien und Truppenbewegungen zu fördern. Bei den Manövern gab es immer zwei Teams, ein blaues und ein rotes Team. Sobald das Manöver begonnen hatte, war das erklärte Ziel, den Gegner so schnell wie möglich zu besiegen – sei es mit Überraschungsangriffen, nächtlichen Razzien oder groß angelegten Angriffen während des Tages.

Unabhängige Juroren, meist hochrangige Offiziere, fuhren in die „Krisengebiete" und entschieden dann, welches Team gewonnen hatte. Alle Elemente der Armee waren bei diesen Manövern beteiligt: Infanterie, Artillerie, Truppenfahrzeuge und natürlich Panzer. Während Alfreds Einheit wieder einmal einen stundenlangen Marsch hinlegen musste, fuhren er und Schulz in die entlegensten Ecken der Wüste bis hin zum Rande des Death Valleys. Normalerweise hielten sie auf höher gelegenen Positionen an und beobachteten dann mit Ferngläsern die Manöver der verschiedenen Truppen.

Alfred war fasziniert von den riesigen Panzern, die mit hoher Geschwindigkeit durch die Wüste rumpelten und dabei scheinbar doch leichtfüßig ein Meer der Zerstörung hinterließen. Er erinnerte sich deutlich an den ersten Panzer, den er je in seinem Leben gesehen hatte. Ihm waren der Zaun und die Büsche vor dem Haus zum Opfer gefallen.

Will war ein Mensch, den man gut und gerne als einsamen Wolf bezeichnen konnte. Er bevorzugte die Einsamkeit der Wüste, statt sich im Truppengetümmel zu bewegen. Er liebte den Nervenkitzel und die Geschwindigkeit und jedes Mal, wenn Alfred schnell über einen Hügel fuhr, rief er lachend einen Schlachtruf aus. Und auch wenn er eine eindeutig wilde Seite in sich hatte, zweifelte Alfred nie daran, dass er in entscheidenden Situationen die volle Kontrolle über sich und andere haben konnte.

Eines Tages parkten die beiden auf einem Hügel, umgeben von großen Kakteen und hohen, dornigen Bäumen. Beide blickten hinab auf eine Panzereinheit, die sich in enger Formation durch den glühenden Sand bewegte.

„Irgendwie schön, nicht wahr?", fragte Will.

Alfred nickte. „Irgendwie aber erstaunlich", fügte er hinzu. „Wenn man doch bedenkt, zu welcher Zerstörung die Dinger fähig sind."

„Ist das nicht ihr Zweck?", fragte Will. „Dinge zu zerstören, um den Feind zu besiegen."

Die beiden schwiegen für einen Moment. „Denkst du, die schicken dich nach Vietnam?", fragte Alfred schließlich.

„Denke schon", erwiderte Will emotionslos.

„Und wie denkst du darüber?", bohrte Alfred weiter.

Will seufzte kurz. „Ich denke, jeder hat Angst davor, in den Krieg zu ziehen. Alle, die behaupten, keine Angst zu haben, lügen entweder oder sind einfach nur bemerkenswert dumm."

„Mir kommt es nicht so vor, als hättest du vor irgend etwas Angst", sagte Alfred.

„Die Wahrheit ist, dass ich vermutlich gar nicht erst dazu kommen werde, Angst zu haben", sagte Will leise. „Vermutlich werde ich bald zum Captain befördert, entweder noch hier oder vor Ort in Vietnam. Das bedeutet, dass ich dort für eine ganze Reihe Männer verantwortlich bin. Das Traurige daran ist, dass einige von ihnen vermutlich nicht wieder nach Hause zurückkehren werden. Davor habe ich Angst, aber das gehört zu meinem Job."

Sie schwiegen wieder eine Weile, bevor Alfred fragte: „Darf ich Ihnen etwas im Vertrauen sagen, Sir?"

Will sah ihn an und grinste über die unnötige Formalität seiner Frage. „Sicher."

„Ich glaube, du wirst ein großartiger Captain sein. Ich für meinen Teil wäre stolz, unter dir zu dienen!"

„Ach Al", sagte Will. „Ich hoffe für dich, dass du nie in diesen verdammten Krieg ziehen musst."

Im Laufe der Zeit fuhren Will und Alfred fast alle Ecken der Wüste ab, doch in einer Nacht änderte sich Alfreds normaler Tagesablauf schlagartig. Ihr Sergeant betrat das Zelt und rief: „O'Malley, Simpson, Gonzales, Langer. Vor das Zelt, in fünf Minuten! Nehmt eure Waffen."

Die Männer folgten seinem Befehl, ohne mit der Wimper zu zucken, und stellten sich vor dem Zelt auf. Der Sergeant wartete bereits auf sie. „Ihr vier habt euch freiwillig für eine Mission gemeldet. Unser Kommandant hat mir berichtet, dass ein feindliches Lager ungefähr 5 Kilometer von uns entfernt einen Angriff auf uns plant. Drei Lastwagen bewegen sich langsam in unsere Richtung."

Er drückte jedem der Männer ein Stück Kreide in die Hand. „Wenn ihr das Lager findet, markiert die Lkw mit einem Kreuz. Vermutlich wird es überall Wachposten geben, die müsst ihr umgehen. Langer, Sie haben einen zusätzlichen Streifen an der Uniform, das heißt, Sie tragen hier die Verantwortung. Wenn ihr erwischt werdet, kein Wort darüber, dass dies hier ein Auftrag war. Fragen?" Es gab keine. „Gut. Dann geht und macht uns stolz!"

Die Männer brachen auf, einer hinter dem anderen durch die dunkle Wüstenlandschaft. Alfred übernahm die Spitze und navigierte die Gruppe mit einem leuchtenden Kompass durch die Einöde. Gesprochen wurde kaum, wenn, dann nur im Flüsterton. Nach etwa zwei Stunden Fußmarsch sahen sie ein schwaches Licht in der Ferne, scheinbar das feindliche Lager. Kriechend näherten sie sich ihrem Ziel. Plötzlich hob Alfred seine geballte Faust und alle

hielten inne. Eine feindliche Wache patrouillierte vor einem Lastwagen hin und her. „Hey, Taylor. Hast du eine Zigarette für mich?",
hörten sie ihn in gelangweiltem Tonfall sagen. „Komm und hol sie
dir. Du schuldest mir schon eine ganze verdammte Packung", ertönte Taylors Stimme aus der Dunkelheit. Der Wachposten verließ
seine Stellung und trat hinüber zu einem zweiten Lkw. Schnell krochen Alfred und die übrigen drei Soldaten zum Lastwagen und mar-
kierten ihn mit einem weißen X. Dann krochen sie schnell wieder
außer Sichtweite, gerade, als der erste Wachposten wieder zu seinem
Wagen zurückkehrte. Alfred signalisierte einem seiner Kameraden,
zum zweiten Wagen zu kriechen und ihn zu markieren. Soldaten
wanderten zwischen den Wagen hin und her, doch niemand schien
auf irgendwelche Angriffe vorbereitet zu sein. Alfred wisperte zu
seinem Kameraden neben ihm: „Wie mutig bist du heute Nacht?"
Der Mann grinste. „Mutig ist mein zweiter Vorname, Langer." Mit
diesen Worten stand er vorsichtig auf und mischte sich dann unter
die Gruppe Soldaten, so, als hätte er nie einer anderen Truppe ange-
hört. „Na, wie geht es dir?", fragte er einen Soldaten. „Ich bin dafür,
dass wir morgen den Gegner angreifen und dann gehörig unseren
Sieg feiern." Die anderen Männer um ihn herum lachten und niemand bemerkte, wie er heimlich ein weißes X an den dritten Lkw
malte. Kurz darauf versammelten sich die vier Männer wieder in der
Dunkelheit abseits des Lagers und drückten sich die Hände. Müde,
aber mit sich selbst äußerst zufrieden, kamen sie zwei Stunden später wieder in ihrem eigenen Lager an. „Mission erfüllt!", riefen sie,
als der Sergeant sie empfing.

Als das Camp sich seinem Ende näherte, kam Schulz auf Alfred
zu, als dieser gerade mit seinen Kameraden einen Lastwagen belud.

„Man hat mir gerade von eurer Mitternachtsmission erzählt.
Wieso hast du denn nichts gesagt?", fragte er und klopfte Alfred auf
die Schulter.

„Es sollte ein Geheimnis bleiben", erwiderte Alfred.

„Nun", sagte Schulz grinsend. „Wie es scheint, habt ihr einen verdammt guten Job gemacht."

„Nur Befehle befolgt, Sir!", sagte Alfred und zwinkerte ihm zu.

Schulz streckte die Hand aus und Alfred schüttelte sie fest.

„Mach's gut, Al. Es waren zwei angenehme Wochen mit dir."

Er nickte. „Ich werd' dich vermissen, Will! So einen netten Captain hatte ich noch nie."

Auf der Rückfahrt nach Los Angeles beschäftigten Alfred nur zwei Gedanken. Zum einen dachte er an Irene und daran, wie schön das Wiedersehen mit ihr sein würde. Zum anderen hoffte er, dass Will nicht in den Kriegen ziehen musste – und falls doch, dass er zumindest zu denen gehörte, die auch wieder zurückkehrten.

* * *

Irene flog ihm in die Arme, auch ihr waren die zwei Wochen wie eine kleine Ewigkeit vorgekommen. Nach Alfreds Rückkehr aus Fort Irwin verbrachten die beiden noch mehr Zeit zusammen als vorher und ihre Beziehung wurde immer ernster. In einer sternenklaren Nacht gingen die beiden ins Kino und schauten sich „The Sound of Music" an. Als sie nach dem Film zurück zum Auto gingen, sprach Irene noch immer begeistert über die Landschaft im Film. „Die Alpen sind einfach herrlich!", schwärmte sie. „Absolut atemberaubend!"

„Eines Tages bringe ich dich dorthin, versprochen", sagte Alfred und schaute ihr tief in die Augen.

„Versprochen?", fragte Irene und strahlte.

„Ganz sicher", sagte Alfred und meinte es so.

Die Manhattan Die Company genoss mittlerweile einen hervorragenden Ruf und so kamen auch immer wieder neue Kunden in das Geschäft, um Alfred und Hans neue Aufträge zu erteilen. Nach dem Wasserbett-Boom stellten sie nun auch Ringbücher für die Avery-Dennison Corporation her und Vinylumschläge, die in den großen Schreibwarenläden wie Staples oder Costco verkauft wurden. Auch wurden Schweißformen für Taucheranzüge produziert und so ziemlich alles, was man in Krankenhäusern vorfinden konnte – von Blutbeuteln bis hin zu Urinbeuteln. Und als das Zeitalter der Videospiele eingeleitet wurde, stellten sie die Verpackungen für die Playstation, die Xbox und schließlich auch die Wii her.

* * *

Ihr Reiseziel war Mount Whitney, der höchste Gipfel der Vereinigten Staaten. Alfred, Hans und Mike Wittman, ein Freund aus der Jugendgruppe, machten sich auf die lange Reise in Mikes Ford Fairlane zum Fuße des Berges nahe der Stadt Lone Pine. Aufgeregt parkte Mike das Auto nahe dem Bergwanderweg, Whitney Portal, und die drei schulterten ihre Rucksäcke, in denen sich ein Schlafsack, Lebensmittel und andere wichtige Dinge für einen Bergaufstieg befanden.

„Also los!", rief Alfred nach einem kurzen Moment der Stille und die drei begannen ihre 35 Kilometer lange Wanderung hinauf zum Gipfel. Das Erreichen des Basislagers auf halber Höhe war verhältnismäßig einfach, denn die Steigung war nicht annähernd so kräftezehrend wie auf dem zweiten Abschnitt der Wanderung. Menschen saßen in dicken Jacken um Lagerfeuer herum, denn auch wenn es Mitte Juli war, lag die Temperatur nur knapp über null Grad. Nach einer kurzen Diskussion beschlossen die drei, noch ein Stück weiter zu gehen, um außerhalb des Trubels und näher am Gipfel übernachten zu können. Nach etwa fünfhundert Metern fanden sie einen windgeschützten Ort und campierten dort.

Als sie sich endlich in ihre Schlafsäcke gekuschelt hatten, sank die Temperatur in den Minusbereich und die Freunde erkannten, warum sich das Basislager ein ganzes Stück tiefer befand. Vor Kälte zitternd versuchten sie, ein Lagerfeuer zu entzünden, aber da sie sich oberhalb der Baumgrenze befanden, gab es nichts, was man hätte verbrennen können. Die einzige Lösung war, sich ständig zu bewegen – nur konnte man so leider nicht schlafen. Müde und völlig verfroren packten sie schließlich ihre Sachen kurz vor Sonnenaufgang zusammen und begannen den zweiten Teil des Aufstiegs.

Der schmale Steig war rutschig und in der Dämmerung mehr als tückisch. Noch dazu hatten sie nicht bedacht, dass in mehr als dreitausend Metern Höhe die Luft immer dünner wurde und ihnen das Atmen immer schwerer machte. Kurz darauf hielten Mike und Hans inne und verkündeten völlig außer Atem, dass sie keinen Meter mehr weiter klettern würden. Die drei setzen sich auf einen Felsen und diskutierten, wie es weitergehen sollte.

Auf dem Weg zum Gipfel

Hans und Mike beschlossen, wieder nach unten zu klettern und blickten Alfred erwartungsvoll an. Aber er erinnerte sich an Sir Edmund Hillary, der mit seinem Sherpa den zweimal so hohen Mount Everest erklommen hatte. Er würde doch jetzt nicht aufgeben!

Mit schmerzenden Beinen und pochenden Schläfen erreichte Alfred schließlich alleine den Gipfel von Mount Whitney, wo ein Messingschild die Höhe von 4421 Metern anzeigte. Die Aussicht von hier oben war überwältigend und irgendwie dachte Alfred wieder an Sir Edmund Hillary und seine Leistung, als Erster den Mount Everest erklommen zu haben.

DREIUNDZWANZIG

Alfred, Hans und ein paar ihrer Freunde aus der Jugendgruppe erforschten immer wieder Teile des Westens, und auf jedem dieser Ausflüge trafen sie Menschen aus allen Teilen Amerikas und manchmal sogar aus ganz entlegenen Teilen der Welt. In fast allen Fällen waren die Menschen, die sie kennenlernten, begeistert von der Schönheit des Landes und der Freiheit, in der die Menschen hier lebten. Und zum ersten Mal in seinem Leben fühlte sich Alfred nicht mehr wie ein Außenseiter, sondern wie jemand, der endlich richtig an einem Ort angekommen war.

Abgesehen von seiner einsamen Wanderung zum Gipfel des Mount Whitney, hatte Alfred noch mit zwei weiteren Herausforderungen zu kämpfen. Die erste war, sicherzustellen, dass die Manhattan Die Company auch weiterhin gut lief und dass sie noch mehr Aufträge an Land ziehen konnten – auch wenn die Geschäftsräume schon jetzt aus allen Nähten zu platzen schienen. Die Lippincutts, ihre Vermieter, waren nun beide über siebzig und nicht mehr in bester Verfassung. Margaret war bettlägerig geworden und Herbert kümmerte sich rührend um sie. Zudem verbrachte er jede freie Minute in der Werkstatt, reinigte die Maschinen oder kehrte den Boden. Er liebte die Geselligkeit unter den Arbeitern und plauderte gerne mit Hans und Alfred. Innerhalb kürzester Zeit war er jedoch nicht mehr in der Lage, Margaret selbst zu pflegen und so musste sie in ein nahe gelegenes Altersheim ziehen. Alfred und Hans besuchten sie häufig, aber es wurde bald klar, dass sich ihr Gesundheitszustand rapide verschlechterte.

Als Margaret bald darauf verstarb, kamen viele Freunde und Nachbarn zu ihrer Beerdigung, doch Herbert konnte dies nicht aufheitern. Sein Herz war gebrochen, hatte er nicht nur seine geliebte Frau verloren, sondern auch endgültig seine Tochter, die nicht einmal bei der Bestattung ihrer Mutter anwesend war. Nach Margarets Tod verbrachte Herbert noch mehr Zeit in der Werkstatt als sonst und half, wo immer er konnte. Es schien jedoch, als würde sein Lebenswille von Tag zu Tag schwächer werden. Alfred und Hans taten alles, um ihn aufzuheitern und ihm das Gefühl zu geben, gebraucht zu werden, doch nichts half.

Die zweite Herausforderung für Alfred lag mehr auf persönlicher Ebene. Irgendwie seltsam, war er doch auf geschäftlicher Ebene immer sofort zu Entscheidungen bereit – nicht aber, wenn es um seine Gefühle für Irene ging. Ohne Zweifel wusste er, dass er sich in sie verliebt hatte, aber irgendetwas in ihm ließ ihn zögern, sie um ihre Hand zu bitten. Die Ablehnung, die er vor über zehn Jahren von einem jungen Mädchen erfahren hatte, lag ihm immer noch auf dem Herzen.

Eines Tages verbrachten Alfred und Irene einen ruhigen Abend miteinander, gekrönt von einem romantischen Abendessen. Die Stimmung war heiter und die beiden lachten vergnügt miteinander, bis Alfred schließlich sein Weinglas erhob. Irene folgte seinem Beispiel und die Gläser stießen mit einem leisen Klirren aneinander.

Alfred senkte sein Glas leicht und blickte Irene in die Augen. „Irene", begann er sanft. „Du weißt, wie sehr ich dich liebe und ich möchte den Rest meines Lebens mit dir verbringen. Möchtest du meine Frau werden?"

Die folgenden Sekunden kamen ihm vor wie eine kleine Ewigkeit. Dann aber breitete sich ein strahlendes Lächeln über Irenes Gesicht aus.

„Du weißt, dass ich genauso fühle! Und ja, natürlich möchte ich deine Frau werden!" Sie fiel ihm um den Hals und Alfred lachte erleichtert auf. Ein Trauma seiner Kindheit war mit diesem Augenblick eindeutig überwunden.

* * *

Irene und Alfred, 1967

Den Segen von Irenes Familie zu erhalten war ein Leichtes gewesen und Alfreds Eltern hatten sich überschwänglich mit ihrem Sohn gefreut, der endlich positiv auf die Nachfragen seiner Mutter auf eine baldige Hochzeit hatte antworten können.

Nun hatte Alfred einen gemieteten Smoking an und schaute immer wieder auf die Uhr, als er seine Manschettenknöpfe befestigte. Nervös war er allerdings nur, weil er und Irene unbedingt den Zeitplan einhalten wollten, den ihre Mutter für die perfekte Trauung geplant hatte. Nervös wegen des baldigen Eheversprechens waren die beiden nicht. Sie wussten, dass sie einander fürs Leben gefunden hatten.

Die Kirche war mit einer Fülle von weißen Blumen geschmückt und etwa hundert Gäste waren anwesend. Es war eine bunte Mischung: hier ein paar Arbeitskollegen, dort ein paar Freunde aus der Jugendgruppe und jede Menge Mexikaner aus Irenes Familienzweig. Alle verstanden sich jedoch prächtig und warteten gespannt auf das Brautpaar.

Sobald alle saßen, nahmen Alfred, sein Trauzeuge Hans und drei weitere Trauzeugen ihre Position neben dem Priester ein. Die Aufregung stieg, als der Hochzeitsmarsch einsetzte und die drei Brautjungfern und Irenes Trauzeugin den Gang zum Altar hinabschritten. Und dann war der Augenblick gekommen. Irene sah atemberaubend aus in ihrem weißen Kleid, als sie am Arm ihres Vaters den Gang hinab zu Alfred schritt.

Als er sie sah, dachte Alfred an den Abend zurück, nachdem er sie zum ersten Mal ausgeführt hatte. Würde Hans jetzt Alfred fragen, wie er den Moment fände, wäre seine Antwort die gleiche: „Perfekt."

Als die Hochzeitsfeier in South Gate in vollem Gange war, sah Irene, wie Alfred scheinbar gedankenverloren an der Bar stand.

„Ist etwas passiert?", fragte sie ängstlich, doch Alfred lächelte beruhigend und zog sie an sich.

„Nein", sagte er und schüttelte den Kopf. „Ich wünschte nur, meine Eltern wären auch hier."

Irene strich ihm über den Schopf. „Das verstehe ich. Aber ich lerne sie bestimmt eines Tages kennen."

Alfred nickte. „Erinnerst du dich noch an den Abend, an dem wir „The Sound of Music" geschaut haben?"

Sie nickte.

„Und auch daran, was ich dir versprochen habe?"

„Dass wir einmal in die Alpen fahren werden?"

„Genau. Wir sparen ab jetzt jeden Cent und dann fahren wir zu meinen Eltern."

Irene lachte. „So kenne ich dich. Und an dieser Reise habe ich übrigens keinen Moment gezweifelt."

* * *

Alfred machte sein Versprechen im Herbst 1968 wahr, als er und Irene zu einer dreiwöchigen Reise nach Deutschland aufbrachen. Sie flogen nach Frankfurt, wo sie einen Mietwagen nahmen und dann Richtung Heimat fuhren. Irene freute sich darauf, endlich Alfreds Familie zu treffen.

Ihr erster Stopp auf der Deutschlandreise war Bamberg, wo sie zwei von Alfreds Onkeln und deren Familien besuchten. Irene war begeistert von der Freundlichkeit von Alfreds Verwandten und der Schönheit der deutschen Landschaft. Sie versuchte, die wenigen Worte, die sie von Alfred aufgeschnappt hatte, bei jeder Gelegenheit anzuwenden und innerhalb kürzester Zeit war sie in der ganzen Verwandtschaft sehr beliebt.

Kurz darauf kamen sie in Selbitz an und wurden abermals mit großem Hallo und viel Liebe begrüßt. Alfred hatte seiner Familie immer wieder von Irene vorgeschwärmt und jetzt, da sie seine Frau kennenlernten, merkten sie, dass er nicht übertrieben hatte. Alfred zeigte seiner Frau die Lieblingsplätze seiner Kindheit und endlich konnte Irene die Pracht der Alpen in der Realität genießen. Sie konnte sich nicht daran erinnern, dass sie je glücklicher gewesen war. Zudem schmeckte das Essen hier köstlich, die Menschen waren freundlich und immer, wenn sie und Alfred ein Wirtshaus besuchten, trafen sie alte Weggefährten wieder und hatten jede Menge Spaß.

Nachdem sie etwas Zeit mit der Familie verbracht hatten, kehrte Alfred zur Bodenschatzfabrik zurück, wo Herr Thieroff schon auf ihn wartete. Seine Rückkehr nach Selbitz hatte sich schnell herumgesprochen.

„Ich habe gehört, dass es dir und Hans sehr gut in den USA geht", sagte er am Ende einer kleinen Tour durch die Fabrik.

Alfred nickte. „Es war eine ganz schöne Herausforderung, unser eigenes Geschäft zu gründen, aber es hat sich gelohnt. Wir haben jede Menge zu tun."

„Und wie gefällt dir das Leben in Amerika?", fragte Thieroff.

„Warum? – Wegen der vielen Möglichkeiten, die sich dort bieten", antwortete Alfred schlicht.

„Erinnerst du dich noch daran, als wir jemanden zum Werksleiter bestimmen sollten?"

Alfred nickte. Wie konnte er diese Schmach vergessen!

„Du solltest wissen, dass ich damals für dich gestimmt habe … Nur leider gab es zu viele andere, die das scheinbar nicht so gesehen haben."

„Vielen Dank", sagte Alfred und lächelte Thieroff an. „Das weiß ich zu schätzen."

Als er schließlich zu Irene und seiner Familie zurückkehrte, dachte er daran, wie anders sein Leben hätte verlaufen können, wäre er damals zum Werksleiter gewählt worden. Scheinbar war diese Absage die beste seines Lebens gewesen.

Eines Nachmittags traf sich Alfred mit seinen Brüdern Rudi und Willi. Als sie sich zusammensetzten, lenkte Alfred schnell das Gespräch auf einen offensichtlichen Missstand: Seine Eltern lebten noch immer in dem Haus zwischen den Eisenbahnschienen. Rudi und Willi hatten keinen blassen Schimmer, warum er dies erwähnte und so half Alfred ihnen etwas auf die Sprünge.

„Ich finde, wir sollten ein neues Haus für sie finden."

Seine Brüder starrten ihn eine Weile an, bevor Rudi sagte: „Wie in aller Welt sollen wir das denn hinkriegen?"

„Der amerikanische Dollar ist momentan sehr stark und die Grundstücke hier in der Gegend immer noch sehr günstig", begann Alfred seine Erklärung. „Ihr kennt euch hier gut aus und ihr kennt sicher auch jede Menge Leute, die sich auf einem Bau etwas verdienen wollen."

Willi schüttelte den Kopf. „Ich weiß immer noch nicht, was du von uns willst."

„Wie wäre es, wenn ihr ein Grundstück zu einem vernünftigen Preis aussucht, ich kaufe es und ihr beaufsichtigt dann den Bau eines neuen Hauses für unsere Eltern?"

„Aber das kostet doch viel zu viel", wandte Rudi zweifelnd ein.

„Ich schlage ein dreistöckiges Haus vor", wies Alfred ihn mit einer Handbewegung ab. „Mama und Tata könnten ganz oben wohnen. Willi, du und deine Familie könnten im Stockwerk darunter wohnen. Und das untere Stockwerk könnten wir vermieten, um so die monatlichen Raten ganz einfach abzubezahlen." Er blickte seine Brüder eindringlich an. „Hört mal, nach allem, was sie für uns getan haben, wäre dies das Mindeste, was wir für sie tun könnten. Zumindest ist es einen Versuch wert."

Zwar waren Rudi und Willi noch immer nicht hundertprozentig von seiner Idee überzeugt, doch dann versprachen sie ihrem Bruder, sich nach einem geeigneten Grundstück umzusehen. Alfred drückte sie fest an sich und war sich sicher, dass seine Eltern bald endlich ein anständiges Zuhause haben würden, als Entschädigung für alles, was sie je für ihre Kinder aufgegeben hatten.

Auf dem Rückflug in die USA saß Irene am Fenster, damit sie noch einmal die ganze Schönheit der Welt unter ihnen betrachten konnte. Eine Stewardess brachte ihnen zwei Gläser Wein, und als sie anstießen, sagte Irene leise: „Danke, dass du dein Versprechen eingehalten hast."

VIERUNDZWANZIG

Als Irene ihm im Februar 1969 erzählte, dass sie schwanger war, fiel Alfred glatt die Kinnlade herunter. „Wann ist es denn soweit? Geht es dir gut? Kann ich etwas tun? Willst du dich nicht ausruhen?" Irene lachte über die Fragen, die nur so aus ihm heraussprudelten und beruhigte ihn, dass es ihr ganz und gar gut gehe.

Neben der freudigen Nachricht erhielt Alfred jedoch kurz darauf auch eine traurige. Herbert Lippincutt war friedlich im Schlaf verstorben und Alfred dachte, wie schade es doch sei, dass er den ganzen Batzen Geld, den er durch den Verkauf seiner Fabrik eingenommen hatte, fast gar nicht hatte ausgeben können. Als Bessie Long, eine Nachbarin, erfuhr, dass das Grundstück an Hans und Alfred verkauft worden war, lud sie die beiden zu einem Treffen ein. Sie war Eigentümerin eines noch größeren Gebäudes als das der Manhattan Die Company.

„Sehen Sie", begann Bessie etwas besorgt. „Das leere Gebäude ist absolut unwirtschaftlich und die Versicherung und die Grundsteuer werden immer teurer für mich. Ich wäre bereit, das Grundstück mitsamt den Gebäuden für einen sehr geringen Preis zu verkaufen."

Da die Manhattan Die Company noch immer einen deutlichen Aufschwung vorzuzeigen hatte und da das Grundstück der Lippincutts immer enger zu werden schien, war die Entscheidung schnell gefallen. Bessies Grundstück wurde gekauft und die Manhattan Die Company hoffentlich auch weiterhin vergrößert.

Nach ein paar Wochen der Vorbereitung auf dem neu erworbenen Grundstück reichte ein Wochenende, um mitsamt allen Maschinen und sonstigen Gerätschaften an den neuen Standort umzuziehen, sodass gleich am Montag wieder gearbeitet werden konnte. Alfred und Hans entschieden sich dazu, abwechselnd Außentermine bei ihren Kunden wahrzunehmen, um so an noch mehr Aufträge zu gelangen.

Teilansicht der Werkstatt, Manhattan Die Company, ca. 1970

Da die beiden vorzüglich schweißen konnten, spezialisierten sie sich darauf, beschädigte Werkzeuge durch Silberlöten zu reparieren. Ihr größter Konkurrent aus New York, die A & S Die Company, lehnte solche Aufträge als zu geringfügig ab, um sie selbst auszuführen, und so bauten sich Hans und Alfred in dieser Sparte ein kleines Monopol auf. Und nicht nur das: Da ihr einst so kleines Geschäft immer besser lief, kauften Alfred und Hans noch mehr Land dazu, legten einen Parkplatz an, bauten ein Empfangszimmer und ein Chefbüro und kauften neue Maschinen und eine Klimaanlage. Ein Traum war wahr geworden – sie hatten jetzt nicht nur genug Arbeit, um sage und schreibe zwölf Leute zu beschäftigen, sondern auch eine moderne Werkstatt, in der es an nichts fehlte.

* * *

Das diesjährige Sommercamp der Nationalgarde bescherte Alfred nicht die geistige Entspannung, die er sich erhofft hatte. Immer wieder kehrten seine Gedanken zurück zu seiner schwangeren Frau Irene und dem mittlerweile großen Unternehmen, das er und Hans leiten mussten. All dies bereitete ihm ziemlichen Stress, aber davon ließ sich Alfred zumindest äußerlich nichts anmerken. Als er aus dem Camp zurückkehrte, fand er eine fröhliche Irene vor. Ihre Mutter hatte sie in seiner Abwesenheit unterstützt, sodass die werdende Mutter sich nicht zu viel zumuten musste. Nach einer langen Unterhaltung entschieden Alfred und Irene, dass ihr momentanes Haus in South Gate kaum dafür geeignet war, ein Kind zu aufzuziehen. Statt zu mieten, wollten sie ein Haus kaufen und sie verbrachten die folgenden Wochenenden damit, eine passende Immobilie zu finden mit mehr Platz, mehr Privatsphäre und in einer besseren Gegend. Kurz darauf fanden sie das perfekte Haus in der Santana Street in Cerritos und eine Woche, bevor bei Irene die Wehen einsetzten, zogen sie um. Irene hatte ihren Job bei der Security National Bank bereits vor einigen Wochen gekündigt, um sich so viel Ruhe gönnen zu können, wie nur möglich. Am 23. September war es dann endlich soweit: Ihre Tochter, Christine Ann, wurde im Norwalk Community Hospital geboren.

Als Alfred seine Tochter zum ersten Mal sah, wusste er eins sofort: Mit einem Schlag hatte sich sein ganzes Leben auf den Kopf gestellt – aber es störte ihn nicht im Geringsten.

* * *

Da Alfred und Hans beide viele Verwandte und Freunde in Deutschland hatten, beschlossen sie, mindestens alle drei Jahre in ihre alte Heimat zurückzukehren. Die lange im Voraus geplanten Reisen dauerten in der Regel drei Wochen und neben den obligatorischen Besuchen bei ihren Familien und Verwandten reisten sie häufig auch durch die deutschen, österreichischen oder Schweizer Alpen. Die nächste Reise Alfreds war für den Spätsommer 1971 geplant. Christine war mittlerweile zwei Jahre alt und Alfreds Eltern waren schon ganz verrückt danach, ihre Enkelin endlich kennenzulernen.

Nach der Ankunft in Frankfurt fuhren sie drei Stunden nach Selbitz, wo sie bereits von Alfreds Familie erwartet wurden. Alle waren gleich ganz vernarrt in Christine und jeder wollte die Kleine einmal halten und knuddeln. Sie hingegen machte die ganze Zeit über einen recht verwirrten Gesichtsausdruck, konnte sie doch mit dieser seltsamen Sprache, die alle Menschen um sie herum plötzlich sprachen, rein gar nichts anfangen.

Die ganze Familie ging schließlich auf zahlreiche Wanderungen im schönen Frankenwald, wo Alfred schon als Kind viel Zeit verbracht hatte, und als die Familie ihre Besucher aus Übersee schließlich auf eine kleine Reise in die deutschen Alpen einlud, war das Glück perfekt.

Eines Abends nahm Willi seinen Bruder beiseite. „Mutter war in letzter Zeit oft im Krankenhaus, aber immer, wenn sie für euch irgendwelche Vorbereitungen getroffen hat, schien sie wie ausgewechselt", sagte er.

Alfred lächelte.

„Himmel, sie hat sich sogar die Haare für euch extra schön gemacht!", lachte Willi. Dass ihre Mutter so aufblühte, war keine Selbstverständlichkeit. Sie hatte Schmerzen in den Beinen, hohen Blutdruck und Diabetes, ließ sich von alldem aber für gewöhnlich nichts anmerken. Alfred wünschte sich nichts sehnlicher, als seinen Eltern sein neues Zuhause in den USA zu zeigen, doch der Arzt der Familie riet von der langen Flugreise ab.

Obwohl Alfred darauf bestand, dass weder er, noch seine Familie während ihres Besuches eine Sonderbehandlung erhielten, begegneten ihnen alle mit der größten Zuvorkommenheit. Dass er sich in den USA eine neue Existenz und ein großes Geschäft aufgebaut hatte, schien die Leute hier sehr zu beeindrucken. Alfred war diese Aufmerksamkeit fast peinlich und er erklärte stoisch, dass wohl jeder von ihnen dies mit genügend harter Arbeit und Strebsamkeit erreichen könne.

Ein Höhepunkt seines Heimatbesuches war, als Willi Alfred erzählte, dass er und seine Brüder das perfekte Grundstück für ihre Eltern gefunden hatten.

Wie bereits zuvor abgesprochen, kaufte Alfred daraufhin das Grundstück und die Geschwister setzten ihren Plan in die Tat um. Erst dann erzählten sie ihren Eltern, dass sie in Kürze aus dem kleinen Haus zwischen den Bahngleisen ausziehen würden und stattdessen in ein nagelneues Haus ziehen würden. Willi war Maurermeister und so bekam er die Aufgabe zugewiesen, den Bau des Hauses zu überwachen. Das Haus sollte drei Etagen haben. Rudolf und Elsa sollten in der obersten Etage wohnen, Willi würde die mittlere Etage zusammen mit seiner Frau Brigitte und seiner Tochter Antje beziehen und die untere Etage sollte vermietet werden. Rudolf und Elsa freuten sich ungemein über die Überraschung ihrer Kinder, bezweifelten aber insgeheim, dass dieses Projekt auch tatsächlich funktionieren würde.

Am Ende der drei Wochen war der Abschied schwerer als erwartet. Während der Fahrt zurück nach Frankfurt war Alfred ungewöhnlich still. Irene legte ihre Hand auf seine und lächelte ihn an.

„Ich hätte nicht gedacht, dass sich wirklich jeder in Christine verliebt!", versuchte sie seine Stimmung zu heben.

Alfred nickte nur.

„Nun sei doch nicht so griesgrämig", neckte Irene ihn weiter. „Das ist doch nicht das letzte Mal, dass wir deine Familie sehen! Du wirst sehen, die Zeit rast und schon sind wir wieder hier."

Alfred nickte wieder, aber ein seltsames Gefühl blieb in seiner Magengrube zurück. Er hoffte, dass Irene mit ihrer Aussage recht behalten sollte.

* * *

Im folgenden Jahr, nach eingehender Überprüfung des Bauplans, begann der Bau des Hauses, das Alfred seinen Eltern versprochen hatte. Willi wurde wie geplant zum Bauleiter ernannt und das Gebäude wurde unter seiner Aufsicht rasch fertiggestellt. Jeder neue Tag an der Baustelle ließ die Vorfreude weiter wachsen und Rudolf und Elsa wurden immer aufgeregter, jetzt, da der Umzug in greifbarer Nähe war. Willi schickte Alfred laufend neue Bilder vom Baufortschritt, doch das schönste von allen kam erst, nachdem das Haus fertiggestellt war: Ein Bild ihrer Eltern, wie sie freudestrahlend und glücklich vor ihrer neuen Haustür stehen.

* * *

Der Anruf erreichte Alfred an einem frühen Montagmorgen. Nur wenige Menschen in Selbitz konnten sich ein Telefon leisten, und so musste von der örtlichen Poststelle aus telefoniert werden. Da diese aber samstags und sonntags geschlossen war, mussten selbst wichtige Anrufe oftmals bis zum Montag warten. Als Alfred den Telefonhörer abhob und die Stimme seiner Mutter hörte, ahnte er bereits das Schlimmste. Unter Tränen erzählte sie ihm, dass sein Vater am Samstag verstorben war.

Es schien Alfred, als wäre sein Herz mit einem Mal in tausend Stücke zerbrochen und seine Knie zitterten, als er den Hörer langsam wieder auf die Gabel legte. Kurz darauf rief er Irene an und versuchte anschließend verzweifelt, einen Flug nach Deutschland zu finden. Im Jahre 1975 waren Flüge nach Deutschland noch eher eine Seltenheit und mit dem Zeitunterschied von neun Stunden plus einer dreistündigen Fahrt von Frankfurt nach Selbitz war es unmöglich, die Beerdigung seines Vaters rechtzeitig zu erreichen. Hans zeigte aufrichtige Anteilnahme und schlug Alfred vor, erst einmal eine kleine Auszeit zu nehmen. Alfred war zutiefst dankbar für diesen Vorschlag. Er konnte nicht klar denken. Sein ganzes Leben lang waren seine Eltern die Stütze in seinem Leben gewesen, die ihm trotz aller Umstände eine solide Grundlage für sein jetziges Leben geschaffen hatten. Jetzt aber fehlte einer dieser Grundpfosten in seinem Leben und Alfred verspürte eine große Leere in sich.

Als er an diesem Tag nach Hause kam, empfing ihn Irene bereits an der Tür und umarmte ihn fest. Leise berichtete Alfred ihr, dass er keinen Flug mehr nach Deutschland bekommen hatte und so nicht an der Beerdigung seines Vaters teilnehmen konnte. Er seufzte tief und blickte hinüber zu dem Kruzifix an der Wand. Wie oft hatte er bei diesem Anblick schon neuen Mut gefasst! Im Laufe der nächsten Tage versuchte er, den Kummer etwas aus seinem Herzen zu verbannen. Das Leben seines Vaters war erfüllt gewesen und er war als stolzer Mann gestorben. Alfred lächelte traurig, als Erinnerungen an seinen Vater in ihm aufstiegen. Wie stolz musste er auf seine Kinder gewesen sein! Es war eine Sache, sein eigenes Leben nach bestimmten Werten zu leben, diese aber erfolgreich an den eigenen Nachwuchs weiterzugeben, war eine andere Sache. Und mit dem Bewusstsein, dass sein Vater beides geschafft hatte, schlief Alfred endlich ein.

FÜNFUNDZWANZIG

Im Jahr 1980 traf die Wirtschaftskrise die USA und der Großteil der amerikanischen Bevölkerung wurde davon hart getroffen. Die Leute waren plötzlich sparsam und zögerten, wenn es um den Kauf von neuen Produkten ging. Dies bekam auch die Manhattan Die Company zu spüren. Viele Unternehmen in ihrer Umgebung gingen Pleite, da sie nicht mehr in der Lage waren, mit anderen Unternehmen aus Ländern wie China, Korea oder Indien zu konkurrieren. Auch Alfred und Hans mussten handeln. Auch wenn es ihnen im Herzen wehtat, mussten sie die Löhne ihrer Mitarbeiter kürzen, um überhaupt noch auf dem Markt bestehen zu können. Dies hatte zur Folge, dass einige der erfahrensten Mitarbeiter das Geschäft verließen und sich woanders nach einem besser bezahlten Job umsahen. Die meisten ihrer Kunden blieben der Manhattan Die Company jedoch treu und halfen Alfred und Hans somit, das Geschäft am Laufen zu halten. Die Wirtschaftskrise stellte die beiden vor ganz neue, gewaltige Herausforderungen, doch die beiden Freunde schworen sich eins – scheitern würden sie daran nicht.

Ein Jahr später hatte die Manhattan Die Company die Wirtschaftskrise soweit überstanden, dass Alfred und seine Familie wieder nach Deutschland reisen konnten.

Der diesjährige Besuch fiel mit dem Wiesenfest zusammen, ein viertägiges Fest in Selbitz, das sich größter Beliebtheit unter den Einwohnern erfreute. In einer langen Parade zogen Vereine und Organisationen durch die Stadt, und eine Blaskapelle spielte dazu einen Marsch nach dem anderen. Stolz wie Bolle marschierte Alfred neben seinen alten Freunden und Mitgliedern des Selbitzer Turnvereins durch die Straßen. Schulkinder führten verschiedene Theaterstücke vor dem Rathaus auf und Bratwurststände schossen wie Pilze aus dem Boden. Ein riesiges Bierzelt verhinderte, dass die Selbitzer

Wiesenfest Umzug 1960, Männergruppe TV Selbitz,
Alfred, Mitte dritte Reihe

trockene Kehlen bekamen und je später die Stunde, desto ausgelassener schunkelten die Menschen auf den Bierbänken.

Christine, mittlerweile elf Jahre alt, erlebte eine wunderbare Zeit mit ihren Verwandten, vor allem mit den Kusinen in ihrem Alter. Alfred zeigte ihr das alte Haus zwischen den Bahngleisen, die alte Schuhfabrik und die Bodenschatzfabrik und wanderte mit ihr durch Wiesen und Wälder. Er wollte ihr zeigen, wo er aufgewachsen war und erzählte ihr immer neue Geschichten aus seiner Kinder- und Jugendzeit. Christine genoss die Zeit mit ihrem Vater und löcherte ihn immer wieder mit Fragen. Auch wenn ihre Gespräche meist ausgelassen und voller Fröhlichkeit waren, boten die Inhalte ihr eine ganz neue Perspektive auf das Leben ihres Vaters und das seiner Familie.

Während ihres Besuches verbrachten sie wie immer viel Zeit mit der Familie, den zahlreichen Verwandten und all ihren Freunden. Am meisten aber freute sich Alfred, als er zum ersten Mal das neue Haus seiner Familie sah. Die Bilder, die Willi ihm immer wieder zugeschickt hatte, zeigten bei Weitem nicht die wahre Pracht des Neubaus. Als Alfred zum ersten Mal die Granittreppe in den dritten Stock hinaufstieg, fuhr er fast ehrfürchtig über das schmiedeeiserne Treppengeländer und blieb bewundernd vor einem überdimensionalen Wandgemälde stehen, das von dem sanften Licht der Glasbausteine im Treppenaufgang beleuchtet wurde. Die Wohnung seiner Mutter hatte einen kühlen Marmorboden und – Rudi sei Dank – verzierte Fliesen an den Wänden. Die Küche war klein, aber gemütlich und das komfortable Wohnzimmer hatte sogar ein Dachfenster. Obwohl Willi und seine Familie in der zweiten Etage wohnten, spielte sich das meiste Leben in Elsas Wohnung unter dem Dach ab.

Das Haus Langer in Selbitz, 1971

Wenn Gäste kamen, stellte sie ihnen eine warme Mahlzeit und ein kühles Bier auf den Tisch, und die Wohnung war fast immer mit Gesprächen und Gelächter gefüllt. Sie schien glücklich zu sein, doch Alfred überkam eine Welle der Traurigkeit, als er daran dachte, dass sein Vater nur drei Jahre in diesem Haus verbringen konnte. Elsa dankte ihren Kindern wieder und wieder, dass sie endlich in einem eigenen Haus leben konnte, umgeben von Wiesen und Wäldern und – im Gegensatz zum alten Haus – Stille.

Wann immer sie wollte, konnte sie sich jetzt vor das Fenster im Wohnzimmer stellen und die Aussicht genießen, anstatt sich das Getöse von vorbeifahrenden Zügen anhören zu müssen.

* * *

Nach seiner Rückkehr nach Amerika kehrte für Alfred der Alltag schnell wieder ein. Lange Arbeitstage, mehr Stress, mehr Druck. Alfred wusste, dass er ein paar dringende Veränderungen in seinem Leben unternehmen musste, denn so konnte es nicht auf ewig weitergehen. Vielleicht war es eine göttliche Fügung, dass Alfred und Irene kurz darauf die Taughers kennenlernten. Don und Chris strahlten beide immer eine unglaubliche Ruhe aus und schienen die richtige Balance im Leben gefunden zu haben. Alfred und Irene waren davon fasziniert und sprachen oft darüber, wie die beiden es wohl geschafft hatten, mit einer solchen Gelassenheit und Freude durchs Leben zu gehen. Und obwohl Alfred sich nicht ganz sicher war, wusste er irgendwie, dass er die Antworten, nach denen er suchte, bei den beiden finden würde.

An einem warmen Abend trafen sich die beiden Ehepaare in einem Restaurant. „Habt ihr schon einmal von Cursillo gehört?", fragte Don plötzlich ohne jeglichen Zusammenhang. Alfred und Irene schüttelten zeitgleich den Kopf. „Ich glaube, es würde euch interessieren", sagte Chris und lächelte. „Was ist denn Cursillo?", fragte Alfred, neugierig geworden. Don und Chris erklärten ihnen, dass während eines Cursillos, eines Kurses, den Teilnehmern ein tieferes Verständnis über ihren Glauben vermittelt wird. „Ein Cursillo ist ein dreitägiger Glaubenskurs", erklärte Don. „Priester, Diakone und Laien berichten über ihre Erfahrungen bezüglich eines erfüllten Lebens und darüber, wie man Gott im täglichen Leben näherkommen kann. Ich finde, dass in einem Cursillo immer wieder Antworten auf viele Fragen gegeben werden."

Als Alfred und Irene später nach Hause kamen, warfen sie gemeinsam einen Blick in das Material, das Don und Chris ihnen mitgegeben hatten. Und als sie alles durchgearbeitet hatten, beschlossen sie, dem Cursillo eine Chance zu geben. „Du solltest dich da anmelden. Vielleicht wirst du ja ähnlich entspannt und zufrieden wie Don und Chris?", sagte Irene.

Und so kam es, dass Don ihn am folgenden Donnerstagabend von zu Hause abholte und er gemeinsam mit ihm nach Marywood fuhr. Bevor er Alfred den anderen Teilnehmern vorstellte, gab er ihm einen Ratschlag mit auf den Weg: „Erlebe das Erleben!", sagte er vergnügt.

Kurz darauf ging ein gut gekleideter Mann zum vorderen Teil des Raumes und stellte sich als „Rektor" vor. Mit einem warmen Lächeln begrüßte er die Anwesenden. „Herzlich willkommen! Bevor ich euch Weiteres erkläre, sollt ihr wissen, dass ihr hier nur so viel lernen und verstehen könnt, wie ihr gewillt seid, aufzunehmen. Und außerdem hoffe ich, dass ihr auch die Worte, die nicht ausgesprochen werden und die Gefühle, die wir nicht zeigen, aufnehmt und euch zu Herzen nehmt." Mit einem Blick über die Runde fuhr er fort. „Diese Worte klingen vielleicht ein bisschen wirr, aber nach diesem Wochenende werdet ihr bestimmt verstehen, was ich damit gemeint habe."

Als die beiden nach dem Wochenende wieder nach Hause fuhren, war Alfred von einem wohligen Frieden erfüllt.

„Und?", fragte Don. „Wurden all deine Fragen beantwortet?"

Alfred nickte und lächelte. „Jede einzelne."

* * *

Irene begrüßte ihren Mann bereits an der Haustür und spürte sogleich, dass Alfred sich irgendwie verändert hatte. Als er ihr von seinem Wochenende berichtete, war sie begeistert und freute sich darauf, all dies auch bald zu erleben. Alfred versuchte, ihr zu erklären, was während des Cursillos alles geschehen war, aber es schien, als würden ihm die Worte fehlen. Schließlich sagte er leise: „Ich würde es dir gerne alles erzählen, aber irgendwie kann ich es nicht beschreiben. Ich schätze, du musst es selbst erleben."

Als Irene am nächsten Wochenende von ihrem Cursillo nach Hause kam, umarmte sie Alfred fest und wisperte: „Jetzt verstehe ich, was du meintest."

SECHSUNDZWANZIG

Alfred erkannte, dass ihm der Cursillo einen ganz neuen Ausblick auf sein Leben verschafft hatte. Vor dem Glaubenskurs bestand sein Leben fast ausschließlich aus harter Arbeit. Jetzt aber sah er die Dinge viel gelassener und sein Vertrauen in Gott war wieder erwacht und gewachsen. Er glaubte daran, dass sein Leben von einer höheren Macht geführt wurde und dieser Glaube schenkte ihm die nötige Kraft, um mit mehr Ruhe und Gelassenheit durchs Leben zu gehen.

An einem ganz normalen Mittwochnachmittag arbeitete Alfred an einer Fräsmaschine und stellte ein Messingteil her, als er einen Anruf erhielt. Immer, wenn seine Sekretärin ihm einen Anruf durchstellte, klingelte es zwei Mal und als Alfred das Klingeln vernahm, eilte er sogleich in sein Büro. Als er dort ankam, hatte der Anrufer jedoch bereits aufgelegt und Alfred kehrte zu seiner Fräsmaschine zurück. Kaum hatte er sich wieder mit seinem Messingteil an die Maschine gesetzt, klingelte es wieder und Alfred sprang auf, um diesmal den Anrufer noch zu erwischen. In seiner Eile schaltete er die Fräsmaschine nicht aus.

Nach einem kurzen Gespräch mit einem Kunden, der zuvor versehentlich aufgelegt hatte, kehrte Alfred etwas gedankenverloren an seinen Platz zurück. Er öffnete den Schraubstock, um das Messingteil aus der Maschine zu entfernen und spürte plötzlich einen scharfen, stechenden Schmerz am Zeigefinger. Jetzt wieder hellwach sah er auf seine Hand und erkannte voller Schrecken, dass das scharfe Schlitzmesser ein Stück seines Fingers abgetrennt hatte. Das Blut begann zu fließen und Alfred wusste, dass er so schnell wie möglich zu einem Arzt musste. Er presste den Finger gegen seinen Bauch, um die Blutung so gut es ging zu stoppen. „Fahr mich zum Arzt!", rief er einem Mitarbeiter zu. Als er dort ankam, war seine Arbeitskleidung über und über mit Blut besudelt. Eine Krankenschwester führte ihn hastig in ein Untersuchungszimmer und keine zwei Minuten später war ein Arzt zur Stelle. Er glaubte zunächst, dass Alfred aufgrund des Blutes an seinem Overall irgendeine Bauchwunde hätte, doch schnell erkannte er die wahre Verletzung. Nach einer schnellen Untersuchung betäubte er den Finger und versuchte, die Blutung zu stoppen. „Wo ist denn der andere Teil des Fingers?", fragte er.

„Ich schätze mal, der steckt noch immer in der Fräsmaschine", stöhnte Alfred und biss vor Schmerzen die Zähne zusammen.

Sofort wählte die Krankenschwester Hans' Nummer und bat ihn, so schnell wie möglich nach dem abgetrennten Teil von Alfreds Finger zu suchen. Innerhalb von Sekunden fand Hans diesen zwischen den Messingspänen unter der Fräsmaschine, wickelte ihn in ein Papiertuch und eilte zu Alfreds Seite in die Praxis.

Dort angekommen, überwies der Arzt sie in das nächstgelegene Krankenhaus. „Ich kann die Verletzung hier nicht behandeln. Sie müssen sofort in die Notaufnahme", sagte er zu Alfred und überreichte ihm das abgetrennte Fingerstück, das mittlerweile in einer Plastiktüte auf Eis gelegt worden war.

Hans und Alfred fuhren zurück zur Manhattan Die Company, wo Alfred darauf bestand, in sein eigenes Auto zu steigen und selbst zum Krankenhaus zu fahren. Dort runzelte der Notarzt die Stirn, als er den abgetrennten Finger sah. „Da müssen die Messingspäne ab", sagte er. Nach einer Weile schüttelte er den Kopf. „Ich kann da nichts mehr machen", sagte er. „Wir müssen den Finger so zusammennähen." Alfred protestierte heftig und nach einigen Minuten seufzte der Arzt tief. „Schön", sagte er. „Ich nähe den Finger auf Ihren Wunsch wieder an. Aber es wäre ein Wunder, wenn das hier alles problemlos zusammenwächst."

Als Alfred kurz darauf mit pochendem Finger nach Hause fuhr, erinnerte er sich plötzlich daran, wie er Willi dazu überredet hatte, beim Holzhacken ein Holzstück festzuhalten. Er hatte danebengehackt und das Blut war in Strömen geflossen. Wie hatte Willi geschrien! Trotz allem zeugte von dem Unglück heute nur noch eine kleine Narbe. Nun, dachte Alfred, hatten sie noch etwas gemeinsam. Am folgenden Tag machte Alfreds Unfall in Christines Schule die Runde. Schließlich ertönte sogar eine Durchsage: „Christines Vater hatte einen Unfall. Lasst uns alle für seine Genesung beten!" Alle Schüler hielten für einen Moment inne. Ein paar Wochen später wurde das Wunder Realität. Alfreds Finger war vollständig verheilt.

* * *

Das Wetter im Frühjahr 1983 ließ sehr zu wünschen übrig. Statt des üblichen Sonnenscheins war der Himmel mit dicken, grauen Wolken bedeckt und es regnete häufig. Nachdem ihm in letzter Zeit ein paar Freunde und Kollegen gesagt hatten, dass er nicht immer so ernst sein sollte, versuchte Alfred, vor allem am Telefon, einen fröhlichen Ton anzuschlagen. Das sollte ja bei Kunden wahre Wunder wirken, sagte man. Als eines Tages zuhause das Telefon klingelte, antwortete Alfred genauso fröhlich, wie er es immer in der Firma tat.

„Hallo? Alfred?", die weibliche Stimme am anderen Ende der Leitung zitterte. „Hier ist Gerti. Du solltest dich lieber hinsetzen."

Alfreds Herz setzte für einen Moment aus und wenige Sekunden später bestätigte seine Schwester die schlimmsten Befürchtungen. „Es geht um Mama. Sie ist letzte Nacht gestorben." Als Alfred schwieg, sagte sie sanft: „Ich weiß, es ist furchtbar. Aber jetzt ist sie endlich wieder bei Tata."

„Wann ist die Beerdigung?", fragte Alfred.

„Übermorgen."

„Ich werde alles daran setzen, zu kommen", sagte Alfred. „Ich rufe dich zurück." Nach einem kurzen Gespräch mit Irene und einem langen Gebet für seine Mutter gelang es Alfred, einen Flug am nächsten Morgen nach Deutschland zu ergattern. Er teilte Hans die traurige Nachricht mit und bat um eine Woche Urlaub. Als er diesmal in das Flugzeug in Richtung Deutschland stieg, gab es keine fröhlichen Gespräche mit seiner Familie. Er wollte keine Filme schauen und auch nichts von den Mahlzeiten anrühren. Die ganze Zeit über musste er an seine Mutter denken. Sie war es gewesen, die sein Leben so enorm geprägt hatte und ihn zu dem Mann gemacht hatte, der er heute war. Durch ihr Handeln hatte sie Stärke, Werte und tiefen Glauben vorgelebt, und ihre Kinder hatten dies in sich aufgesogen. Heinz holte Alfred vom Flughafen ab. Beide umarmten sich herzlich, wünschten sich aber insgeheim, dass dieses Treffen unter anderen Umständen zustande gekommen wäre.

Wie in Kalifornien war auch der Himmel in Deutschland mit dicken, grauen Wolken bedeckt und bald darauf setzte Schneefall ein. Zunächst waren es kleine Flocken, doch innerhalb weniger Augenblicke befanden sie sich in einem Schneesturm. Der kleine Fiat von Heinz rutschte auf der glatten Autobahn und schließlich waren sie gezwungen, auf dem Randstreifen anzuhalten. Mittlerweile zuckten Blitze durch das Schneegestöber, gefolgt von krachenden Donnerschlägen. Es wurde immer kälter und auf dem kleinen Auto sammelte sich eine Schneeschicht. Alfred und Heinz warteten bibbernd und ängstlich im Wagen, bis endlich ein Schneepflug an ihren vorbeifuhr und großzügig Salz auf die Straße gestreut wurde.

Viel später als erwartet trafen die beiden endlich in Selbitz ein und wurden schon von den übrigen Familienmitgliedern begrüßt. Während des Abendessens wurde nur wenig geredet. Zwar endet jedes Leben mit dem Tod, doch auch diese Weisheit half ihnen nicht, ihre Trauer zu überwinden. Nach der Beerdigungsmesse trugen sie ihre Mutter zu ihrer letzten Ruhestätte und nachdem der Priester seine tröstenden Worte gesprochen hatte, sprach Alfred noch ein kurzes Gebet und legte dann als erster eine Rose auf den

Sarg. So schmerzlich dieser Verlust auch war – er wusste, dass seine Mutter jetzt an einem besseren Ort war und endlich den Seelenfrieden gefunden hatte, den sie sich ein Leben lang gewünscht hatte.

Nach der Beerdigung standen die Kinder der Familie Langer beisammen und umarmten sich reihum. Alle versuchten, ihre Tränen zu verbergen, doch keinem von ihnen mochte es so recht gelingen. Jetzt, wo auch ihre Mutter verstorben war, hatten sie nur noch sich. Und sie alle verstanden, dass es nun galt, noch enger zusammenzuhalten und für die anderen stark zu sein.

* * *

Trotz der Wirtschaftskrise befand sich die Manhattan Die Company seit 1980 in einem stetigen Aufschwung. Alte Kunden, die sich zwischenzeitlich anders orientiert hatten, waren zurückgekommen und neue wurden angeworben. Alfred fand den Ansturm auf ihr Geschäft motivierend und er wollte das Unternehmen immer weiter vergrößern, Hans hingegen schien jedes Mal, wenn sie einen Kunden verloren, sehr geknickt zu sein. Auch wenn dies nichts am Erfolg ihres Geschäfts änderte, fühlte er sich nahezu persönlich angegriffen und hatte oft tagelang schlechte Laune. Nach einer Weile spürte Alfred, dass Hans die Leidenschaft für die Manhattan Die Company verloren hatte und nicht mehr dazu bereit war, zusätzlichen Aufwand zu leisten. Scheinbar hatten sich ihre Interessen in den vergangenen Jahren in verschiedene Richtungen entwickelt. Alfred war glücklich verheiratet und hatte eine Tochter im Teenageralter. Zudem war er in der Kirche engagiert und kümmerte sich mit vollster Leidenschaft um ihr Unternehmen. Hans hingegen war noch immer unverheiratet, zwar finanziell abgesichert, klagte aber immer häufiger, dass der ganze Stress es nicht wert sei. Die beiden Männer kannten sich nun schon seit über 25 Jahren, hatten große Abenteuer zusammen erlebt und gemeinsam die Manhattan Die Company zu dem gemacht, was sie heute war. In all den Jahren hatten sie es immer wieder geschafft, kleine Meinungsverschiedenheiten ohne großes Tamtam zu klären, aber als Hans im Jahr 1985 seine Steuererklärung machte, wurde ihm der Stress und die Arbeit plötzlich zu viel. Er wollte unbedingt seinen Anteil des Geschäfts verkaufen und sich nach einem anderen Ziel im Leben umsehen. Seine Entscheidung kam nicht überraschend, und so bot Hans Alfred seine Hälfte der Firma an. Das Ganze lief friedlich und freundschaftlich ab und schließlich besiegelte ein Anwalt den Verkauf von Hans' Anteilen. Die Einzelheiten spielten dabei für Hans kaum eine Rolle – er wollte nur so schnell wie möglich raus aus dem Geschäft.

Schon lange hatte Hans Pläne gemacht, dass, falls er die „richtige" Frau finden würde, er zurück nach Deutschland ziehen würde, um näher bei seinem Bruder und seinen zwei Schwestern zu sein, um dort den Rest seines Lebens zu verbringen. Seine Pläne erfüllten sich. Er lebt in Frieden und Glücklichkeit in seiner alten Heimat.

Die Aussicht, die Manhattan Die Company als einziger Chef zu leiten, bereitete Alfred ein wenig Sorge. Allerdings war er nun auch in der Lage, Entscheidungen ganz alleine zu fällen und er musste niemandem mehr Rechenschaft über seinen Führungsstil ablegen. Bald darauf ließ er eine professionelle Webseite für sein Unternehmen erstellen und heuerte eine Firma von Unternehmensberatern an. Diese stellten nach einer wochenlangen Beobachtungsphase fest, dass Alfred mindestens vier neue Mitarbeiter einstellen müsste, um die gleiche Leistung wie andere Unternehmen in seinem Bereich erbringen zu können. All dies würde Zeit und Geld kosten und auch wenn die Aussicht, das Geschäft abermals zu vergrößern – ach, zu verdoppeln! – verlockend war, fürchteten er und Irene sich vor dem

Stress, der damit auf sie zukommen würde. Und somit beschloss Alfred, dass er seine Manhattan Die Company so lassen wollte, wie sie war.

* * *

Nachdem Christine die katholische High School, Mater Dei, in Santa Ana beendet hatte, bewarb sie sich bei verschiedenen Unis im Umkreis von Los Angeles und wurde tatsächlich von allen angenommen. Nach eingehendem Nachdenken und vielen Gesprächen mit ihren Eltern und Freunden entschied sie sich schließlich für die UCLA – die University of California in Los Angeles. Alfred und Irene waren zufrieden mit der Entscheidung ihrer Tochter und ziemlich stolz darauf, dass eine solch prestigeträchtige Uni Christine angenommen hatte. Der einzige Wermutstropfen war, dass ihr einziges Kind nun flügge werden und schon im September das Nest verlassen würde.

Da sich der Verkaufswert ihres Hauses in Westminster seit dem Kauf fast verdoppelt hatte, nutzten Alfred und Irene die Gunst der Stunde und kauften sich ein etwas größeres Haus in Laguna Hills. Von ihrem neuen Haus konnte man Planiermaschinen einen Hügel abtragen sehen, von dem man auf das nahe Meer schauen konnte. Platz musste her für immer und immer mehr Häuser. Kurz darauf steckte ein Brief in ihrem Briefkasten. Es hieß, dass das neu hinzugewonnene Stück Land bald bebaut werden würde. Interessenten konnten sich auf eine Warteliste eintragen, da es dank der ausgezeichneten Lage und dem perfekten Meerblick wohl kaum dazu kommen würde, dass die Häuser nicht verkauft werden würden. Alfred und Irene zögerten nicht lange, trugen sich auf der Warteliste ein und stellten ein „Zu verkaufen"-Schild vor ihrem Haus in Laguna Hills auf, dessen Kaufpreis ebenfalls gestiegen war. Während der Bauphase ihres neuen Eigenheims saßen Alfred und Irene oft abends auf der Baustelle auf einem Holzstapel, stießen mit einem Glas Wein an und genossen die malerische Aussicht aufs Meer und den Sonnenuntergang.

Auch Christine hatte ein schönes Apartment gefunden, das sie sich während ihrer Studienzeit an der UCLA mit drei anderen Studentinnen teilen würde. Da Parkplätze rund um den Campus rar und zudem noch teuer waren, kaufte Alfred seiner Tochter schließlich einen kleinen Motorroller, damit sie schnell von A nach B kam, aber nicht allzu viel dafür bezahlen musste. Der Abschied von Christine war tränenreich, und auf der Rückfahrt nach Laguna Niguel herrschte, bis auf einen gelegentlichen Seufzer, Stille zwischen Alfred und Irene. Schließlich huschte ein Lächeln über Irenes Gesicht. „Erinnerst du dich noch daran, als Christine zur Miss Junior Coronet der Stadt Westminster gewählt wurde?" Alfred nickte und lachte. „Ja, und erst die Reisen nach Deutschland mit ihr!"

Eine Anekdote folgte der anderen und Stolz breitete sich in Alfred aus. Es schien, als wäre sein kleines Mädchen über Nacht zu einer großartigen jungen Frau herangewachsen. Er hatte absolut keinen Zweifel daran, dass Christine mit allem, was sie in ihrem Leben anfasste, Erfolg haben würde.

SIEBENUNDZWANZIG

Im November 1988 erfuhren Alfred und Irene, dass die Bauzeit ihres neuen Eigenheimes etwa neun Monate dauern würde. Mit diesem Umzugstermin im Hinterkopf und dem „Zu verkaufen"-Schild vor dem Haus suchten sie einen Käufer für ihr momentanes Eigenheim. Wie das Schicksal es so wollte, fand sich gleich am ersten Tag ein Käufer, der auch unbedingt zum nächsten Monat schon einziehen wollte.

„Alles geschieht aus irgendeinem Grund", philosophierte Alfred vor sich hin. „Dann mieten wir uns eben eine Wohnung, bis wir umziehen."

Gesagt, getan. Die beiden mieteten sich ein kleines Apartment und warteten geduldig auf die Fertigstellung ihres neuen Hauses in Laguna Niguel. Sorgen mussten sie sich keine machen, denn auch das Geschäft lief noch immer perfekt. Auf Anregung des Unternehmensberaters hatte Alfred einen Computer gekauft, einen Plotter, Faxgeräte und eine schnurlose Telefonanlage. Lohn- und Steuerbescheide wurden nicht mehr von ihm selbst gemacht, sondern in Auftrag gegeben. Zudem gab es auch neue Entwicklungen in der Technik. Immer mehr wurde jetzt mit Vinyl gearbeitet – sei es für Plastikbeutel mit Zip-Verschluss oder für die Verpackungen von empfindlichen elektronischen Teilen.

Die Veränderungen waren stetig, aber eins blieb sicher: Über einen Mangel an Arbeit musste sich bei der Manhattan Die Company niemand beschweren.

Am 4. Juli 1989 zogen Alfred und Irene schließlich in ihr neues Haus in Laguna Niguel. Mit großem Stolz befestigte Alfred das Kruzifix seiner Mutter neben der Haustür. Wer auch immer in ihr Haus trat – der erste Blick jedes Besuchers fiel jetzt auf das gut gehegte Erbstück.

Für Alfred aber war es nicht nur ein hübsches Erbstück. Ihn erinnerte es immer daran, dass mit Gottes Hilfe so ziemlich alles möglich zu sein schien.

* * *

Anfang Mai 1992 brachen erneut Unruhen in Los Angeles aus. Die afroamerikanische Bevölkerung war empört, als einige Polizisten einen Afro-Amerikaner vor laufender Kamera brutal zu Boden schlugen.

Der darauf folgende Aufstand und die Krawalle in der schwarzen Bevölkerung erinnerten Alfred unangenehm an die Aufstände im Jahr 1965. In den Nachrichten hörte man, dass innerhalb eines ganzen Tages mehr als tausend Gebäude in Brand gesteckt worden waren. Da die Manhattan Die Company in South Gate nahe den Unruhen stand, fürchtete sich Alfred vor weiteren Unruhen und Plünderungen. Er nahm sich ein Herz, fuhr nach South Gate und nagelte Sperrholz quer über ein Glasschaufenster. Mit großen Buchstaben schrieb er auf das Holz: DIESES UNTERNEHMEN BESCHÄFTIGT AFROAMERIKANER. BITTE VERSCHONEN SIE UNSEREN ARBEITSPLATZ. Die Geschäfte neben der Manhattan Die Company wurden kurz darauf geplündert, Schaufenster wurden zerbrochen und ein heilloses Durcheinander angerichtet. Die Manhattan Die Company aber blieb verschont.

* * *

Die Zeit schien wie im Fluge zu vergehen und schon machte Christine ihren Abschluss an der UCLA. Hatte sie nicht gestern erst angefangen, dort zu studieren? Alfred und Irene saßen mit stolzer Brust im Royce Hall Auditorium und nahmen an der Abschlussfeier ihrer

Tochter teil, die ebenso stolz inmitten ihrer Kommilitonen saß. Der Festredner an diesem Tag war Barry Diller, der die Fernsehgruppe FOX Television gegründet hatte und einer der angesehensten Geschäftsleute im Land war. Er sprach voller Pathos zu den Absolventen und erklärte, dass Visionen, Hingabe und Ausdauer letztendlich jeden zum Erfolg führen können. Mit diesen Voraussetzungen und moralischem Handeln würde jeder von ihnen irgendwann den amerikanischen Traum leben können.

Alfred musste lächeln, als er Dillers Worten lauschte und sein eigenes Leben beschrieben hörte. Er hatte stets Hindernisse umschifft und überwunden, geleitet von der Erkenntnis, dass eine höhere Macht ihre schützende Hand über seinen Werdegang legte. So hatte er selbst schließlich den amerikanischen Traum leben können. Am Ende der Rede stimmte das Orchester das traditionelle Lied „Pomp and Circumstance" an und Alfred und Irene strahlten über das ganze Gesicht, als Christine in ihrer Abschlussrobe und mit Bachelorhut über die Bühne schritt und ihr Abschlusszeugnis für den Bachelor of Arts in Wirtschaftswissenschaften entgegennahm. Schon kurz bevor sie das Studium beendet hatte, war ihr eine Position als Handelsvertreterin bei dem Pharmaunternehmen Merck Pharmaceuticals angeboten worden, die Christine auch gleich begeistert annahm. Sie verdiente gut, bekam sogar einen Dienstwagen und war für eine kurze Zeit mit ihrem Leben vollends zufrieden.

Nach zwei Jahres aber verspürte sie plötzlich einen Drang, noch mehr aus ihren Möglichkeiten herauszuholen und bewarb sich für einen Masterstudiengang an mehreren Unis. Wieder wurde sie von allen angenommen und sie entschied sich schließlich für die Northwestern University in Evanston im Bundesstaat Illinois. Die Northwestern University war als eine der renommiertesten Universitäten des Landes weltweit anerkannt und so waren Alfred und Irene mit der Entscheidung ihrer Tochter mehr als zufrieden. Nur, dass sie jetzt so weit weg von ihnen wohnen würde, machte ihnen etwas zu schaffen. Christine aber hatte sich schnell eingelebt und sie genoss das Studentenleben in vollen Zügen. In ihrem ersten Jahr hatte sie allerdings ein paar Schwierigkeiten in einem der betriebswirtschaftlichen Kurse, sodass ein Professor sie an die Kellogg School of Management verwies, an der sie einen Tutor für ihr Problemfach finden könnte.

Kurz darauf schritt sie in das Büro des Studenten, der ihr in der nächsten Zeit als Tutor zur Verfügung stehen würde. Christine war eine attraktive junge Frau und an Dates hatte es ihr nie gemangelt. Irgendwie blieb aber immer das Gefühl, dass keiner dieser jungen Herren für eine Ehe taugen würde. Dieses Gefühl änderte sich mit einem Schlag, als sie zum ersten Mal ihren Tutor sah. Sein Name war Todd Dow, ein Kanadier. Er absolvierte sein zweites Masterjahr an der Northwestern und hatte zuvor in Princeton studiert. Er war groß, attraktiv und überaus zuvorkommend, und bald entdeckte Christine, dass er noch dazu humorvoll war und ein großes Herz hatte. Wann immer sie ihn sah, schien sich ihr Herzschlag zu verdoppeln und ein wohliges Kribbeln breitete sich in ihrer Magengegend aus. Als Christine eines Tages zuhause anrief, bemerkte Irene etwas anderes in ihrer Stimme. Beinahe beiläufig ließ Christine im Laufe des Gespräch fallen: „Ich habe da übrigens einen sehr netten Kerl kennengelernt."

Ihre Mutter lachte und erinnerte sich an die Worte ihrer eigenen Mutter. „Und, ist er es?"

„Ich denke schon", antwortete Christine kichernd. Der guten Nachricht folgte wenige Tage später eine Hiobsbotschaft. Wieder musste Gerti ihrem Bruder die schlechte Nachricht überbringen: Mit nur 57 Jahren war Willi an Kehlkopfkrebs gestorben. Er war starker Raucher gewesen und traurig dachte Alfred daran, wie er immer und immer wieder versucht hatte, ihm die Glimmstängel abzugewöhnen.

* * *

Nach relativ kurzer Zeit stand fest, dass Todd und Christine mehr als nur Tutor und Studentin waren. Die beiden waren scheinbar füreinander geschaffen und wichen einander kaum von der Seite. Nach Todds Abschluss im Jahr 1994 zog er nach New York und arbeitete dort als Investmentbroker. Christine litt unter der Trennung, tröstete sich aber damit, dass sie schon im nächsten Jahr ebenfalls ihren Abschluss machen würde. Als sie endlich ihr Masterzeugnis in den Händen hielt, verlobte sie sich mit Todd und stellte ihn kurz darauf ihren Eltern vor.

Alfred und Irene waren begeistert von dem Schwiegersohn in spe und bedauerten, dass die beiden von nun an im entfernten New York leben würden. Zu ihrer Hochzeit flogen auch viele Verwandte von Todd aus Kanada ein und auch Gerti und Harald mit seiner Frau Uschi traten die Reise aus Deutschland an, um bei der Hochzeit ihrer Nichte anwesend zu sein. Die Trauung fand in der Mission Church in San Juan Capistrano statt und wurde von Christines ehemaligem High School Lehrer, Pfarrer Benzoni, geleitet. Die anschließende Feier fand im Golf Resort Marbella statt und anschließend „flüchtete" das frisch angetraute Paar in die Flitterwochen nach Bora Bora. Als die beiden zurückkehrten, mussten Alfred und Irene ihrer Tochter abermals auf Wiedersehen sagen. Dieser Abschied aber war anders als alle anderen zuvor, denn jetzt begann für Christine ein neues Leben. Sie zog mit Todd nach New York und nahm dort nach kurzer Zeit einen Posten als Filialleiterin in einem Geschäftsbereich bei Unilever an.

* * *

Alfred und Irene halfen in der folgenden Zeit oft freiwillig bei Cursillo-Wochenenden und waren immer wieder entzückt über den Zusammenhalt und das Leuchten in den Augen der Teilnehmer. Ein weiteres freudiges Ereignis fand im Frühjahr 1998 statt, als Todd plötzlich nach Kalifornien versetzt wurde. Christine und er würden zukünftig in San Francisco wohnen, nur einen Katzensprung mit dem Flugzeug von ihren Eltern entfernt.

Im folgenden Jahr machten Christine, Todd, Alfred und Irene eine Tour durch die Weinberge im Napa Valley. Auch Todds Eltern, Joyce und Carl kamen aus Toronto eingeflogen und genossen die Zeit mit der Familie. Nach einer interessanten Tour durch die Weinberge und Weingüter der Region kehrte die Truppe zum Abendessen in einem feinen Restaurant in San Francisco ein. Nachdem sie alle Platz genommen und Wein eingeschenkt bekommen hatten, wollte Alfred einen kleinen Toast aussprechen, doch Christine legte ihm ihre Hand auf den Arm. „Zuerst wollen wir euch etwas geben", sagte sie lächelnd und drückte den überraschten Eltern je ein kleines Paket in die Hand. „Gleichzeitig öffnen!" Alfred und Carl strahlten, und ihre Frauen stießen einen kleinen Freudenschrei aus, als sie entdeckten, was sich in dem kleinen Päckchen verbarg: Ein kleines Buch mit dem Titel: „Wie man zu perfekten Großeltern wird."Später in diesem Jahr begrüßte die kleine Samantha Grace Dow ihre neue Familie mit einem kräftigen ersten Schrei und Alfred und Irene waren zu Großeltern geworden.

* * *

Das tägliche hundertvierundsechzig Kilometer Hin- und Herfahren zur Manhattan Die Company wurde immer schwieriger. Der Verkehr in Los Angeles war über die Jahre dichter und dichter geworden und jetzt brauchte man oftmals mehr als eine Stunde bis zum Geschäft. Immer, wenn er mal wieder im Stau stand, dachte Alfred darüber nach, wann wohl der perfekte Zeitpunkt war, um das Gebäude zu verkaufen und sich nach einem neuen Standort in der

Nähe seines Hauses umzusehen. Dieser Gedanke beschäftigte ihn
bis zum Jahr 2000, als eine erneute Wirtschaftskrise die USA im
Griff hatte. Konzerne auf anderen Kontinenten boten ihre Ware jetzt
zu so niedrigen Preisen an, dass Alfreds Kunden keine andere Wahl
hatten, als anderswo einzukaufen. Wieder war er gezwungen, die
Arbeitszeiten seiner Mitarbeiter zu kürzen und weniger Lohnerhöhungen anzubieten. Neue Gesetze und Vorschriften schrieben vor,
dass Unternehmen mit mehr als neun Mitarbeitern diesen eine Kran-
kenversicherung bezahlen mussten, zudem wurde die Umsatzsteuer
erhöht. Es schien, als würden die einfachen Kleinunternehmen für
die Fehler des Staates blechen müssen.

Auch wenn die Manhattan Die Company den Umständen entsprechend noch gut im Geschäft war, hieß es, die Unkosten weiter ein-
zudämmen. Mehr als nur einmal schlug Irene ihrem Mann vor, das
Geschäft zu verkaufen und sich zur Ruhe zu setzen. Doch jedes Mal
wies Alfred ihren Vorschlag mit einem Kopfschütteln ab. „Ich bin
noch nicht so weit. Glaub mir, irgendwann lege ich die Füße hoch
und ziehe mich zurück, aber dieser Zeitpunkt ist noch nicht gekommen." Alfred wusste, dass er eine große Verantwortung gegenüber
seinen Mitarbeitern hatte und sie im Stich zu lassen, war momentan
das Letzte, was er tun wollte. Behandle andere so, wie du selbst
behandelt werden möchtest – dies war schon immer sein Leitsatz
gewesen, und eine Wirtschaftskrise konnte ihn sicherlich nicht von
diesem Lebensmotto abbringen.

* * *

Alfred parkte sein Auto in der Garage seines Geschäfts und schaltete
das Radio aus. Als er in die Werkstatt trat, hörte er nichts als Stille.
Spannung lag in der Luft und seine Mitarbeiter standen zusammen-
gedrängt um eine Werkstation.

„Was ist hier los?", fragte Alfred, als er sah, dass seine Mitarbeiter gebannt auf einen kleinen Fernseher schauten, bleich und mit Entsetzen in den Augen.

„Ein Flugzeug ist in das World Trade Center in New York geflogen", flüsterte einer der Männer.

„War es ein Unfall?", fragte Alfred, nicht minder geschockt.

„Das weiß keiner so genau." Kaum hatte sein Mitarbeiter diese Worte ausgesprochen, sahen die Männer voller Entsetzen, wie ein zweites Flugzeug vor laufender Kamera in den anderen Turm des World Trade Centers krachte. Ein riesiger Feuerball breitete sich um den Turm aus und die Männer wichen einen Schritt vor dem Fernseher zurück. Niemand sprach ein Wort. Nach einem langen Moment der Stille sagte schließlich ein Mitarbeiter das, was sie alle dachten. „Das war kein Unfall."

Alfred schnappte sich das nächstgelegene Telefon und rief Irene an. Beim ersten Klingeln hob sie ab. „Hast du das gesehen?", fragte er.

„Ja", antwortete Irene mit Angst in der Stimme. „Ich bete schon die ganze Zeit für die Menschen in den Türmen. Kommst du nach Hause?"

„Noch nicht. Ich rufe erst Christine an." Sogleich wählte er die Nummer seiner Tochter, um sicherzugehen, dass es der jungen Familie gut ging. Als er sich gerade von ihr verabschiedete, rief ein Mitarbeiter: „Alfred, komm her! Das musst du dir ansehen!" Alfred drehte sich um und sah, wie so viele Menschen auf der ganzen Welt, wie der erste Turm des World Trade Centers in sich zusammensackte.

„Großer Gott", stieß einer der Männer aus. „Wie kann so etwas nur passieren?"

„Es wurde zwar noch nicht offiziell bestätigt, aber die These scheint sich immer mehr zu festigen, dass die Vereinigten Staaten von Amerika von einer feindlichen Nation angegriffen wurden", sprach der Nachrichtensprecher kurz darauf mit ernster Stimme. Diese These schien sich zu bestätigen, als ein drittes Flugzeug in Washington in das Pentagon stürzte. Ein weiteres Flugzeug stürzte in ein Feld in Pennsylvania. Vorgesehen war es angeblich für das Weiße Haus. Schnell wurde klar, dass diese Flugzeuge von Selbstmordattentätern gekapert waren. Alle Flugzeuge, die sich in der Luft befanden, wurden sofort zum nächsten Flughafen befohlen. Die Menschen wurden aufgerufen, wachsam zu sein, da möglicherweise auch andere Orte in den USA zu Angriffszielen werden konnten. Die Ungewissheit, wann und wo ein nächster Attentäter Tod und Zerstörung mit sich bringen konnte, versetzte das ganze Land und auch einen Großteil der restlichen Welt in Angst und Schrecken. Alfred und seine Mitarbeiter blieben während des Tages in der Firma, arbeiten aber konnten sie nicht. Sie alle hatten Angst um ihre Familien und Angst davor, dass es auch Ziele an der Westküste treffen könnte. Alfred ging in sein Büro und legte die Hand auf die Bibel. Seine Gedanken schweiften ab und er dachte zurück an die Sinnlosigkeit des Krieges, die er selbst am eigenen Leib hatte erfahren müssen. Erst die Zerstörung unzähliger Orte und Städte, dann die Ermordung von Millionen unschuldiger Menschen, nur um eine verrückte Ideologie zu rechtfertigen, die Rassenunruhen hier in Los Angeles und jetzt das.

„Grundgütiger, warum?", fragte Alfred leise.

An diesem Abend saßen Alfred und Irene noch bis spät in die Nacht vor dem Fernseher und je später die Stunde wurde, desto schlechter wurden die Nachrichten. Immer mehr Todesopfer wurden gemeldet, als auch der zweite Turm der Twin Towers einstürzte. Nicht nur hatten unzählige Unschuldige ihr Leben lassen müssen, Helfer wie Opfer, sondern auch die finanzielle Zukunft des ganzen Landes war in Gefahr. Praktisch jedes Unternehmen in den USA wurde von den grausamen Ereignissen negativ beeinflusst. Die Börse schrieb Verlust um Verlust. Der 11. September 2001 ging als bisher verheerendster Tag des Terrors in die Geschichte der USA ein.

ACHTUNDZWANZIG

Das Jahr 2002 wurde mit einem freudigen Ereignis eingeläutet. Casey Langer Dow erblickte in Burlingame, südlich von San Francisco, das Licht der Welt. Die ganze Familie war begeistert, dass Samantha Grace jetzt einen kleinen Bruder hatte.

Eine weitere Veränderung kündigte sich an, als Irene den Posten der Sekretärin der Manhattan Die Company übernahm. Von dem Zeitpunkt an, als Hans und Alfred das Unternehmen übernommen hatten, war alles mit der Schreibmaschine getippt worden: Rechnungen, Kontoauszüge, Mahnungen und Verträge und sogar die Buchführung. Jetzt gab es dafür Computerprogramme und Irene hatte sich begeistert dazu bereit erklärt, sich in diese Materie einzuarbeiten. Immerhin konnten sie so gleich zwei Fliegen mit einer Klappe schlagen: Das Unternehmen war auf dem neuesten Stand der Technik und Alfred und Irene konnten wieder mehr Zeit zusammen verbringen. Die Kunden schätzten Irenes offene und fröhliche Art und schnell sprach sich herum, dass die Manhattan Die Company eine neue, wunderbare Sekretärin hatte. Mit Sorge beobachtete Irene jedoch, dass Alfred immer erschöpfter aussah, wenn er nach einem langen Tag nach Hause fuhr. Das Geschäft verkaufen wollte er jedoch nach wie vor nicht.

Alfreds Energiereserven füllten sich schlagartig auf, als Christine zwei Jahre später ihren zweiten Sohn, Davis Bryant Dow, zur Welt brachte und Alfred und Irene zu dreifachen Großeltern machte.

Aufgrund der hohen Steuern, neuen Vorschriften und zahlreichen Einschränkungen für sein Unternehmen wurde Alfred immer frustrierter. Wie viele andere war er der Meinung, dass die Politiker in Kalifornien und im Weißen Haus jeglichen Bezug zu den „normalen" Bürgern verloren hatten. Immer wieder sagten Leute, dass man daran ohnehin nichts ändern könnte, doch Alfred sah das ein bisschen anders. Er wollte endlich wählen können, doch um das zu tun, musste er erst einmal amerikanischer Staatsbürger werden. So kam es, dass Alfred und Irene kurz darauf in der Einwanderungsbehörde in Santa Ana standen und eine Broschüre mit 50 Fragen zur Geschichte der USA in die Hand gedrückt bekamen, die sie auswendig lernen mussten. Danach bekamen sie einen Prüfungstermin. Die Fragen waren leicht zu beantworten und Alfred und Irene bestanden den Test mit Leichtigkeit. Was sind die Farben der amerikanischen Nationalflagge? Was bedeuten die Sterne und Steifen auf der Flagge? Wie heißen die drei Zweige der Regierung? Wer hat die Macht über die Streitkräfte?

Nach dem Test erklärte Alfred dem Beamten: „Ich lebe hier jetzt schon seit über 45 Jahren und habe für die Nationalgarde gedient." Er zeigte ihm seine Entlassungspapiere und der Beamte grinste. „Na, dann denke ich nicht, dass ich Ihnen noch irgendwelche Fragen stellen muss."

Allerdings drückte er Alfred einen Stift in die Hand und forderte ihn auf, die folgenden Worte aufzuschreiben: Ich erkenne die Verfassung der Vereinigten Staaten von Amerika an und werde mich danach richten. Dann lächelte er wieder und fragte: „Warum wollen Sie denn nach all den Jahren gerade jetzt Staatsbürger werden?

„Weil ich wählen will", antwortete Alfred nur.

Der Beamte nickte, schüttelte ihm die Hand und gratulierte. Die Vereidigung fand am 14. April 2006 im Los Angeles Convention Center statt. An diesem Tag wurden gleich 3.800 Menschen zu Staatsbürgern der USA gemacht. Sie bekamen ein Formular zur Wählerregistrierung und eine kleine Flagge in die Hand gedrückt. Reden wurden geschwungen und anschließend standen sie alle auf, um gemeinsam ihre neue Nationalhymne zu singen. Es war ein emotionaler Moment und als die Menge wieder verstummte, brach Jubel aus. Dann mussten sie alle die rechte Hand heben und gemeinsam die Pledge of Allegiance aufsagen. Nach den Worten „Freiheit und Gerechtigkeit für alle!" sagte ein Beamter: „Herzlichen Glückwunsch. Sie sind jetzt alle stolze Staatsbürger der Vereinigten Staaten von Amerika."

Alfred umarmte Irene inmitten von jubelnden Menschen. Stolz waren sie allemal.

* * *

Die tägliche Fahrt zur Manhattan Die Company wurde immer beschwerlicher. Einerseits wollte Alfred seine Arbeitszeit verringern, auf der anderen Seite seine Mitarbeiter aber auch nicht im Stich lassen. Während der Fahrt versuchte er, eine bequeme Position zu finden. Seine Rückenschmerzen waren immer schlimmer geworden und erst kürzlich hatte sein Arzt ihn ermahnt: „Was muss ich eigentlich noch sagen, damit Sie endlich mal einen Gang zurückschalten? Wenn sie so weitermachen, landen Sie im Rollstuhl."

Auch Irene drängte ihn dazu, weniger Aufträge anzunehmen und wie ein „normaler" Mensch zu leben. Das Dilemma war, dass die Arbeit schon immer einen Großteil seines Lebens eingenommen hatte. Er hatte nicht die geringste Lust, sich ein anderes Hobby zu suchen. Trotz allem wusste Alfred, dass er ein großes Risiko einging, wenn er so weitermachte wie bisher. Sollte er eines Tages plötzlich ausfallen, gab es niemanden, der das Geschäft leiten konnte. Die Mitarbeiter wären mit einem Schlag arbeitslos und die Kunden würden wer weiß wie lange auf ihre Bestellungen warten müssen.

Im Februar 2007 erhielt Alfred einen Anruf von einem seiner Konkurrenten, Doug Brown, den er sehr schätzte. Doug erklärte ihm, dass es einen Notfall gab und bat Alfred, sich darum zu kümmern. Es stellte sich heraus, dass kein geringerer als Toby Keith, ein bekannter Country-Sänger, die Plastikverpackungen für seine CD bei

Doug bestellt hatte. Allerdings fehlte es ihm an Werkzeugen, und so stellte die Manhattan Die Company die fehlenden Teile in Rekordzeit her und rettete Doug und Stellar Products das Geschäft. Dieser Notfall führte Doug und Alfred wenig später zu einem freundschaftlichen Gespräch zusammen und schließlich fragte Alfred: „Würdest du und dein Vater mir euren Stanzbetrieb verkaufen?"

Dougs Antwort war nicht die, die Alfred erwartet hatte. „Eigentlich hatten Vater und ich darüber gesprochen, deinen Betrieb zu kaufen. Wir werfen schon seit einer ganzen Weile einen Blick auf euch."

Alfred war überrascht, Irene hingegen zeigte sich begeistert. „Du hast jetzt 46 Jahre hier gearbeitet. Du bist 67 Jahre alt. Dein Arzt und ich übrigens auch sind der Meinung, du solltest dich zur Ruhe setzen. Und wenn Dougs Angebot kein Zeichen ist, dann weiß ich es auch nicht."

Und so trafen Doug und Alfred am 27. August 2007 eine Vereinbarung. Stellar Products würde vorerst nur die immateriellen Vermögenswerte erwerben, darunter den Namen „Manhattan Die", die Kundenliste und eine Vereinbarung, dass Alfred in den nächsten fünf Jahren nicht mit Stellar Products konkurrieren würde. Zu Alfreds Erleichterung erklärten sich Doug und sein Vater bereit, alle Mitarbeiter der Manhattan Die Company zu übernehmen. Mit einem bitteren Gefühl schrieb Alfred kurz darauf den folgenden Brief an seine Kunden:

27. August 2007

Mit diesem Brief mache ich bekannt, dass ab heute, dem 27. August 2007, die Manhattan Die Company offiziell zu Stellar Products gehört. Die Eigentümer von Stellar Products, Bennett und Doug Brown, waren seit jeher geschätzte Konkurrenten und ich freue mich, dass ich mein Geschäft in gute Hände übergeben darf. Stellar

Products ist ein führender Hersteller von Werkzeugen, Formen und Maschinen für das Hochfrequenzschweißen von Plastik seit Ende der 60er Jahre. Ich bin zuversichtlich, dass alle Ihre Aufträge also auch in Zukunft mit größter Sorgfalt und Qualität ausgeführt werden.

Ich danke Ihnen für das Vertrauen, das Sie mir seit jeher geschenkt haben. Und jetzt, nach 46 Jahren im Geschäft freue ich mich auf ein neues Kapitel in meinem Leben. Ich werde die täglichen Herausforderungen eines Unternehmens wie der Manhattan Die Company sicher vermissen, ebenso wie den Kontakt zu Ihnen, der mich stets zu mehr als nur einem schnöden Lieferanten von Werkzeugen gemacht hat.

Ich danke Ihnen von ganzem Herzen, dass Sie über die Jahre ein treuer Kunde der Manhattan Die Company waren und wünsche Ihnen auf Ihrem weiteren Weg Gesundheit, Glück und Wohlstand.

Alfred Langer

* * *

Kurz darauf verkaufte Alfred die Maschinen an einen seiner besten Kunden, der schon seit Langem seine eigenen Werkzeuge herstellen wollte. Mit einem traurigen Lächeln im Gesicht winkte Alfred dem Lkw hinterher, der schließlich die letzten Maschinen abholte und von der Laderampe der Werkstatt fuhr. Mit einem tiefen Seufzer betrat Alfred das Gebäude, in dem er einen Großteil seines Lebens verbracht hatte. 46 Jahre lang war dieses und das vorige Gebäude mit den Geräuschen der täglichen Arbeit gefüllt gewesen, jetzt aber war es still und leer.

Als er zum letzten Mal die Tür der Manhattan Die Company hinter sich schloss, hatte Alfred trotz allem das Gefühl, dass er alles richtig gemacht hatte. Alles, was er je getan hatte, war ein Teil eines höheren Plans gewesen. Gute, wie schlechte Entscheidungen gehörten zum Leben dazu und letztendlich hatte er all das bekommen, was er immer wollte: Ein gut laufendes Geschäft, das ihm ein angenehmes Leben ermöglicht hatte, eine wunderbare Frau und eine großartige Tochter und schließlich auch noch drei entzückende Enkelkinder.

Als die goldene Sonne langsam über dem Pazifik unterging, machte sich Alfred nach Hause. Mit einem letzten Seufzer schluckte er das melancholische Gefühl im Hals hinunter und freute sich auf einen ganz neuen Abschnitt in seinem Leben.

EPILOG

Irene schien ständig am Telefonhörer zu kleben, doch Alfred störte das nicht im Geringsten. Schließlich hatte sie in einer Woche Geburtstag, da riefen nun mal viele Freunde an, um zu gratulieren. Er dachte mehr daran, dass Christine, Todd und die Kinder bald zu Besuch kommen würden und sie dann gemeinsam auf Irenes Geburtstag anstoßen wollten.

Nachdem die fröhliche Gruppe am Freitagabend eingetroffen war, fuhren sie alle in einem Auto zum Farantelli Restaurant in Dana Point. Der Eigentümer begrüßte sie freundlich an der Eingangstür und führte sie an einen ruhigen Tisch in einer Nische, von wo man eine herrliche Aussicht nach draußen hatte. Alfred war zufrieden. Hier würde sich ein Abendessen genießen lassen.

Einen kurzen Augenblick später kam der Eigentümer jedoch zurück. „Es tut mir furchtbar leid", sagte er entschuldigend. „Aber ich fürchte, dieser Tisch ist bereits reserviert. Ich habe aber noch einen anderen Tisch für Sie."

Alfred war ein wenig enttäuscht, folgte dann aber, nach einem leichten Schubser von Irene, dem Wirt und den Kindern in den hinteren Teil des Restaurants. Der Eigentümer öffnete eine Flügeltür und plötzlich stand Alfred mit offenem Mund vor einer Gesellschaft von fast 70 vertrauten Gesichtern. Irene führte Alfred und Christine zu einem Mikrofon und nach einer begeisterten Runde Applaus dankte sie allen für ihre Anwesenheit. Die Gruppe war eine bunte Mischung aus Freunden, Nachbarn, Cursillo-Mitgliedern und Menschen aus der Kirchengemeinde. Nach einer weiteren Runde Applaus ergriff Christine das Mikrofon. „Ich möchte kurz ein paar Worte darüber sagen, wie stolz ich auf meinen Vater bin und darauf, was er alles in seinem Leben geschafft hat. Er kam aus Deutschland hier nach Amerika, ohne einen Satz Englisch sprechen zu können und im Alter von nur 21 Jahren. Er wollte hier eine Chance ergreifen und schließlich hat er 46 Jahre lang die Manhattan Die Company geleitet. Sein Talent, harte Arbeit und das Streben nach Qualität hat ihn zu dem gemacht, was er heute ist. Er hat nicht nur hart gearbeitet, sondern war auch bei seinen Kunden und Konkurrenten wegen seiner freundlichen und gerechten Art geschätzt. Die Arbeitsmoral meines Vaters hatte einen großen Einfluss auf mein eigenes Leben. Er wollte immer, dass ich gute Noten nach Hause bringe, dass ich aufs College gehe und einen Abschluss mache. Aber trotz all der Arbeit war er immer für mich und meine Mutter da. Trotz all dem Stress während der Arbeit gingen meine Schwimmwettbewerbe und das Familienessen immer vor. Lasst uns die Gläser auf meinen Vater, Alfred Langer, heben!"

„Zum Wohl!", rief die Menge unisono und Alfred war gerührt, als er seine Frau, Christine und dann die Menge ansah.

„Wie die meisten von euch wissen", sagte er schließlich. „bin ich bei Gott kein guter Redner."

Die Menge lachte und Alfred grinste. „Aber ich möchte euch sagen, dass ich sehr gerührt bin, dass ihr alle Platz in eurem Terminkalender finden konntet, um mit mir und meiner Familie Irenes Geburtstag zu feiern."

Wieder lachte die Menge, denn es war offensichtlich, dass Irenes Geburtstag nur ein Vorwand gewesen war, um ihn hier ins Restaurant zu locken.

Alfred stimmte in das Lachen mit ein. „Ich wünschte, ich könnte es mit Worten ausdrücken, wie viel mir an eurer Freundschaft in all den Jahren liegt", sagte er dann etwas ernster. „Es waren gute Jahre." Er hielt einen Moment inne. „Ich bin mit einer wunderbaren Familie gesegnet worden und mit der Gelegenheit, euch alle hier kennenzulernen. Ich habe wahrhaft mehr bekommen, als ich mir je zu träumen gewagt habe. Und dafür möchte ich mich herzlich bedanken.

Und obwohl ein Kapitel in meinem Leben jetzt abgeschlossen ist, kann ich es kaum erwarten, ein neues, vielleicht noch besseres zu schreiben. Und deshalb kann ich als lebendes Beispiel nur zustimmen: Mit dem Glauben an Gott sind wohl viele Dinge möglich!"

Die Menge applaudiert und Alfred legte die Arme um Irene und Christine. Er lächelte und hoffte, dass auch das nächste Kapitel in seiner Lebensgeschichte mit Zufriedenheit und Freude gesegnet sein würden.

Christine, Alfred und Irene

DANKSAGUNG

Ich möchte mich bei meiner Mutter und meinem Vater für ihre unsterbliche Liebe und Unterstützung bedanken. Die Erfahrungen, die ich in meiner Kindheit gemacht habe, waren oft schwierig, aber meine Eltern haben mich nie vergessen lassen, wie sehr sie mich geliebt haben – und dass ich Hindernisse mit dem Glauben an Gott und harter Arbeit überwinden kann. Ein großer Dank geht auch an meine guten Freunde Garry und Glenda Day, die mich immer wieder dazu ermutigten, meine Geschichte aufzuschreiben und zu veröffentlichen.